藤澤利喜太郎著

總選擧讀本

普選總選擧の第一回

岩波書店發行

目次

第七節　我が代議政治の進趨　自三二六至三四九

目次終り

附錄

最初の普選法

總選擧讀本

普選總選擧の第一回

端し書き

此の稿最初は『普選總選擧の第一回』と命題し、昭和三年二月二十日に行はれた、我が國始めての普選總選擧の結果を統計的に研究するを目的としたのである。然るに研究の進むに從がひ自然選擧の凡般に渉つて説明記述しなくてはならないやうになつた。表題と內容とが餘りに懸け離れてゐるのも面白くないと思ひ、種々考へてみたが、どうもよい思ひつきもでなかつたが故に、近頃流行の「讀本」といふ辭を用ゐ『總選擧讀本』と命題したのである。今や稿成り之を通讀して、それが却つて相應しい表題であるかのやうに感じた。唯初めに考へた表題も何んとなくそれに未練が殘るやうな氣がしたが故にそれをも添記することとした。

今回の總選擧は我が立憲政治の發達上に於ける、眞に劃時代的の一標識である。此の選擧の結果に關し、できるだけ正確な統計を後世に殘すは、今人の重大なる責任であると感じ、此の信念の下に今回の調査研究を思ひ立つたのである。

選擧統計の精髓、本書に於ては基本資料と命名した統計、それは各選擧區に於ける候補者の黨派別及び其の得票數である。得票數の方は可なり正確であると認めらるるものを得るにさまでの困難を感じなかつた。黨派別の方も候補者の總數九百六十餘人の中で、その約九割五分に就ては明かであつたが殘餘の約五分に就ては、その黨派別を適當に認定することは此の調査に於ける難事中の至難なるものであつた。爰に黨派別といふのは勿論總選擧の期日當日に於ける各候補者の黨派別であつて、其の後の異動の如きは此の調査の關するところではない。

言ふまでもなく統計の使命は現實の狀態を誠愨に描寫するにある。統計は無心冷酷のものでなくてはならない。かうありたい、さうあれかしといふが如き欲望を包藏するは統計學上の大禁物である。偖て官廳からでる調査統計類は一種の惰性的權威をもつてゐる、それを世人が信用するのは無理ならぬことである。然し今回の場合に於て所謂選擧干涉の中樞、選擧干涉の渦中に於てなされた黨派別の認定、それに對する偏頗の掛念が如何に世の中に普遍してゐたかは、各新聞社が選擧の結果を報道するに當り、各候補者の得票數は官廳報告の數字を用ゐる場合に於てゝ黨派別は銘々本社調査といふことになつてゐたのを見てもわかる。然し歲月は遠慮なく過ぎ去り、健忘なる世の中にはさういふ掛念が薄らぎ、置き去りにせらるる危險がある。唯官廳からでた統計なるが故に、それを妄信するといふが如きことが將來起らないであらうか。そんなことが眞摯なる後世の研究者を誤るが如きこともなきか。さういふやうな老婆心も亦此の調査を思ひ立つた一つの動機である。

偖て如何にして此の認定をしたか、詳しいことは後に讓るのであるが、此の邊の事情に精通し、且此の種の調査に深い趣味を有せらるる幾多同好知人の熱心なる贊助と月餘に亙り諸方面を尋繹の結果によつて、大體誤なからんと思はるる認定をなしたのである。得票數の方は官廳の報告によつてもさしたる差異はなかつたのであるが、それも念の爲め其の出所に就て調査し、最も正確であると判斷した數字を採擇し、斯くて基本資料ができあがつたのは、昭和三年四月二十日第五十五帝國議會開會の數日以前であつたのである。總選擧の直後約五十日間に亙り慘澹たる苦心の結晶ができあがつたのであるから、すぐにも之を公表したいといふ人情の弱點に敎唆されたのであるが、此の結果が偶〻政爭の具に供せられ、徹頭徹尾學術的見地を離れざる、此の調査研究に何らかの陰翳をきたさんことを慮つて公表を中止したのである。

爾來此の基本資料によつて、或は選擧區毎に比例代表法が行はれたと假定したらば如何なる結果を生ずるや。或は各選擧區に就て仔細の觀察を試み、選擧干渉が全體に於てどれだけの効果があつたか、先づさういふやうな研究に從事してゐたのである。

大正十三年五月十日施行の第十五回總選擧、その頃普選が近きに行はるる氣運は充分に熟してゐたのであるが、いつ何時からそれが實現せらるるかといふことはまだまだ判然とした見當はつかなかつた。然し今日からして見れば此の總選擧が制限選擧の最終のものであつたのである。其の當時全く別方面の動機により此の總選擧の統計を整理檢討したのである。其の結果は今日まで未だ公にしなかつたのであるが、さういふ材料が手元にあつたことは眞に勿怪の幸であつて、制限總選擧の最終のものと普選總選擧の最初のものとを比較對照して、そこに種々面白い現象を認識した。さういふやうな譯で調査したい、研究してみたいと思ふことは、それからそれへと、綿々として容易に盡きないが、さりとて際限もないことである。且又いづれ近き將來に必然起るべき現行選擧法改正の問題、その解決に多少なりとも貢獻したいと思ひ、暫定的に調査を打切つて本書を公にすることとしたのである。さういふ譯で本書の骨子精髓ともいふべき基本資料に就ては充分に校覈し、此の類の統計にあつては其の性質上實際に可能なる最大限度に正確であると信ずるのであるが、其の他の部分に於ては杜撰な點もあらんかと危ぶまれ、如何に急げばとて、推敲の足らざるものを世に公にするに就ては心竊に慙愧に堪へないのである。

第一節　普選法成立の經過

普通選擧の理論的根據に就ては幾多の疑義を挾む餘地があるが、代議政治の發達が何時かは普通選擧の段階に到達すべき必至の運命を有するは世界的の趨勢である。我が國に於ても夙に識者の間に豫想せられてゐたのであるが、實際に於ける我が國普選案の具體的生育の經過は概要次の通りである。

所謂普通選擧法案なるものが甫めて議會に發芽したのは、普選法が成立した大正十四年、それより遡ること二十三年前の明治三十六年第十八議會に於て自由黨代議士板倉中氏外五名の提案に係はるもの、それは納税資格全廢、滿二十歳以上の男子の總てに選擧權を與ふるを骨子とした、頗る急進豬突的のものであつた。さういふ氣運は間もなく起つた日露戰役の爲めに全く遮斷せられたのである。

それから程經て明治四十一年第二十四議會に於て松本君平氏外五名の提出に係はる普選案が出たのであるが、それはいはば偵察的のものに過ぎなかつた。明治四十四年第二十七議會に於て日向輝武氏外二十一名の提出に係はる、滿二十五歳以上の帝國臣民たる男子の總てに選擧權を與ふるといふ案は、衆議院に於ては可決せられたが、貴族院に於て滿場一致否決せられた。其の後の衆議院に於ける普選案の提出は年中行事の如くに行はれたのであるが、大正十四年第五十議會に於て政府案として提出せられたまではいつも衆議院に於て否決せられたのである。

大正八年第四十一議會に於て我が國の立憲政治史上に特筆すべき、始めての平民宰相を戴ける、原敬內閣は、選擧權の納稅資格を十圓より三圓に低下したのである。我が國に於ける通貨の價値の大々的下落を觀察の中に置けば、明治二十三年に帝國議會が始めて開かれた、その當時の約十分の一に急激に低減したのに相當する。政治の實際に於ける種々の行掛や情僞に超越し、冷靜に考へて、又他の一面には普選の氣運が漸く熟さんとしつつあつたに鑑み、大體に於て時宜に適した改正であつた。

大正九年第四十二議會に於て政府反對側の提出に係はる普選案は衆議院に於て餘ゝ多からざる差を以て否決せられた。さうして其の曉に、靑天の霹靂、衆議院は解散せられた。解散の口實ともいふべきか、表面の理由といふものはかうであつた。それは普選案といふやうな重大なる案件は僅かの差で衆議院が否決したからとて、それで滿足すべきでない。これは新たに總選擧によつて國民の意志に問ふべきものである。さういふことであつたのであるが、事實は政府黨なる政友會の議席を增加せんが爲めに解散せられたのである。果然政友會は臨時總選擧によつて一躍して壓倒的絕對多數を得たのである。此の點はそれより四年後の大正十三年十月の英國の臨時總選擧の結果として保守黨が從前の比較多數から一躍して壓倒的絕對多數を得たのに酷似してゐる。此の前後に於ける原君の主張は、僅かに一年前に納稅資格を十圓から一擧に三圓に低下した許りである、それを唯の一回も實施せずに急轉直下すぐに普選へ一足飛びに移るといふのは餘りに激變に過ぐるといふにあつた。さうすると反對側は政友會は明治三十六年の昔に早く旣に普選を主張してゐるではないかと應酬した。元來政治家といふものは屢ゝ心にもないことを言ふものであるから、原君の眞意が那邊にあつたかはわからないが、兎に角に此の霹靂解散をなすに就ては、原君は異常の決心をせられたのである。一説に原君は死を覺悟し、その數日前に遺言狀を訂正せられたといふことが傳へられてゐる。それはそれとして、凡てが歷史的の過去となつた今日から見れば原君の說は至極尤な主張であつた。それから僅かに五年を隔て普選が成立したのであるが、此の歐洲大戰終結直後の五年間は我が國に於ても思想の變遷上平素の十年二十年にも相當する。さればこれは先見の明があつたとか、誰々の功績であるとかいふやうな徑路によらず、推移の偶然にも我が國に於ける普選は丁度適當の時機に適當の段階を踏んで實現せられた。既に代議政治が行はるるからには普選は必至の運命を有するのである。殘る問題は唯それが如何なる徑路を辿つて彼岸に達するかといふに過ぎない。それが大體に於て順調に遲からず早からず行はるるやうになつたことは、我が立憲政治の發達の爲めに大いに祝福してもよいことである。

選擧資格の變遷に關する實際の經過は、滿二十五年以上の帝國臣民たる男子に限るといふことは始終今日まで變はらない。納稅資格は最初の明治二十二年には十五圓、それから十一箇年後の明治三十三年にはそれが十圓に減ぜられ、更に十九箇年を經過した大正八年には急激に三圓に低下され、それから僅かではあるが、深き意義を有する六箇年を經た大正十四年に納稅資格が全く撤廢せられ、昭和三年二月二十日の總選擧に於て普選が甫めて行はれたのである。

普選案成立の當時にあつては普選尙早論は相當の權威を有してゐたが、所謂天下の大勢に抗する能はず、普選案は萬難を排して芽出度く安產したのである。既に普選が行はれてゐる今日に於てさへも老成者流の中には普選尙早論に未練の秋波を送る人がないことはない、さういふ人達の意識眼には普選法は政黨者流が俗論に媚びんが爲めに成立したものであるといふ幻影が執拗に彷徨しつつある。然し政黨者流が最も活氣ある少壯者間に澎湃として漲り溢れる所謂俗論なるものに媚びざるを得ざるに至つた、そこには時代が要求する牢乎として拔くべからざる趨勢が認められる。普選法が曲がりなりにも大正十三年に成立したことは我が立憲政治の漸進的健全なる發達の爲めに喜ばしいことであつたことは普選總選擧の第一回の結果に照らして首肯せらるるのである。

明治二十三年即ち最初の總選擧が行はれた頃の內地の人口は約四千二百萬人であつて、其の中に四十五萬人乃至五十萬人の有權者があつた。原則としては一區一人の小選擧區制で議員數は三百人であつた。明治三十三年の改正の頃の內地の人口は約四千五百萬人であつて、有權者の數は納稅資格が十五圓より十圓へ低下されたが爲めに三倍强に當る約一百五十萬人となり、原則としては一府縣一選擧區又は二選擧區の大選擧區制で議員數は三百六十九人であつた。大正八年の改正の頃の內地の人口は約五千五百萬人、有權者の數は納稅資格が十圓より三圓へ低下の爲めに二倍に當る約三百萬人となり、原則としては一區一人の小選擧區制へ逆戾し、議員數は明治三十三年以後に北海道及び沖蠅縣が加はつたが爲めに既に三百八十一人となつてゐたのに更に八十三人を增して四百六十四人となつたのである。大正十四年普選法成立の頃の內地の人口は約六千萬人(大正十四年十月一日の中間國勢調査の結果は五九、七三六、八二二人)、有權者の數は約一千二百萬人。されば國民全體の約五分の一が參政權を享有することとなつたのである。選擧區制は以前の小選擧區と大選擧區との間に位する中選擧區といつたやうなものである。議員定數は殆んど變はらないと言つてもよい、僅かに二人を增した四百六十六人（普選法第七十九條の補闕選擧の規定により實際の議員數が定數より減ずるのが普通の常態である）である。兎に角に有權者の數が一躍して從前の四倍强になつたことは、特り我が國に於てのみならず、廣き世界に於ける選擧權擴張の歷史上罕に見る激變である。

昭和二年普選法第十七條による選擧人名簿確定期日十二月二十日に於ける有權者の總數は一千二百五十三萬人である。又大正十四年十月一日の中間國勢調査に依れば內地の男子總數は三千一萬人、此の內滿二十五歲以上は一千三百三十九萬人である。計算の方式は繁を避けて省略するのであるが、大正十四年十一月一日より昭和二年十二月二十日に至る間に於ける滿二十五歲以上の男子の數の增加を三十六萬人と推算したのである。さうすると昭和二年末の名簿確定期日に於ける滿二十五歲以上の男子の總數一千三百七十五萬人の內、その九割一分一厘强に當る一千二百五十三萬人が有權者であり、殘りの八分九厘弱に當る一百二十萬人が無權者である。

無權者の內には普選法第六條の所謂缺格條項によりて選擧權を失ひたるものと普選法第十二條によりて同一町村內に引續き一年以上住居せざりしが爲めに選擧權を有せざるものとが含まれてゐる。後者に就ては先進諸國の例に參照して一年以上とある期間は長が過ぎるといふ意見もあるから、無權者の內譯を知ることは普選法改正の前途の爲めに參考上望ましいことである。さういふ調査の據るべきものは無いのであるが、その內譯の概略のだけでも推測し得る材料工夫もないかと種々苦心をしてみたが、遺憾ながら遂に何等の手掛をも得なかつたのである。

大正十二年九月二日關東大震災の翌日に成立した山本内閣、此の内閣の使命の中には普選法の成立もあつたかのやうに世に傳はつてゐるが、其の壽命の僅か四箇月間は震災の善後策に忙殺せられて又他を顧るの遑なく、虎の門事件に躓きて頓挫したのである。其の後を受けて大正十三年一月七日にできた清浦内閣、此の内閣は眞に珍無類の變體内閣であつて清浦子は實質的には内閣の組織を擧げて第三者に委任したと言はれ、清浦子意中の唯一の閣員、内相の候補者有松英義氏まで第三者の反抗に會つて沙汰やみとなつたといふことがその當時世に傳へられたのである。されば政黨者流といはず冷靜なる識者階級までが第三者の傍若無人の振舞に對して極度に憤慨したのである。内閣組織の大命を拜受したる者自ら閣員を詮衡し自ら内閣を組織することも能はざれば之を拜辭するより外に道がないのである。此の大任を實質的には第三者に委任し、自らは唯徒らに虛位を擁し單に名儀上の主班者たる、斯くの如きは時の古今を問はず。世界何れの國に於ても嘗て見ざる眞に珍無類の政治的現象である。果然清浦内閣のなるやいなやすぐさま猛烈なる護憲運動が宛も響の聲に應ずるが如く勃然として興つた。大正十三年一月三十一日清浦内閣が亂暴にも衆議院を解散した、其の日の衆議院の議場に於て演壇に立てる閣員を引摺り下ろすといふやうな珍事が起つた。斯くの如き暴行は如何なる場合に於ても決して容赦せらるべきものでない。然るに人情の弱點とは言ひながら、それが世の物議を釀すに至らざりしに徵するも、清浦内閣の存在そのことが不都合であるといふ感念が如何に滿天下に漲つてゐたか、その一端が覗はれるのである。

清浦內閣が槿花一朝の榮をあとにして哀れ果敢なく沒落してから間もないときのことである。或る物好きな閑人が不圖氣づいたのである、それは職員錄の出版期の關係からして清浦內閣はいつの職員錄にも載つてゐないといふ爭ふべからざる事實である。されば後世の學者が職員錄を漁つても清浦內閣を載せたものを發見することができない。斯くて偶然とは言ひながら清浦內閣が職員錄の上だけでも抹殺せられてゐることはせめての慰安であると閑人が感じた。さういふ話が世に傳はつてゐる。これは勿論一瑣事に過ぎないが、その當時にあつて清浦內閣の存在そのものに對する國民總動員的の反感が如何に峻酷であつたかを如實に寫出してゐる。

本書の第六節は普選總選擧の第一回に於ける選擧干涉、その效果がどれだけあつたか、それを成るべく合理的に研究するを目的とするものである。その爲めに大正十三年五月十日清浦內閣の下に行はれた、最終の制限總選擧に係はる諸統計を參考する上に於て、清浦內閣が選擧干涉を行つた乎、若し行つたとしたらばどれだけの效果があつたかといふことを知ることは此の困難なる研究を完うする上に重要なる意義を有するのである。それ故に敢て餘事に涉るの嫌ひを冒して、普通の所謂超然內閣とは異なる清浦內閣の一種獨特の變體的性質及び特り政黨者流といはず識者階級は勿論、世捨人の閑人に至るまで、同內閣に對する反感が如何に熾烈であつたかを略敍したのである。要するに清浦內閣は選擧干涉をしなかつたのではない、それができなかつたのであるといふのが眞相に近く、實狀を穿つてゐるのである。

清浦內閣が選擧干涉を行つたとしたならば、それは微溫的ながら清浦內閣を支持せんとした政友本黨を庇護せんとしたものである。又實際和歌山縣舊第二區に於て政友會の岡崎邦輔氏が餘り世に名が知られてゐない本黨の候補者との競爭の爲めに僅かに三十七票の差で辛うじて當選せられ、齒はたたなかつたが廣島縣舊第九區に於て政友會の望月圭介氏に對する狙ひ打が試みられたといふやうなことが無いことはなかつたのではあるが、干渉の效果は一向になかつたのである。さうして本黨が清浦內閣を支持したるものは、いつまでも淸浦內閣に忠ならんとするにあらずして、總選擧に勝を制して以て取つて代はらんことを庶幾したのである。元來本黨が心ならずも淸浦內閣を支持せざるを得ざることになつたのは、分裂前の政友會の內部に於ける不思議な行掛から起つたことである。本黨が世の正論大勢に逆抗して存在そのものの不條理なる變體內閣を支持せんが爲めに如何に辭柄に窮したかは餘所の見る目にも悲哀の幻影を感ぜしめたのである。果然因果應報とか天罰覿面とは箇樣のことをいふものにあらざるなき乎。その時々の情僞に超越し歷史的に觀察すれば、爾來本黨は見るも氣の毒哀れ悲痛な漸凋漸落の運命を辿つたのである。如何に政治家といふものは心にもないことを言つても差支ないといふやうな誤れる思想が今尙ほ世に低迷しつつあるとはいへ、如何に政治家の離合集散は常人の端倪を許さないとはいふものの、嘗ては皇室に對する敬虔の態度に於て異なるものありと天下に聲明し、それより朞年ならず、此の聲明が潑剌として世人の記憶に新たなるに顧慮するに遑あらず倉皇として所謂憲本合同に一條の活路を見出さざるべからざるに至つた、其の末路は眞に悲慘の極であつたのである。

餘り他事に外れ迷路に入るの危險があるから、詳しい事は省略するのであるが、第十五回の總選擧に於ける選擧干渉の有無、設しあつたとしたらば其の程度に就ては、實際その衝に當つた當局者數氏の性格を觀察することも必要である。其の他種々の方面より觀察し、それ等の諸觀察を綜合して下せる斷案は、選擧干渉があつたとしてもそれは極めて微弱なものであり、其の效果はあつても極めて稀薄であつたといふに歸する。而して此の斷案は當らずと雖も遠らざるものであると信ずるのである。第六節に於て引用する第十五回總選擧の選擧統計、それが今述べたやうな背景を有するものであることを此の處にて豫じめ明かにしておくのである。

大正十三年六月十一日加藤高明子（後に伯）を首班とせる、憲政會、政友會、革新俱樂部の三派聯合の所謂護憲內閣成る。成立直後に開かれた第四十九特別議會はその性質上應急の政務を處理するにとどまつたのであるが、此の內閣の重要使命の一つである普選實行は次の第五十通常議會を期して必ず實現せしむる意氣込を以て政府は時を移さず普選案の原案作成に着手したのである。

言ふまでもなく普選とは資本的（經濟的）條件即ち實質的には納稅條件の全廢を意味するものである。併て少くも普選の初期に於ては納稅條件を全廢するにしてもそれに何等かの限定的附隨條件を伴はしめたいといふ、人情の機微を藏した希望は先進諸國に於けると同樣に我が國に於てもあつたのである。例へば憲政會が多年一日の如く固持してゐた獨立生計の條件の如き、又學者側及び其の他の方面から屢〻提唱せられた最小限度の敎育程度の條件の如きはそれである。遡れば原內閣が納稅資格の最小限を三圓に低下したときに憲政會は三圓を二圓に下げ、別に知識階級として中學校、師範學校及び之と同等以上の學校卒業者に選擧權を與ふべしといふ修正案を提出し、又その時に國民黨は更に兵役義務を了へたるものにも選擧權を與ふべしといふことを主張したが、兩方とも成立しなかつたのである。又ずつと後に、普選案が旣に具體化した曉にでた本黨の普選法修正案の中には、帝國臣民にして年齡滿二十五歲以上の世帶主には男女を問はず選擧權を與ふるといふ條項があつた。これは一面には保守的に見へるが他の一面には女子の參政權をも認むるといふやうな急進的の色彩をも帶びてゐたのである。且又世帶主とあるに就ては大正九年の國勢調査の折に旣に經驗してゐるのであるから、假令採用せられざるまでも、少くも一顧の價値はあつたのであるが、さういふ主張者側から見れば、名案が少しも顧られなかつたのは、本黨が淸浦內閣支持の不面目を何とかして彌縫せんと藻搔き拔いたあげくに世間體を繕はんとするものにあらざるなき乎。さういふやうな猜疑の陰翳に覆はれてゐたからである。それはそれとして、普選の附隨條件に關しては大正十三年一月發行の國家學會雜誌第十八卷第一號に載つてゐる『選擧法改正管見』と題した小野塚博士の論文は參考に値する文獻である。

要するに選擧權の有無を甄別すべき標準目標は、之を簡單明白なる事實に求めざるべからざるは理の酷だ睹易きところである。さうして從來提唱せられた幾多の附隨條件はいづれも此の點に於て缺如し望蜀の感を伴はしむるものである。そこで護憲內閣は斷然附隨條件を排して普選法の成立に突進した、さうしてその爲めに後に非常な難局に遭遇したのである。附隨條件に類似せる普選法第六條の所謂缺格條項中の第三項『貧困に因り生活の爲め公私の救助を受け又は扶助を受くる者』とある、此の項がかういふ形ちで世に生れるが爲めに貴衆兩院の協議會に於て普選法の成立が危機一髮によつて繫がれた、その顚末は後ちに讓る。

普選案原案全文の漏洩

記事の順序は前後するが、後に叙述の脈絡の中斷を避けんが爲めに、ここで記るしておく。大正十三年十二月九日の東京朝日新聞に『今議會に提出さるる普通選擧法案の全文』と題し。

『前後六年の間我が政界の懸案となつてゐた所謂普選案も現內閣の出現と共に三大政綱の一つに掲げ、政府は與黨三派の提案を汲んで具體案を作りそれぞれ關係當局間に硏究を重ねつつあつたが、八日法制局の審議を了へ同夜直ちに加藤首相を始じめ各閣僚に配布され愈〻今九日の閣議に附せらるることとなつた衆議院議員選擧法案並に別表全文は左の通りである、閣議決定次第樞密院の諮詢を求め、第五十議會に提案される筈。』

かういふ前置きを添へた普選法が載つてゐた。此の日朝日以外の他の新聞にも載つてゐるであらうと人々は期待したるに、然らずして單り朝日にのみ載つてゐた。朝日が伯林會議に於けるブローウヰッツの記憶を新たにするやうなことをしたのである。即ち拔駈の功名的に何處からか原案の全文を得、忌諱を冒して、之を公にすることを敢てしたのであつた。偖て此の案は樞密院の諮詢を經ていづれ議會に提出されるのである。提出された案と此の原文とを對照比較すれば、樞府に於てどこが修正せられたかが直ぐに明白にわかる、そこに平素から樞府の小言に怯えてゐる當局者の懊惱があつた、それ故に何人が全文を朝日に漏らしたか、その詮議が湧いて大騷が起つたのである。當局者の衷情は寔に同情に値するのであるが、著者の如き草莽一介の學究の爲めには之はまた勿怪の幸であつた。それは普選に對する感想の廣い世の中に於ける異同、その年齢的分布、境遇的分布を考察する上に於て此の原文は貴重なる參考資料であつて、その當時早く既に本書の研究を夢みてゐた著者は天が炎旱に慈雨を惠んだかのやうに感じたのである。此の日偶然全く別の用向で大騷の震源地内務省を訪れて不思議の奇遇に興味が唆られたのである。

朝日新聞によつて漏れた原文の中には普選法第六條第三項の旨意若しくはそれに類似の箇條は全く見當らない。もう一つ注目に値するは華族の戸主にも選擧權及び被選擧權を與へてゐることである。尙ほ選擧人被選擧人の年齢制限は雙方共に滿二十五年以上、又現行法には同一市町村に一年以上住居したる者となつてゐるところが六箇月以上となつてゐる。

普選案立案審議の經過

普選案が立案に着手せられてからそれぞれの審議機關を經て遂に最終の形ちをとるに至つた經過は概要次の如し。

大正十三年七月十九日第四十九特別議會が閉會を告ぐるや、豫期の如く政府は時を移さず普選案の立案に着手し、與黨三派の側に於ても特別議會開會中に早く既にその爲めに交渉會を開き、爾來鋭意案の成熟を圖り、幾何もなくして協定案の骨子を得た。それから政府側と三派委員とは九月中に三回聯合協議會を開催して政府と與黨三派との協定案の大綱を決定したのである。更に整理完成し、此の間恒に政府と與黨三派との聯絡協調を保持し、斯くて出來あがつたのが朝日新聞の漏洩によつて甫めて廣い世の中に見えた全文である、それが十二月九日の閣議で確定し直ちに樞密院へ廻附せられたのである。

樞密院の精査委員會は年末より翌年の二月中旬に掛けて二十四回の委員會を催し、審議の結果十數點の修正を政府に要求し、政府は其の修正意見に忍從し、恒例により再提出の形ちをとつたものが二月二十日の樞密院の總會に於て可決せられ、同日中に實質的には政府の最初の原案を樞密院が修正したるものを政府案として衆議院へ提出した。

衆議院に於ては審議の結果三月一日の本會議に於て政府案に四箇所の修正を加へたるものを可決し、之を貴族院へ送つた。

貴族院は審議の末衆議院より送附の案に貴族院の修正を加へたるものを三月二十六日の本會議に於て可決し、直ちに之を衆議院へ送附した。

衆議院は二十七日午前の本會議に於て貴族院の修正全部を否決し、院議尊重といふことになつた。そこで兩院協議會ができ、貴族院の修正に對する協議をなすこととなつた。協議會は同日午後五時から開かれたが雙方倶に院議尊重を固守して互に相讓らざるが爲めに遂に纏まらず、翌日に持越すこととなり、二十八日は終日協議をつづけたるも何等の進境をも示さず、殆んど絶望の深淵に臨まんとした。協議事項中最大難關は普選法第六條第三項の缺格條項であつた。設し此の條項が廣汎の意義を有するものならば普選は蛻けの殼の有名無實のものとなる。さればとてここまで來たのであるから何んとかして曲がりなりにも成立させたい。

此のときの衆議院の苦衷は總てが歴史的の過去となつた今日から見るも眞に察するに餘りあつたのである。もう一時間餘で會期（あとで二日間延長）が盡きるに迫つた午後十時半過ぎに、最後の妥協案として衆議院側から第六條第三項の貴族院修正案の冒頭へ『貧困に因り』の五字を加へ、即ち

『貧困に困り生活の為公私の救助を受け又は扶助を受くる者』

といふ案を提出し、それが貴族院側の容るるところとなつて、辛くも決裂の危機を免れた。翌二十九日協議案は兩院を通過した、斯くて大正十四年三月二十九日午後五時といふに、普選案は難産の後芽出度く呱々の聲を擧げたのである。

第五十議會の會期は三月二十五日に盡き、それが一日、二日又二日と三度延長せられた。斯くの如きは我が議會史上稀有の現象である。加ふるに普選尙早論は或る方面に於ては可なり强硬に主張せられてゐたのである。されば此の前後に於ては議院の内外を問はず近時罕に見るの活氣、眞劍味、緊張の氣分が漂つてゐた。

普選案の立案審議中に現はれた意見、議論、觀察の中で、將來選擧法の改正に際して參考上有益ならんと思はる事項を叙述せんとするのである。その中にはその當時にあつては餘り世人の注意を惹かなかつたこともあれば、又その當時即ち事前に中々に喧しい議論のあつた事柄で、兎に角に一回だけでも普選が實行された事後の今日から回顧して興味を唆るものもある。これからそれへ移る前に後世の研究者の爲めに内閣所屬の衆議員議員選擧法調査會編纂の調査資料目錄を掲げておく。之は勿論非賣品ではあるが、相當の部數が出版せられ、可なり多方面へ配布せられたのであるから、幾多の年月を經たる後と雖も篤志の研究者が參考の

便宜を得るにさまでの困難なからん。

衆議院議員選擧法に關する調査資料目錄

内國の部

一　衆議院議員選擧法
二　選擧權に關する調査資料
三　被選擧權に關する調査資料
四　選擧の方法に關する調査資料
五　選擧運動方法の取締に關する調査資料
六　選擧法に關する參考書
七　小學校教員被選擧權要望運動狀況
八　僧侶被選擧權獲得運動狀況
九　女子政社並政談集會參加制限撤廢運動
一〇　衆議院議員選擧法罰則對照調
一一　衆議院議員選擧違犯者調
一二　地租營業税の地方委讓に依る衆議院議員失權見込者數調
一三　選擧訴訟及當選訴訟に關する大審院判決要旨

外國の部

二九　普國選擧法
三〇　舊普國下院議員選擧法
三一　普國東部六州制
三二　普國東部六州市制普國東部七州町村制
三三　獨墺共和國憲法制定國民議會議員選擧法（一九一八年十二月）
三四　舊墺太利帝國下院議員選擧法
三五　伊太利選擧法（一九一九年九月）
三六　瑞西選擧法
三七　土耳古選擧法（一九二三年四月）
三八　リスアニア共和國憲法（一九二二年八月）
三九　ラトヴィア共和國憲法
四〇　國民投票の制度に就て

衆議院議員の總數

大正八年の選擧法改正の折には議員の總數が三八一より一躍して四六四に增したのであるが、普選法の立案に際しては大體此の總數を增減しないといふ方針の下に於て、大正九年十月一日の國勢調査の人口を標準として、人口十二萬人に付一人の割を概略の目安としたのである。實際大正九年の國勢調査の内地總人口は五五、九六三、〇五三であつて、之を十二萬で割れば四六六となり、殆んど不思議と思はれるほどに普選法別表の定員數とぴつかり合つてゐる。普選法が成立した大正十四年十月一日の、第一回中間國勢調査の總人口五九、七三六、八二二を十二萬で割れば四九八となる。又定員數の四六六の方を押へれば人口約十二萬八千人に付議員一人の割になる。

普選法立案の當時には此の點に就て何等これといふ議論もでなかつたのであるが、潛伏的意識としては多年一日定員數を增さなくてはならない、少くもそんなことがあるかも知れないといふやうな考があつたやうに思はれる。稜々たる鐵骨が巍然空を摩して永田町の丘陵に崛起し、東京全市を睥睨し、遙に富嶽と對峙し、遠く東海を威壓する、我が新議院建築、あの中には五百の議席が設けられ、最大限度六百三十席まで設け得らるる設計になつてゐる。

議員の總數に不變的制限を設くるの必要なきは言ふまでもないが、普選法第一條で選擧區及び各選擧區に於て選擧すべき議員の數は別表を以て定むることになつてをり、別表が變らざる限りは議員の總數は一定してゐる、即ち議員の定數があるのである。此の點は獨逸現行の選擧法が所謂バーデン式（注後出）を採用してゐるが爲めに議員の總數は不定であるのとは全く趣を異にしてゐる。尤も實質的にはたいした違ひはないが、根本の旨趣に於て異つてゐる。

普選法の議員の定數四六六、これは事實的には最大限を示したものである。補缺選擧のことは後に更めて論ずるのであるが、兎に角に現行法に於ては同一選擧區內に二人以上の缺員がなければ、補缺選擧を行はないことになつてゐるから、實質的には多くの場合に於ては實數は此の定數よりも減つてゐる。又可なり多く減る場合も豫想ができる。現に第一回の普選總選擧が二月二十日に行はれてから僅かに五箇月の間に早く既に四人の缺員を生じ、補缺選擧に關する規定が改められざる限りは、それが急に補缺せられる見込は先づないといつてもよいのである。それは兎に角に寧ろ偶然ではあるが大體に於て議員の定數を變へないといふ根本方針の下に普選法が立案せられたのは寔に喜ばしいことである。

大正十四年の半ばに於ける英國(北愛蘭をも含む)の人口は四四、九四〇、〇〇〇である。議員の定數六一五より、特殊のものである大學選擧區に屬する員數一二を減じた六〇三で人口數を除すれば七四、五一〇となり、約人員七萬七千に付議員一人の割合となる。然し英國に於ては識者の間には現在の議員定數は多過ぎるといふ議論がある。極端の論者の中には思ひ切つて百二十人ぐらゐまでに激減すべしと說く者さへある。唯英國人の保守的國民性と、增す方は容易なれど一旦增したものを減らすのは難事中の難事であるといふ人間通有の弱點とは相ひ俟つて議員定數削減論をして未だ充分の威力を發揮せしめないに過ぎない。凡てかういふ事柄に就ては英國の範例が恒に目先きにちらつくを免れざる我が國民的心理狀態の下に、人口は我が國の四分の三に過ぎない英國に於てさへ議員定數は大學選擧區の分を省きても尙ほ六〇三を算す。我が國に於ても此の定數を增さなくてはならないといふやうな、似て非なる僻論が、多年一日何等かの機會に擡頭するが如きこともあらんかと、杞憂の餘り事前に豫防線を張り頂門の一針を刺しておくのである。

世の中には唯何といふことはなしに譯もなく出合頭に、十人が十人まで、かうであるとかさうであるとか思ひ、餘程深く考へ、遠く察しなければ誤りの誤りなることが知れにくい、所謂百發百中的の誤解がある。人口が增せば議員の定數を增す、それは當然すぎるほど當然のことである。さういふ誤つた議論は所謂百發百中的の誤解の好適例である。要するに人口十二、三萬人に付議員一人といふが如き目安には何等深い根據はない。さうして其の何等深い根柢を有せざる標準を我れ知らず無意義に合理的のものであるかのやうに考へ、それに拘泥せんとするの結果として、上述の如き誤解に陷ゐるのである。

惟ふに一國の議員の總數と其の國の人口との間には之といふ關係は無い、唯既に總數を定めてから、それを各選擧區へ割當てるに際して成るべく選擧區の人口に比例するやうにするに過ぎないのである。偖て此の總數が無闇に多くなつては始末がつかないことになる。此の點に就て多少參考となるのは英の六一五(千九百十八年より千九百二十二年に至る南愛蘭と分離の直前の四年間に於ける英國の議員數七〇七は古今世界に於ける議員數の多きレコードである)、佛の六一二、獨の四九三、米の四三五などであるが、蓋し英佛の總數の六百有餘が最大限であり、而かも英國、佛國に於ては各々特殊の國情により、又前々からの行掛りによつて斯くの如き大數になつてゐるのであると思はれる。我が國に於ては議員總數の最大限を那邊に置くのが適當であるか。其の點に就て著者が前々から考へてゐたことは他日稿を改めて詳述し、以て大方の批判を請はんことを期し、ここでは單に結論だけを述べて置くに止める。それは我が國に於ては、普選法成立前の總數四六四をどこまでも保持したいといふのである。さういふ譯で普選法の立案に當り此の總數を變へない方針であると聞いて著者は喜んだのである。且又之が先例となつて將來の選擧法改正に際しても此の總數を變へないといふことになるであらうと思ひ更に喜びを增したのである。

議員の總數を定むるに多くの國々に於ては人口若干に付議員一人の割を目安としてゐるのであるが、瑞典國に於ては人口總數の二百三十分の一每に議員一人の割といふことになつてゐる。從つて總人口の增減如何に拘はらず、議員の數が二百三十人に固定してゐる。我が國の如きも最初の三百人から段々と殖へて四百六十六人になつたのであるから、此の邊で打切ることとして、今後は瑞典國の例に倣ひ、人口が增せば議員數の增すのが當然でありとするやうな錯覺を、その未だ發芽せざるに先だつて早く已に豫防しておくのが得策であると思はれる。因みに記す。墨西哥は物情恒に騷然たる國である。同國のことは常規を以て律することはできない。從つて餘り參考にはならないかも知れないのであるが、同國現在の議員數は五十八人であつて、それが既に少いのに、更に之を半減せんとする議が將に成立せんとしつつある。若しさうなれば議員數が二十九人となり、人口約五十萬人に付議員一人の割となる。之が議員數の少いことに於ける世界のレコードとなるのである。今此の人口五十萬人に付議員一人といふ割を目安として、假りに人口四億五千萬人の統一された隣邦支那を夢想すれば、そこに九百人の議員より成る支那議院ができてくるのである。さういふ議院が如何に混沌たるものであるか、之を想像するだに身の毛のよだつを禁ずることができない。さういふやうなことを考へても議員數は人口の增加に伴ひ增さなくてはならないといふ議論の不合理なることが明かに解かるのである。

若しそれ著者の考が間違つてゐたとしても、前述の如く增すは易く一旦增したものを減らすのは非常に困難であるから、將來議員總數を增すといふ議が、何等かの機會に、何等かの動機から萬一起つた場合に、當事者が深く思ひを此の點に致されんことを今から希望しておくのである。

注　バーデン式は獨逸の新憲法に據る現行選擧法に於て採用せられてゐるのであるが、其の源はバーデン國の新憲法の中にある。同國憲法の第二十二條にかういふことがある。それは黨派の名簿に對する投票數一萬毎に選出議員一人を割當て、さうして殘つた端數は全國を通じて合算し、又々一萬票毎に一人の議員を其の黨派に與ふるのである。其の又殘數が七千五百以下なれば切捨て、以上なれば繰上げて一萬と看做すのである。卽ちバーデン式は投票の端數を處分する方法の一種であつて、比例代表法の目的を最も徹底的に達せしむる方式である。千九百二十年四月二十七日發布の獨逸現行選擧法は此のバーデン式を採用してゐるので、議員の總數は勿論各選擧區に於ける數も定つてゐない。尤も定つてゐないと言つても大體はきまつてゐるのであるが兎に角に定數の無いのはその特色である。

供託金

普選法第六十八條により議員候補者の屆出又は推薦屆出をなさんとする者は議員候補者一人に付二千圓の現金又は國債證書を供託することになつてゐる。さうして候補者の得票數が其の選擧區內の議員の定數を以て有效投票總數を除したる商の十分の一に達せざるときは保證金は沒收せらるるのである。これは所謂泡沫候補者に對する制裁である。又候補者が選擧期日前十日以內に辭退する場合にも沒收せらるることになつてゐる。これは始めから眞面目の意志なく選擧の間際になつてから辭退して他の候補者の得票を有利ならしむる所謂策略候補者に對する制裁である。以下泡沫候補者といふ辭の意味を推擴めて策略候補者をも含むこととする。

普選案の立案に際して最初は普選の主意に相應しからぬ保證金沒收の制を除外して、何んとかして泡沫候補者を制裁する名工夫もないかといふので、種々考案せられたのであるが、どうしても名案が浮ばなかつたが故に、已むなく英國の例に學び保證金の制を採用したのである。偖てさうなつてから爰に面白いことは政府側は千圓を提唱し與黨三派側は二千圓を主張したことである、さうして結局は三派側の主張が通つたのである。因みに記す。英國に於ける保證金額は百五十磅、又千九百二十四年の最近の總選擧に於ける供託金沒收人員は六十八人である。

當然のことではあるが、社會的現象として面白いと思はれるのである。早晚普選が行はるることは何人も疑はなかつたのであるが、もうか、まだかといふやうな雰圍氣の時代を脫して實施の見當がつき彼岸が見へたときに、保守的の方面に於ては急に普選尙早論が層一層の硬度を增したるに對比して新聞紙によつて代表された世間が一層突飛的急進的になつたことがそれである。此の相乖離する心理的傾向は最もよく保證金に對する兩側の考の上に顯はれてゐる。

諮詢の府とはいふものの、實質的には審議機關である樞密院に於ても、衆議院の反政府側に於ても、又貴族院に於ても保證金の制に對してはこれといふ議論もでなかつたのである。然るに廣い世間に於ては、特に少壯者の間には、此の制に對して可なり强硬な反對論がでた。其の要旨を摘んでみれば、大體次の如き意見である。

普選の趣旨は一つに納稅資格條件の撤廢を根本義とするのであるから、立案には終始一貫して此の趣旨を以て望まなければならない。然るに今回立案の普選案を詳細に吟味すれば、そこには幾多の資本主義的な點が含まれてゐる。就中保證金の制の如きは其の最も甚しきものである。元來この制度は泡沫候補者を防止せんが爲めに英國の例に學んだものであるが、爰に保證金を提供させ金の有無によつて法定候補者たると否とを定めんとするは事實上被選擧權の資格に物的條件を附すると同じ意味になる。且又二千圓といへば普通の人には大金である。名實共に泡沫候補者ならざるものにあつても最小限度の選擧費の調達にさへ困難を感じてゐる、其の上に此の多額の保證金を工面せしむるのは殘酷である。萬一その爲めに有爲の人物が出られないこととなれば明かに普選の趣旨を沒却するものである。

保證金の制度に依らずして何等かの方法で泡沫候補者を拘束することができればそれは寔に結構である。普選法立案の當初に於ても政府側に於て種々の硏究を積まれたのであるが遂に良案を得るに至らず、已むを得ず保證金の制度に落着いたのである。保證金もそれが所謂見せ金に了はる場合は苦いながらもそれほどの苦痛にはならない譯であるが、眞面目な名實共に泡沫候補者ならざる、而も選擧費の調達に純眞の苦痛を感じた候補者の保證金沒收は如何にも氣の毒である、著者は嘗て一旦は沒收することにして、あとでゆつくり充分に詮議して泡沫ならざることが明白になつたときはそれを返へすといふやうなことはできないものかといふやうなことを思つたこともある。そんな譯で保證金沒收の實例統計は著者の興味を唆つたのである。

今次の總選擧に於ける候補者總數九六六、其の內落選者の數は五〇〇、其の又落選者中の供託金不還附候補者の數は一一六である。此の中で選擧間際に辭退したが爲めに沒收せられたものは、僅かに四人に過ぎない。斯くて沒收數の總數に對する割合は一割二分、沒收數の落選者數に對する比は二割三分强に當る。

黨派別供託金沒收數の候補者の數に對する割合は政友會七厘、民政黨八厘、革新黨二割四分、實業同志會二割六分、無產諸派一割五分、中立二割である。計算の基數が少ないのであるから此の割合は餘り當てにはならないが、實業同志會が最高率を示してゐるを見ては一番苦痛のないところに沒收が一番多くあつたかのやうに意識し天の配劑の妙なるを想はしめ、二番目に多い革新黨の場合に於ては同黨の逆境を偲び氣の毒な感じがする。

大正十三年の最終の制限總選擧の折りには保證金の制は無かつた。此の時の區制は大正八年五月改正の選擧法に依つたものであつて、一區一人の區が二九三、一區二人の區が六八、一區三人の區が一一であつて、大多數は一區一人の選擧區であつた。此の總選擧に於ける候補者總數は一一〇六、此の內當選者四六四、落選者六四二であつた。その當時設し現行選擧法の保證金の制があつたならば、此の六百四十二人の落選者中保證金を沒收せられてゐる筈の人の割合は勿論今回よりもずつと多いのである。尤も保證金の制裁があつたならば候補者の數、從つて落選者の數も激減してゐたであらうと想像されるのである。斯く觀察すれば保證金の制は確かに泡沫候補者の出現を防遏する上に於て大なる效果があつたのである。將來のことを考へれば、普選の精神に背くといふ理由で保證金廢止論が段々盛になることと思はれる。又妥協折衷說として減額論が擡頭することも豫想せられるが、著者は寧ろ有效投票數を定員數で割つた商の十分の一以上とあるを或は十五分の一或は二十分の一として、寬和を圖ることを勸告せんと欲するものである。

因みに記す。大正十五年六月衆議院事務局から出た『第十五回衆議院議員總選擧一覽』と題した有益な參考材料がある。此の書の中にはドルーブ・クオータ（注後出）の十分の一以上を得た候補者に限り其の氏名が載つてゐる。一區一人の場合にはドルーブ・クオータは有效投票數を二で割つたものであるから、其の十分の一は有效投票數の二十分の一に當り普選法第六十八條の沒收規定の票數の半分に相當する。

昭和三年二月二十日を期して普選第一回の總選擧が行はるることが知れてからは約どのくらゐの候補者が簇出するであらうかといふ豫想が人々の興味を唆つた。さうして多くの人は制限選擧時代の前例に參酌して定員數の約三倍に近いところを目安としてゐたのである。然るに選擧當日より一週間前の普選法第六十七條の締切期日になつて蓋をあけてみれば豈圖らんやそれが定員の二倍を僅か許りしか越さなかつた。依つて選擧の日が定まつてから當日までの間が短かかつたこと、何んといつても、甫めての普選であつて全く見當がつかなかつたこと、保證金の制が新たに設けられたことなどが其の推測理由の中に擧げられたのである。著者は最大の原因は矢張り保證金の制裁にあつて、此の制裁が以前からあつたならば從來の總選擧に於ても候補者の總數が定員の二倍前後邊りまで激減してゐたであらうと思ふ。

注　ドループ・クオータの説明　若干の總投票數によつて一人の當選者を出す場合には何人かの得票が總投票數の半分よりも一票でも多ければその人の當選は確實である。二人の當選者をだす場合には何人かの得票が總投票數の三分の一よりも一票でも多ければ其の人はきつと當選する。同じ譯で若干の定員數を出す場合には定員數に一を加へたものを以て總投票數を除して得べき票數に一を加へたもの、何人かの得票がそれ以上なれば其の人の當選は疑ひない、之は勿論單記投票に就ていふのである。此の確實なる最低限度の當選票數をドループ・クオータと稱するのである。標準當選點といふ譯語もあれど、かういふ特殊の方式で算出した結果であるから矢張り特異の名稱を附しておいた方が紛はしくなくてよいと思はれる。定員數に一を加へたものを除數とし最後に一を加へることとは、比例代表の單記委讓式の提唱者トーマス・ヘーアの友人であつた、ドループといふ英國の辯護士が、千八百六十九年に言ひだしたことであつて、始めて實際に用ゐられたのは千八百九十五年瑞西國內の或る州の選擧からである。我が國の衆議院あたりでは此の計算の方式を林田式と唱へてゐる。これは衆議院の名書記官長であつた故林田龜太郎氏の功績を偲びたるものであると思はれる。何か紛はしくない特異の名前でさへあればよいのであるから我が國では之を林田式と唱ふることにするのも一案かと思はれる。

區　　制

英語國ではジェリマンダリング（注後出）其の他の歐洲諸國では選擧幾何學と稱することがある。それは選擧區制の立案の衝に當る一黨派にのみ都合のよいやうに無理偏頗な區劃をすることである、外國ではその爲めに隨分困つたことがある。普選法の立案に際して、其の痕跡の無かつたことは、眞に祝福してよいのである。總じて計畫がよくて事が圓滑に運べば、それがあたりまへのやうに思はれ、計畫が杜撰であつたが爲めに運用に障碍を生じ、其の障碍を何んとか彌縫することが大功勞に認められる。世の中といふものは不公平なものである。

外國の惡いことは大抵いつかは我が國に入つてくる、我が國に於ても何時か選擧幾何學の辛酸を嘗めるやうなことが起らないか、さういふことを平素から心配してゐた著者は普選法の立案に際し區制の調査進行の經過に對して深甚の注意を拂つてゐた。偖て三派の普選調査委員會に於ては大體三人乃至五人を一選擧區の定員とする、所謂中選擧區制を採用することに略〻三派間の諒解ができたのであるが、それから先きの組合せに就ては、政黨的立場から觀れば黨勢の消長に重大な影響があり、個人的立場より云へば直接利害關係があるのであるから、三派に於ても之を處理するに愼重の態度を持し、此の際は黨利黨略を加味せず、個人の利害を念頭に置かず、專ら人口及び地理に準據し最も公正に立案することになつたのである。此の時の三派委員會の立派なる態度に對して國民は大いに感謝すべきである。それにつけても今日此頃の小選擧區還元說の如きは唾棄すべきである。

そこで三派委員會に於ては更に三派各々一人より成る小委員を設けて立案の衝に當らしめ、小委員は非常な努力を拂ひ、少數の府縣に就ては尙ほ最後の斷案を下だすまでには至らなかつたのであるが、大體の成案を得てそれを三派調査委員會に提出し、委員會は互讓審議して協定案の大綱を確定し、之を政府側に送附し、政府側に於て立案の基礎たらしむるに至つたのは大正十三年九月末のことである。

第一次の決定に於て未だ全く確定してゐなかつたのは、東京府市部、大阪府郡部、神奈川縣、兵庫縣、新潟縣、栃木縣、三重縣、靜岡縣、山形縣、愛媛縣、佐賀縣、鹿児島縣の二府十一縣であつた。もはや總てが歷史となつた今日必要もないことであるから大抵は略するのであるが、一例を擧ぐれば栃木縣の場合に於ては政友會は四人五人の二區制（結局さうきまつたのである）を主張し憲政會は各々三人の三區説を唱へてゐたが爲めに決定しなかつたのである。惟ふに凡て憲政會と政友會との間に意見の齟齬があつた場合に革新派が公平な裁斷をすると言ふやうな氣味合ひもあつたかも知れないのであるが、何んといつても三派間に於ける互讓至誠の靉々滾々たるもののあつたことが推測せらるるのである。

斯く推測することは必ずしも單に推測に過ぎざるものにあらず、所謂獨立選擧區廢止反對運動に對する公明なる態度は少くも此の推測の當らずと雖も遠からざるを暗示する。從來市は獨立の一選擧區又は數選擧區であつたのを廢止することになつたときに、其の當時の中正倶樂部を中心として此の問題に利害關係を有する議員が結束して相當猛烈な反對運動を與したのである。元來三派中の比較多數黨であつた憲政會は郡部に弱く市部に強く市獨立選擧區は憲政會に有利である。さういふ譯で此の時は著者の如きものまでが多少不安の念を禁じ得なかつたのである。然るに三派が此の反對を一蹴して市郡無差別の人口標準に終始したことは眞に多とすべきである。

世の中に惡いことといふものはいつのまにか起つてくるものである。八幡市の所謂微粒選擧區問題の如きはそれである。それは區制の案配によつて或る黨派には都合よく、從つて爾餘の黨派には都合が惡いやうにするのであるから矢張り一種のジェリーマンダリングである。內務當局者が兎に角一度は斷乎として之を許可せざりしことは、所謂板挾みの苦境を察し不安の念に驅られてゐた識者の感謝に値する。

區制立案の初期に於て革新派が可なり强硬に大選擧區制を主張し、一時は普選案暗礁に乘り上ぐとまで言はれたのであるが、それも程なく中選擧區に折合つた。然し革新派が苟も有爲の士が限定された選擧區から立候補するは普選の本旨に反すと高調した、その主張には眞に堂々たるものがあつた。理想に生き政界の淸涼劑を以て自任せる革新派の如き政派の無くなつたのは惜みても尙ほ餘りあることである。

比例代表制採用の議は起るかと思へば息み、やむかと見へれば起り、起らんとすれば又止むといふやうな曲折を經て遂に沙汰やみとなつたのである。此のことに就ては更に後に詳述する。

區制の方は段々煎じ詰めて千葉、茨城、兵庫、德島を餘まし、更に煎じ詰めて最後に千葉、茨城の二縣を殘したのである。此の最後に決定が殘つた二縣の場合に於ても今日から回顧してみれば非常な難關があつた譯でなく、或る郡を分割すると寔に都合がよいがそれはしたくないといふやうなことで決定が延び延びになつたのである、さうして最終にきまつたものは達觀して何等偏頗の痕跡を殘さなかつたのである。

箇々の府縣に就て考ふれば尙ほ得隴望蜀の餘地があるかも知れないが、全國を達觀すれば今回の區制は寔によく公平にできてゐると思はれ、これといふもの此の案が一黨全盛の時代でなく三派協調の下にできたからである。望むらくは、これが先例となり慣例となつて、選擧幾何學が將來永く我が國に於て發芽せざることを。

普選法選擧制別表の終りに

『本表は十年間は之を更正せず』

とある。これは寔によいところへ氣付かれた規定である。選擧法に限らず、凡て我が國の立法には泥縄式に超越した先見の明を藏した箇條は甚だ少くない。されば此の規定に思ひつかれた其の人の周倒なる用意に對して著者は深甚の敬意を表するものである。言ふまでもなく此の規定は時の多數黨の傍若無人ジェリー式の横暴が憲法附屬の大典の精神を蹂躙せしめないが爲めに設けられたものである。別表にして尙ほ且然り。矧や區制そのものまでも僅かに一回試みたのみで直ぐに弊害の顯著なる小選擧區制へ逆戻しせんといふが如きは言語同斷沙汰の限りである。世人はよく小選擧區還元論の動機は黨利私利にありとするのであるが、それは寧ろ選擧そのものに眞の理解を有せざるにある。尤も干渉買收といふが如き選擧の神聖を汚濁する惡事をするに小選擧區制の方が都合のよいことは明かである。

凡ての事物は衰頽の種子を包藏する。如何によいものでも永い間には疵もでき黴も生へる。此の結構な區制は勿論、所謂中選擧區制そのものまでを改正する必要が起るかも知れない。然し變へるとしたならば、革新派が普選案の立案に際してそれを暗礁へ乘上げんとまでした大選擧區の方へ進むのが順路であり理想である。又我が立憲政治の健全なる發達を庶幾するに忠實なるものである。然るに、何事ぞ、唯僅かに一回試みたるに過ぎず、而かも其の結果が良好であつたにも拘はらず幻影的の黨利黨略に捕はれ、些々たる事務上の不便を喞つ俗僚の近視眼的意見に諂はれ、弊害浸潤の舊小選擧制へ逆戻せんといふが如きは實に寸前暗黒の盲斷である。『今や擧世滔々眼先き主義、間に合せ主義、便宜主義に墮落し高遠の志趣なく深透の計策なきは我が國刻下の通弊なり』とは、移して以て小選擧區還元論に當嵌めて酷だ妙なるを感ずるのである。

普選第一回の成績が良好であつたといふことに就ては虚心平意の第三者と政黨者流とは見解を異にしてゐるのは避け難いことである。此の點に就ては後に詳論すべし。

註　ジェリマンダリング　千八百十一年ジェリーといふ人が米國マッサチユセット州の知事となつた。此の人は極端に黨派心の強い人であつて、自分の黨派の地位を鞏固にするが爲めに、彼れの黨派の全盛時代を利用して、州の上院議員選擧法を改正し、選擧區の區畫を勝手次第に自分の黨派に都合のよいやうにしたのである、特に相ひ隣接せるウースター區とエッセックス區との場合に於て極端に偏頗な組合せをした。そこでスチュアルトといふ人が或る新聞社で選擧區區劃の地圖を見て、エッセックス選擧區の形が突飛に奇妙なるに感興を催ほし、鉛筆で上の方へ嘴を、下の方へ爪を書き添へて、さうして叫んだ『見給へそこにサラマンダー（蜥蜴）がゐる』と。さうすると其の新聞社のラッセルといふ人が『余はそれをジェリーマンダーと呼ぶ』と當意即妙の批評をした。それがこの辭の語源である。實際或る時代の米國に於ては地理、習慣、沿革等を全然無視し、權力を占めてゐた黨派に都合のよいやうな區劃割をなし、甚しきに至つては飛び地まで作つたことさへある。

選擧權及び被選擧權の年齡

普選法が成立した、その直後に內務當局者の編纂に係はる

『衆議院議員選擧法改正理由書』

と題した書物が未定稿として世に公にせられた。それが未定稿と明記しあることは、普選法の條文中にはその意義に就て當局者に於ても如何に解釋すべきかが判然しなかつたものもあることを暗示するものと思はれる。第五十議會終了直後の地方官會議に於て時の內相若槻氏が普選法に就て述べられたことは、此の理由書中の要點の梗概である。當局者の立場として無理ならぬことではあるが、此の理由書に載せた說明中には左顧右眄の痕跡を殘せるものあり、窮餘一條の活路を獨斷的解釋に求めたるが如き歸趨もある。又二、三重要なる點に就ては特に隔靴搔痒の感なき能はざるものもある。世に『心にもないことを言ふ者、汝の名は何、曰く政府案の說明者』といふやうなことが謠はれてゐる。幾多の審議機關を經過するに際しての迂餘曲折、其の間に於ける當局者答辯の慘澹たる苦心は眞に同情に値する。答辯にかけては天下一品の稱ある時の內相が其の衝に當られ、又時の首相、農相が毀譽褒貶に超越し、大事の前の小事、よく忍從の極致に克己し、只管案の成立に專念せられたるは、普選法成立の史上永へに記念せらるべきことである。それはそれとして、此の理由書は幾多重要なる點に於て當局者答辯の苦心を物語る側面史であるかのやうな氣がする。此の邊の事情が、物換はり星移る幾春秋、いつしか湮滅し、後世の史家研究者が眞相を捕捉するに難儀せられんこと

を杞憂し、一片の老婆心普選案が諸審議機關を通ほる間に修正又修正の難關に遭遇した諸點に就き、經過の大要を記して以て補足的に普選法將來の改正のときの參考に資せんことを期す。

選擧權の年齡に就ては、明治三十六年一番最初に普選案が衆議院に現はれたときには滿二十歲以上といふ突飛な提案であつた。又その後もさういふ提案があつたことはあるが、眞面目な注意を惹かなかつた。選擧人の法定最少年齡は終始一貫滿二十五歲となつてゐた。普選法の成立に際しても此の點に就ては何等議論もでなかつたのである、然し早かれ遲かれ年齡低下論の擡頭するは唯時日の問題に過ぎない。

被選擧人の法定最少年齡は普選法最初の原案には二十五歲となつてゐる。それを樞密院が舊法の三十歲に修正し、政府は此の修正を容認し、衆議院へ提出せられた原案には既に三十歲となつて居る。衆議院に於ては政友會が之を二十五歲に引戻すことを强硬に主張したが遂に容れられなかつたのである。貴族院に於ては世人の豫測に反し微溫的ではあつたが二十五歲說が唱へられたのである。斯くて結果から言へば被選擧權年齡の三十歲が兩院を素通りしたのである。

廣い世の中に於ては折角最初の原案が二十五歲であつたものを三十歲へ逆戾りすることに對して可なり强硬な反對論があつた。その要旨は二十五歲となれば兵役も終へ、大抵は大學を卒業し、勞働者なれば一人前の技術を修了する年齡である。又青年男子の約半數近くは滿二十四歲までに結婚して一人前の社會人となつてゐる。多數の選擧人が國政に參與するの資格あり見識ありとして推擧し當選した者であつたならば、何んで之を拒む理由があらう。元來被選擧人である以上は判斷の責任は多數の選擧人にあるのであるから、二十五歳より三十歳までの人を判斷の未熟の故を以て缺格者とする理窟はどうしても出てこない。先づ大體さういふやうな論旨であつた。

選擧權を有するものが被選擧權を有するのは當然である。成程選擧人は多人數中の一人であり被選擧者は唯の一人である。然し此の一人は多數の人から推さるるほどの人物である。さういふ主義見解の下に選擧權と被選擧權との年齡が同一になつてゐる國々の方が多い。言ふまでもなく議會政治の模範國英國に於ては雙方滿二十一歲の成年年齡となつてゐる、然し廣い世界には年齡の差別が設けられた國もある。戰後の歐洲新興國の中でもチェコスロヴァキア國、ユーゴスラヴヰア國などに於ては選擧權の年齡は滿二十一歲であるが被選擧權の年齡は皮肉にも我が國と同じく滿三十歲になつてゐる。先頃議場內で短銃を亂射し議場を一大修羅の巷に化し、戰前の洪牙利の議會にも增した亂暴狼藉を演じたユーゴスラヴヰアの議會、あれは議員の年齡が若すぎると議會が亂暴になる掛念があるといふ說を否定するものである。被選擧權の年齡が三十歲であつてもあんな亂暴が起ることがある。

英國の政治史を繙けば三十歲未滿の議員にして、其の功績の傳はれるものは決して少くない。後に首相となつた人に就て數ふるもピット父子、カンニング、ラッセル等はいづれも二十代で議員生活に入つたのである。英國現閣員中にもバルフオア卿、チャルチル藏相は共に二十六歲のときに甫めて議會へ出たのである。我が國に於ても明治維新の元勳及び政黨界の名士等の政治的活動の初期は多くは二十代である。吉田松陰が知識を世界に求めんが爲めに外遊を企て失敗したのは滿二十四歲、安政の疑獄に座して刑死したのは滿二十九歳のときである。政治家として大成する非凡の人物人材は暫く措き、政治家として可なりの成功を收める人の場合に於てもその人が成るべく早く議員生活に入り、その人の政治的活動の成るべく長期ならんことが望ましいのである。

既に屢〻世に論ぜられたことである。現在の制度に於て、華族は滿二十五歳に達すれば貴族院議員となることを得るのである。それとの權衡論からいふも被選擧權の年齢を三十歳とする、そこには一種の矛盾がある。惟ふに貴族院に於て確定議とまでには至らなかつたのであるが兎に角に一時二十五歳説が唱へられたのは此邊の斟酌考慮に基因するものであると思はれる。

今回の普選總選擧の當選者中の最年少者三人を擧ぐれば、それは明治三十年の二月、十月、十一月に生れた人々である。十一月に生れた人は選擧の當日昭和三年二月二十日には滿三十歳三箇月であつた、又前々の總選擧に於ても選擧の當日辛ふじて滿三十歳に達した當選者があつた。さういふ事實に鑑みるも被選擧權の年齢低下には實質的の效果が期待せられる。

我が國現在の狀況を明治維新の當時に比して老成の惰力が勝ち過ぎてゐる。口には昭和維新など唱ふるも所謂少壯政治家中にも孫のある人もある。孫のあるのは寔に結構ではあるが、それを世間が一向に怪まない。さういふ雰圍氣の中には矛盾もあれば惰氣の滿々たるものがある。此の點より觀察するも元氣潑剌たる眞に少壯有爲の人士を政治の中心たる衆議院へ送ることが望ましいのである。

被選擧人が成年以上の人であるべきは常識の示すところである。我々日本國民はそれくらゐの常識を持つてゐる。されば被選擧人の年齡制限は全然撤廢するがよい。立候補を濫りにさせないがためには、保證金の制度が設けられた以上は尙ほ更のことである。さういふ意見はその當時特り學者間に於てのみならず進步的の考を有する識者の間にあつたのみならず、それが廣い世の中の共鳴を得てゐた。故によし全廢とまでに至らざるも、せめては原案の被選擧權の年齡を選擧權の年齡と同一の二十五歲とすることに就てはよもや異議はあるまいと思はれてゐたのに、その豫想が裏切られたことは不可解であり、且又何處にか何等かの缺陷のあるを想はしめたのである。此のことに就ては尙ほあとで述べることとし、ここでは唯普選法第一次の改正が此の點に觸れんことを切望しておく。

住所と住居

由來官吏の間には法文中の用語は何であつてもそれを適當に解釋だにしておけばよいといふやうな氣分がある。少くも常識的に成るべく解かり易くする爲めの努力詮議に闕如せるが如き感じがする。此の點に於ては尙ほ大いに先進國特に英國に學ぶべきものがあると思はれる。第五十五議會開院式の勅語の中に「進趨」といふ新熟語があつて、その適語適所なるに感激したものは必ずしも著者一人ではなかつたのである。又我が國の議會史上嘗て原白頭宰相が「恐縮」といふを忌避せんが爲めに幾多苦心の末「恐悚」といふ耳障はりの新らしい辭を用ゐたことがある。先き頃米國の前國務卿ヒウズ卿が、米國がニカラグアの內亂に際して在留民の保護の爲めに執つた處置は「インタルヴェンション」干涉では無い、あれは「インタルポジション」

割り込みであると辯護したのは、原君の恐縮と恐悚との使ひ分けと好一對の話柄である。法律の立案に從事する我が國の官吏は大いに原君やヒウズ卿の慘澹たる苦心に學ぶべきである。考案努力を惜まざれば常識的に解かり易くすることのできる場合も尠なくない。徒らに解釋萬能主義に隱れて充分の工夫を凝さないのは職務に忠實なるものでない。普選法の成立に際して「住所」と「住居」との字義の穿鑿は、果して解り易くするといふ目的を達し得たりや否やは暫く別問題として、兎に角に今述べた點に就て最善の努力が惜まれなかつたといふことが注目に値する。

普選法第六條の缺格條項中に『一定の住居を有せざる者』といふ一項がある。普選法の最初の原案には「住居」が「住所」となつてゐた。之は多分舊法の用語をそのまま襲用したのであらうが、舊法の「住所」とは民法にある「住所」と同じ語であつて、これは人の生活の本據を意味し、單に法律上の抽象的觀念に過ぎないから之を「住居」と改め、住所の上に更に「すまゐ」といふ具體的の意味合ひを添へるがよいといふのが樞密院の修正意見であつて、それに政府が同意したのである。何人でも法律上の住所はある、少なくもあるべき筈である、然し何等かの有形設備を有する住居と稱し得べきものを持たない人がある。極端な例を擧ぐれば橋の下や觀音堂裏に寢泊りして居るやうな人もある。修正の主意は寔に結構であるが、果して住居といふ辭でそれだけの意味が明瞭になるかといふことは疑問である。又衆議院、貴族院の審議に際しても種々考慮が拂はれたのであるが、どうしても適當の辭が思ひつかれなかつたが故に、遂に「住居」に落着いたのである。因みに記す、英國の選擧法には「レジデンス」といふ辭が用ゐられてある。

住居の期間は舊法には選擧資格の一要件となつてゐるが、今回は選擧人名簿登錄の一要件に改められたのである。其の期間は舊法に於ても英國を始めとして諸外國に於ても大抵は六箇月になつてゐる。普選法最初の原案には矢張り六箇月となつてゐる。それが一箇年となつたのは貴族院の修正に係はるものであつて、修正の理由は名簿調製上の困難の豫想にあつたのである。兩院協議會に於ては此の點に就ては雙方共に餘り議論はなかつたのであるが、問題の貧困缺格條項に關する紛糾にまぎれ、結果に於ては衆議院側の讓步の形式により一箇年にきまつたのである。普く國政に參與せしむることを本旨とする普通選擧の精神を參酌し住居の移動の頻繁ならんとする時代の趨勢に鑑み、此の期間の成るべく短いのが望ましい。他方昭和二年末の名簿調製の實際に照らし、此の點は普選法第一次の改正の問題となるべきものである。

華族の戶主の選擧及び被選擧權

普選法第七條の第一項に

『華族の戶主は選擧權及被選擧權を有せず』

とある。これは舊法にも最初から不變不斷にかうなつてゐたのである。普選法の元の原案には之が削除されてあり、それを樞密院が復活し、更に衆議院が削除し、貴族院が再び之を復活し、兩院協議會に於ては衆議院側の讓步に依りて遂に存置することとなつたのである。

政府部內普選法立案の衝に當つた方面に於て、此の項を削除することに決した趣旨は、陸海軍人は其の儘

（普選法第七條第二項）であるが、舊法に於て被選擧權が與へてなかつた官公立、私立學校の學生、生徒、神官、神職、僧侶、其の他諸宗教家、政府に對し請負を爲す者等殆んど全部が解放せられて被選擧權が與へられてあるに拘はらず獨り華族の戶主のみに之を與へないのは普選の主旨徹底に背くものである、且又與へても別に貴族院令の改正とは關係がない許りでなく、さうした結果は、華族の戶主が衆議院へでるが爲めに辭爵隱居を敢行する面倒もなくなる譯であるから、此際斷然缺格の覊絆から解放すべきである。さういふ純眞の正論であつたのである。然るに心理狀態の懸隔、雰圍氣の相違といふものは不可解のものであつて、貴族院に於ては恰も此の缺格を一つの特權の如くに誤解してゐたことは後に記述する。

與黨三派側が華族の戶主にも被選擧權を與ふるに決した理由は、要するに普選案の實施に伴ひ今更華族が貴族院議員たり得るのみにて衆議院議員たるの資格を與へられざるは時代錯誤の甚しきものであると謂ふ理由の外に、今後貴族院制度改革の際に於て現行（其の當時の）多額納稅議員を廢止して之に代ふるに民選議員を以てする案を考慮中であるから、斯かる場合に於ける對策として衆議院に於ても華族の發言權を認めんとする意嚮より出でたものであると推測されてゐる。因みに記るす、現行の多額議員は舊の多額議員に比して幾分か此の意中の民選議員に近いものである。

尙ほ以上の外に大正十三年の總選擧に於て時の政友會總裁子爵高橋是清氏が衆議院に打つて出でんとせらるるに當つて舊法の制限の爲めに困られた實例が間接ながら、上陳の決定を促す上に多少の刺戟があつたことと思はれる。此の時の高橋氏の立候補に就てはいづれ詳しいことは同氏の傳記に載ることと思はれるが我が議會政治史上に於ても持筆大書に値する事例である。言ふまでもなく英國に於ては現首相ボールドウヰン氏の場合を先例として、將來の英國の總理大臣は必ずや席を衆議院に有するものならざるべからずとする慣例が極つたのである。我が國に於ても一日も早くさういふことになつて、得體の知れぬ鵺式の總理大臣候補者が啻に實際に於てのみならず、世の中の噂を賑はすことまでも根絶することが望ましいのである。斯くの如きは實に我が政治界をして公明ならしむる所以である。特り總理大臣候補者に限らず、苟も政治の實際に活動せんとする人は必ずや衆議院に打つて出づるだけの勇氣と精力とを有する人ならざるべからずといふ原則慣例が一日も早く行はれんことを希望する。他の反面には斯くすることが衆議院の素質をよくするものであると信ず。解散なき難攻不落の貴族院を宛も龜の甲羅の如くに考へ、工合ひの惡いときはそこへ首をひつこませ、都合のよいときだけ政治界の實際に濶歩するが如きは如何にも得手勝手の行爲であるのみならず、貴族院本來の使命性質と背馳するものである。憲法第三十三條に關し伊藤公の憲法義解が指示するが如き貴族院の使命は一切の政治的野心を貴族院から一掃することによりてのみ、その目的が達せらるるのである。吾人はよく是々非々といふ聲を聞くことがあるが、是々非々といふことは是々非々が行はれざるを得ざる境遇に於てのみ行はるるものである。横行奔逸が不可能ならざる場合に或は自宜し或は要望するは人間の弱點を否定するものであり、矛盾撞着である。尙ほ此のことに就ては後に詳述する。

高橋氏は已むを得ず隠居せられたのである。然し隠居してから衆議院へ打つて出でられたといふことは、少くとも表面的に考ふれば可笑しなことである。それは先づよいとしても、高橋氏の場合に於ては既に隠居しても法規上差支ない年齢に達してゐられたのであるが、其の然らざる場合を假想すれば、心にもない小刀細工をしなくてはならないのである。高橋氏の發心は眞に我が憲政の爲めに喜ばしいことであり、それが慣例となるは即ち我が立憲政治の健全なる發達の爲めに此の上もなく望ましいことである。さういふよいことをするのに障碍となる制限は之を撤廢するが至當なるは議論の餘地のないことである。

序ながら記す。大正十三年の總選擧に於ける盛岡市の高橋氏對田子一民氏の選擧競爭は種々の點に於て意義深いものであつた。此の場合は後にも記するが如く瞭らかに小選擧區制の弊害の甚大なるを證明するものである。盛岡市の選擧民が單に鄉黨の親しみある田子氏を排して天下の高橋氏を衆議院へ送つたことは、歴史に著名なるエドマンド・バルクが彼の選擧區ブリストル市民に對してなせる名演説を回想せしめたのである。又高橋氏は一黨の總裁として長く東京を去つて選擧地に於て活動すること能はざる、其の虛に乘じて反對黨の某有力者が選擧期日の五月十日、その前日態〻盛岡市に行つて執拗にも高橋氏を落選せしめんと焦慮したるが如き、世人をして坐ろに越後の謙信が甲斐の信玄に鹽を送つた故事を回想せしめ、士道の頽廢を浩嘆せしめたのである。されば選擧の結果高橋氏が八五九票を以て當選し、次點者の得票がきわどくも八一〇票なることが知れたときには滿天下の志士仁人はほつと息つくと同時に天道の非ならざるを感謝したのである。此のことは廣い世の中に深い印象を殘したものと見へ、それから半年もたつた同年十月二十九日の英國の總選擧に於て自由黨の主領アスキス氏が勞働黨の候補者の爲めに敗られて落選の憂目をみた。そのときに當の反對黨たる保守黨が極力アスキス氏を援助したことが我が國に傳はるや、保守黨は敵將アスキスの當選に盡す、盛岡の醜政戰は返す返すも國辱であつた、某氏慚死すべしといふ氣分が各方面に漂つたのである。樞密院に於て華族の戶主は選擧、被選擧權を有せずといふ條項を挿入したのは唯舊法に準據したるの外に何人かの執拗なる主張に從がつたものであるといふことが世に傳つてゐる。既に前に引用した內務省に於て編纂し未定稿として出版された『衆議院議員選擧法改正理由書』には華族の戶主に選擧權及び被選擧權を附與せざる理由としてその第二五頁にかういふことが書いてある。

『華族の戶主に選擧權及び被選擧權を與へざるは、衆議院は一般國民の代表者を以て組織するに對して貴族院は特別の社會的地位能力財產を有する者を以て構成し、華族の戶主は一定の年齡に達するときは當然貴族院議員となり又は互選に依りて貴族院に列するものなるが故に、之には衆議院議員の選擧資格及び被選擧資格を與へず專ら貴族院の構成に關與せしめて兩院の特質を充分に維持せんとするに在り。』

と、さういふことが書いてある。若手の官吏が、當局者たるの小天地に跼蹐し、捉はれたる環境に拘束せられ、場合によつては心にもないことを書かなくてはならない其の氣の毒さが偲ばれるのである。

樞密院に於ても此の理由書の如き意味合ひからさういふことになつたことかと思はれる。兎に角に樞密院の修正及び政府がその修正を容認したことが世に傳はるや、强硬なる反對意見が識者の間に起つた。其の要旨は、政府が自己の提案に自信なく樞密院の修正を容るるが如き弱腰にて立ち上がりしは驚くべき醜態であり、抑もの誤りである。華族の戶主は選擧權、被選擧權を有せずとの修正を容認するは、貴族院改革の根本精神を放棄するに外ならぬ。即ち華族の戶主が、多くは無能無力、禁治產者、準禁治產者と列を同じくするといふ意味では無くて、華族は特權階級にして、平民とは階を同じくして語るべからず。平民の衆議院の外に、華族の貴族院を置くべし。さういふ譯で、國民中に特殊階級を嚴存せしめんとの意思に出づるものである。國民に平等の權利と機會均霑との原則の下に國政參與の權を與ふべしと云ふ普通選擧の精神、特權政治打破の眞髓を全然否定する思想より出てゐるのである。その意見に屈服したのは、取りも直さず護憲內閣の自殺否自殺よりも不名譽なる降服でなければならない、と云ふやうな可なり激烈なる反對論であつた。果せるかな普選案が衆議院へ提出せらるるや、此の條項は直ちに削除せられ、此の削除に對しては、嘗て淸浦變體內閣を支持した本黨までが反對しなかつた、或は反對し得なかつたのであるかも知れないのである。

普選案が第五十議會の末期に貴族院へ回附せらるるや、同院の之に對する態度は大體かういふやうなことであつた。納稅條件撤廢を根本とする普通選擧そのものには反對でないが、何分政府案が孟浪杜撰であるので、本來ならば會期切迫の際かかる大法典の審査を强ひらるるは無理であるから、且又施行期も次回の總選擧となつてゐる以上は第五十一議會に於て愼重に審議したいのであるが、既に衆議院を通過した次第でもあるから、その事を尊重し無理にも此の議會に通過を圖ることには異存はないが、それにしても一大修正を必要とするといふのであつて、最初に貴族院の修正案として世に傳つたものは可なり廣汎に亙り或る部分に於ては微に入り細を穿つたものであつたのであるが、それが段々煎じつめられて、後に記するが如き六要項となつたのである。

華族の戶主の選擧、被選擧權に就ては別に强硬の意志の發露はなかつたやうであるが、附與すべしとする説と附與すべからずとする說が兩方ともあつたやうである。然し結局は附與せざることとなつた。即ち樞密院が挿入し衆議院が削除した第七條の第一項が復活されたのである。兩院協議會に於ては第二節に於て詳述するが如く、所謂貧困問題の難關が出現し、そのどさくさまぎれに、多くの議論を見ずして、此の項が存置せらるることとなつたのである。然し今日から觀れば衆議院が復活に結局同意したことは衆議院側の一大失態であつた。

昭和二年四月田中政友會內閣の將に成らんとするや、其の最後の瞬間に於て、貴族院の或る方面から突如閣內割込み運動が起つて世人を驚かしたのである。これは若槻內閣の末期に於て心ある人の非難を買つた惡い癖をつけた、その餘波であつたかとも想像せられるのである。然るに政友會は斷乎として此の理不盡の要求を拒絕した、此の小氣味よき峻拒と政黨政派以外の超人を法相に据へたことは田中內閣成立の冒頭に於ける善事の雙璧として世人の謳歌を博したのである。此の割込み運動に對する反感が如何に全國民的であり、如何に熾烈であつたかは、その當時若い靑年學生などの間に於ては此の事件が痛快事件と呼ばれ痛快事件で通つてゐたことに照らしてもわかるのである。

偖て華族が政治の活舞臺に出づることが惡いかといへば、それは決してさうではない。華族の中にも立派な人物、獨り閣臣といはず首相の器も出づることあるは、必ずしも古き昔しに遡ることを要せず、近く明治維新の歷史が立派に證明してゐる。華族中の人物人材が政治上の活躍をすることは惡いどころではない、寧ろ我が立憲政治の爲めに奬勵すべきことである。議院政治の要諦は國民總動員的に、無論華族の中からも、人物人材を政治界へ送るにある。然らば何が惡いかといへば獨り華族に限らず、貴族院議員が貴族院議員たるの資格を濫用し貴族院内の會派を背景として政治上の欲望を達せんとするのが惡いのである。なぜ惡いかといへば、それは貴族院本來の使命性質と背馳するからである。貴族院の使命は言ふまでもなく是々非々に盡きてゐる。又是々非々といふことは屢〻口には唱へられてゐるのであるが、それが實際に行はれることは、人間が神さまで無い限りは無理なことである。是々非々といふことは世間體の粉飾上解釋の餘地が多くの場合に於て充分にある。その餘地を利用することによつて政治上の野心欲望を逞しうすることの可能なる環境に於て、良心の命ずる是々非々を普通一般の人士に要求するは人間性を無視するものである。何事に限らず恒に良心の指示に忠實なる、千萬人中一人ありや否やさへ覺束ない、さういふ人は論外である。又貴族院内の會派、それは本來庶務的研究的の性質のものでなくてはならない、然しそれも實際と懸け離れた理想に過ぎない。飜つて觀察すれば、華族中の有爲活潑進取的の人物人材、さいうふ人達の政治的活動が貴族院議員なるが故に阻止せらるることは人物經濟の上から見ても、我が立憲政治の健全なる發達を圖るに忠なる所以でない。されば一面には貴族院をしてその本來の目的使命を達せしむるが爲めに、他の一面には華族中の少壯有爲の人材をしてその國家に盡さんとする素志を果さしめんが爲めに、さういふ人達が實際政治の中心中樞たるべき衆議院へ出るの途を開いて置かなくてはならないのである。先きに內務省編纂衆議院議員選擧法改正理由書中より引用せる理由の如きは所謂御用理由であつて時代錯誤の最も甚しきものである。されば普選法第七條の第一頁が一日も早く削除せらるるのが望ましいのである。

世の中には時々に貴族院權限縮小論が擡頭することがある。然し兩院が略〻同一の權限を有せざる限りは二院制度の妙味を發揮するの不可能なるは英國の實例が之を證明して餘りある。英國にても餘りに上院の權限を縮小したことを後悔してゐる。表面にはそれほどに現はれてゐないが、潜伏的意識としては保守黨が現在の勢力を有してゐる間に此の點に就て何とか工夫して置かなくてはならない、然し一旦縮小したものを假令或る程度までにしても復舊するといふことは難事中の至難なことである。寧ろ米國の上院に似たやうな第三院を作るのが一策にあらざる乎といふやうなことまでが識者の間に考慮されてゐる。

兩院は略〻同一の權限を有し、而かもその權限を運用する上に於て各院其の本來の使命に鑑み特に上院は恒に滿を持して放たざるの態度を以て下院の萬一の場合横暴奔逸に流るるを精神的に牽制するのが上院の目的とするところでなくてはならない。斯くの如きは勿論條文の末のよくするところではない。上院の使命性質と調和する慣例の尊重、上院の目的に相應しい雰圍氣の釀生、上院がなすところは尤もであるといふ世の信用を得るにあらざれば到底行はれざることである。それにしてもさういふ慣例さういふ雰圍氣が人間の弱點を眼界より離さざる間に於て生ずるやうな傾向方針を指導する、そこに經世家の慘澹たる苦心があらねばならない。此の視點の下に於て華族の戸主に對する衆議院の門戸開放には深い意義がある。何か少しでも氣に入らぬことがあれば直ぐさま樞密院の廢止を叫び、貴族院の權限縮小を夕べに唱へて朝たにでもできるやうに意識する氣早の政客の中には、そんな生溫い迂遠なことが此の世智辛い世の中と調和することができるかと反問する人もあらん。如何にも英國に於ては八十餘歳のグラッドストーン氏が上院に對して今に思ひ知らせるぞと叫び、アスキス氏が若し上院がどうしても言ふことを聽かざれば貴族濫造をも敢て辭さないと威嚇するほどに上院と下院との間が行き詰つたのである。さればこそ此の難關を切拔けるにはどうしても一刀兩斷的の上院權限の大縮小を行はなくてはならなかつたのである。我が國の場合に於てはまだまだそんなどんづまりには達してゐない。爲政者の舵の取り方、識者の世に先だつて憂ふる努力とによつてさういふどん詰りに到らざるを希望するの餘地がある。他國のことはいざ知らず吾人は堅實なる我が國民性と常に我が國に幸する天佑とに信賴して此の希望の空しからざらんことを祈るものである。

連坐の規定

普選法の最初の原案には、其の第百三十六條は

『當選人其の選擧に關し本章（第十二章罰則）に掲ぐる罪を犯し刑に處せられたるときは其の當選を無效とす』

とある一項よりなつてゐたのである。それから樞密院に於ける修正による衆議院へ提出せられた原案には

『選擧事務長第百十二條又は第百十三條の罪を犯し刑に處せられたるとき亦同じ』

といふ第二項が加はつてゐる。そこで衆議院は此の第二項に

『但し選擧事務長の選任及監督に付相當の注意を爲したるときは此の限に在らず』

といふ但書を附加したのである。

此の但書の意味は明確を缺き、如何にも變なものであるから貴族院がそれを削除したのは至極尤なことであつた。然し衆議院側は之に重きを置き、遂に兩院協議會に於ける一協議事項となつた。協議會に於ては所謂貧困問題の紛紲にまぎれて、貴族院側の讓歩に依つて存置せらるることとなつたのであるが、貴族院側の不本意であつたことは想像に餘る。尤も此の讓歩と交換に貴族院側の希望により、第八十四條に

『第百三十六條の規定に依り選擧事務長が第百十二條又は第百十三條の罪を犯し刑に處せられたるに因り當選を無効なりと認むる選擧人又は議員候補者は當選人を被告とし其の裁判確定の日より三十日以内に大審院に出訴することを得』

といふ第二項が新たに挿入せらるることとなつたのである。

無投票當選及び推薦候補者

普選法第七十一條の無票投當選に就ては、其の主義は早くに極つてゐたが、之を法文化するには立法的手腕が必要とせられたのである。即ち同條の第一項は選擧行爲の省略を規定してゐるが、憲法第三十四條に、『衆議院は選擧法の定むる處により公選せられたる議員を以て組織す』といふ明文がある。無投票當選は此の明文に反するものではないかといふ疑義があつた。憲法は公選即ち選擧形式としての投票行爲の實在を要求して居るのに、投票行爲を省略して、無投票當選を認めんとするは、簡易主義に囚はれ過ぎた過失ではなからうか。特に選擧自體に於て選擧形式としての投票の樣式を命令し、有效當選點數を定め、更に得票が或

る限界に達せざる場合保證金沒收の制を設けたるに對し、その凡てを無視した無投票當選を認むるは、不具的立法といはなければならぬ。大體さういふやうな議論があつたのである。

普選法第六十七條の第二項に

『選擧人名簿に記載せられたるもの他人を議員候補者となさんとする時は前項の期間内に其の推薦の屆出を爲すことを得』

とある。これが所謂推薦候補者を許容した規定である。然るに最初の政府案には本人の承諾を得て屆出づる事になつてゐたのであるが、『本人の承諾を得て』といふ文句が樞密院に於て削除せられた、即ち本人の承諾を得ると否とに拘はらず苟も議員として適當であると認められたものは候補者として登錄せらるることとなつたのである。これは選擧民の意思を尊重し、且間接には無投票當選規定をして違憲違法の非難なからしむる趣意から出たものである。此の修正は極めて妥當である、さうして此の修正に就ては衆議院、貴族院に於ても何等の異議も起らなかつた。

普選法に關する樞密院の修正は、その多くは世人の反對を受けたのである。且又その反對なるものは必ずしも反感より出でたものではなくして、寧ろ時代思想の年齡的差異より起つたのである。然るに此の修正と次に記する市町村別開票を否定する樞密院の修正とは世人の賞讃を博し、流石は老練熟達の府である、よいところに氣づかれたものであるといふ感想を世に與へた。斯くの如きは獨り普選法の場合に限らず、樞密院對廣い世の中の關係に於て稀有の現象である。

候補者を推薦するに本人の承諾を要せざることは一見些細なことに見へるかも知れない、否それどころではなく議會政治の本質に理解を有せざる人の中には、本人の承諾を經ずして其の人を推薦するといふが如きは不都合ではないかといふやうな似て非なる誤解をする人さへ、その絶無を期し難いのであるが、深く考察すれば、そこに重大なる意義が發見せらるるのである。現實の世の中に於ては到底實現せらるべくもないことではあるが「ユートピア」式の理想を言へば、總ての候補者は自ら推すにあらずして他から推さるる推薦候補者であつて欲しいのである。本人の承諾の有無に拘はらず何人でも選擧民が適材であると信ずる人を選擧し得ることは議會を有する國民の重大なる權利である。當選の曉にその人が議員たることを承諾するとせざるとは此の場合問題でない。自ら推す人には熱がある、他から推さる人には通例熱がない。如何に立派な人物人材でも熱がなくては議員として役に立たぬ、さういふことも悲いかな浮世に免れ難い現實である。理想をいへば他から推さるるほどの徳望材幹を有し、推されて當選したからには熱心が湧き出づる人である、さういふ人は多くはないのは明かであるが、立法はさういふ場合をも豫想し、間接にはさういふ傾向を奬勵し、さういふ趨勢を促進せんとするは當然のことである、將たさういふ場合はない、將來も起らないといふが如きは抑も亦我々日本民族を侮辱するものである。

町村別開票

普選法成立後に郡役所が廢止せられたが爲めに、普選法中郡役所に關する諸項は郡役所の廢止に適應するやうに改正せられたのであるが、ここでは便宜上普選成立當時の條文によることとする。

普選法第四十九條の開票方法に就ては原案は町村別で開票することとなつてゐたのであるが、樞密院の修正により之を混同して郡市別とすることに改めたのである。即ち衆議院へ提出せられた案の第四十九條第二項は

『開票管理者は各投票所の投票を混同し開票立會人と共に投票を點檢すべし、』

となつてゐる。それを衆議院は

『開票管理者は開票立會人と共に投票區毎に投票を點檢すべし、』

と改め、開票を市町村別とすることに逆戻りせしめた。さうしてそれが確定案となつたのである。

開票を町村別とすることに就ては種々の利害の交錯せるものがある、然し何といつても一番の大弊害は投票祕密主義の虧損である。ジョン・スチュワルト・ミルは文久元年の昔にかういふことを言つてゐる。それは人が自個の信ずる何人かに投票する、その公明正大なる行爲が、祕密にしなくてはならないといふ理窟はないといふのである。若し人間に弱點といふことがなければ、ミルの說は一點間然するところのない正論である。然し人間の弱點といふことは動かすべからざる事實である。此の弱點は時勢の所謂進步に伴つて益〻擴大するの傾向を有するものである、そこに祕密投票の不可侵的根據がある。歐洲の國々の中には投票は祕密にすべしと憲法中に明記したものさへある。

これは著者が美作の國に於て、選擧干涉を體驗した折りに確聞したことである。若し或る村の投票中にか

くかくの候補者の得票が一票でもあつたならば、あとで目に物みせてやるぞと、其の村が威赫せられたのである。其の後開票の結果に照らして、此の威赫の効果がなかつたことを知り、我が國民性中には威武も屈する能はざる、頼もしいところがあることを深く喜んだのである。

町村別開票の問題に就ては著者は全然樞密院の修正意見に賛同するものであるが、それは兎に角に普選法第一次の改正に際して此の點に就き細心の注意と深甚の考慮が拂はれんことを希望して已まないのである。

因みに記す。昭和三年一月末に衆議院議員總選擧參考書と題したものが衆議院事務局から出版せられた。此の書は昭和二年九月及び十月に施行せられた二府三十七縣下に於ける府縣會議員選擧の結果である町村別の得票數を普選法の選擧區の順に配列輯錄した有益なる參考材料である。衆議院事務局に於ては更に今回の總選擧に就ても同様に各候補者の町村別得票を蒐集せられ、本書の研究に於てもそれを借用して非常な便宜を得た。それ等の材料は『第十六回衆議院議員總選擧一覽』と題し、昭和三年九月事務局から發行せられた。

普選法が諸審議機關を通過する間に於て、一番大問題となつたのは、何といつても所謂貧困缺格條項であつたが故に、そのことは節を改めて詳述する。

第二節　問題の所謂貧困缺格條項及び拾遺

朝日新聞に漏洩した普選案原案全文の第六條の缺格條項は僅かに三項より成つてゐる。それは普選法第六條の一、五、七の三項である。これは外國などでも屢〻あることである、何か重要なる祕密書類が漏洩し、拔駈的に新聞紙に出る場合に故意に少數箇所を或は誤傳し或は脱漏し依て以て漏洩の經路を晦らましめる策略がそれである。そんな譯で判然としたことは門外漢にはわからないが、兎に角に大正十三年十二月中旬樞密院へ廻附になつた原案の第六條の第三項には

貧困の爲め公費の救助を受くる者

といふ缺格條項があつたのである。一說には樞府へ正式に提出前に其の內意を受けて挿入したものであるといふ、然しいづれにしてもよいことであるから特に詮議調査はしなかつた。

樞密院側の主張は之を修正して

自活の途を有せざる者

と改めよといふのであつたが、此の要求に對しては普選の根本精神に牴觸するものなりとして、政府は到底忍從することはできないと考へた。卽ち自活なる字義を解剖すれば「自」は「獨立」「活」は「生計」を意味し、從來から問題とされてゐた所謂「獨立の生計」といふ條件を附すると何等擇ぶところがないが故に、何

はともあれ此の一項だけは飽くまでも樞府側の諒解を求め、政府は斷じて讓歩せざる決心の臍を固めたのである。

如何にも獨立生計の條件は憲政會が多年頑强に固持してゐたのである、然し其の多年の間には世界大戰の後を承け時勢は刻々に進歩し、飜つて世界の大勢を察すれば、英國の如き大戰の未だ終らざるに早く既に多年の懸案であつた女子參政權の難問題を解決してゐた。されば憲政會は世界の大勢に顧み我が國時勢の進運に鑑みて遂に此の主張を放棄し、ここに於てか普選に關する三派間の協調ができたのである。此の點に就て憲政會の變節改論を責むるものは、我が國に於ける時勢の停頓を前提とする議論であつて、斯くの如きは、我々日本民族の進取的國民性を否定し、我が國民を侮辱するものである。

一方政府側の、眞綿で包んではあるが、決心の牢乎として拔くべからざるものあり、他方樞府側も政府の苦衷を諒とし、此の間に妥協の途を求め、『自活の途を有せざる者』の代りとして原案の『公費を受くる者』とあるを

貧困の爲め公私の救恤を受くる者

と再修正する事とし、此の旨を政府に傳へ、時日急迫、議會へ提出時期の餘裕もなき折から、政府側も此の程度のものならば萬已むを得まいと觀念し、涙を飮んで此の再修正を承認したのである。「恤」といふ文字が用ゐられたのは此の時が始めてである。此の項は此の形ちに於て大正十四年二月二十日政府が衆議院へ提出した原案に載つてゐる。

此の條項の解釋に就ても幾多異論を挾む餘地はあつた。政府は急場の彌縫策として狹義の解釋に一條の活路を索めんとした、卽ち元の案の『公費の救助を受くる者』に就ては別段解釋に苦しまないが、『私の救恤』の意味は此の文句だけでは充分に徹底しない。例へば自活し得るものでも貧困の爲め慈善病院其の他に於て施療を受くる者の如きは『私の救恤を受くる者』ではあるが、それは一時的臨時的である。さうして一時的狀態の爲めに救恤を受くるものと半永久的とまで言はざるまでも連續的に救恤を受くるものとは截然區別ができるから、成るべく狹義に解釋する方針の下に此の項の適用が公費の救助を受くる者と、乞食浮浪人の類に限定することができるであらうといふ想像の下に、兎に角に此の形ちに於て議會へ提出されることになつたのである。

樞府修正政府讓步に對する世論の反對は可なり猛烈であつて、護憲内閣が最初の氣勢に似ず卑屈にも膝を折つたとさへ絕叫せられたのである。反對論の要旨を摘記すれば、『貧困の爲め公私の救恤を受くる者』といふ條項を挿入したのは全く無制限普選の提唱を撤回したものであつて。獨立の生計或は世帶主の制限を認めたと變りはない。『自活の途なき者』といふ樞府の最初の修正を『貧困』と飜譯したに過ぎない。自活し得ざるものとは獨立の生計を營み得ざるものといふを表てとした、裏の言ひ表はし方である。此の條項の適用如何によつては普選の精神は根柢的に覆へさるる。本來納稅資格の撤廢は、國民參政の資格を財產から解放して其の人格を認むるにある。富裕と貧困との區別を以て選擧資格の標準目標とするは貧困と犯罪とを同一視する長袖縕袍者流の錯覺的意識に胚胎するものである。公私の救恤といふが如き、果して其の範圍を如何に判定せんとするのであるか。公費を以てするものに就ては調査の途もあらん、私の救恤とは一體全體如何なることを意味するものであるか。學校敎育を卒へたる後に富豪の婿となつて時めく暖衣飽食の徒には選擧權があり、就職難の深淵に呻吟し具さに生活難の辛酸を嘗めつつある貧乏人は、先づ以て公私の救恤を受けてゐるや否や、その身元調を受けざれば選擧權の有無が判然しないとは如何にも悲慘な矛盾である。

政府が經濟施設產業政策を誤つて世に失業者を簇出せしめ、彼れ等は貧困である失業救濟を受けてゐるといふの故を以て選擧權なしとする。何等の過失もないのに失業せしめられたる上に選擧權まで褫奪せらるるといふことが人心に惡影響を及ぼさざる乎。帝國の國防に從事し、爲めに廢兵となつた帝國軍人が、貧困にして救恤を受けたるが爲めに選擧權を奪はるるといふことは、義勇奉公の精神を涵養する上に惡影響を及ぼすことなき乎。斯くの如きは特り普選の根本精神を破壞するのみならず、國家風敎の上に害毒を流すものにあらざるなき乎。選擧權の大切なること、淸き一票、神聖なる一票、さういふ觀念を涵養する上に於て、立法そのものの中に選擧權を輕視するが如き傾向を示すことは、我が憲政有終の美を濟すの軌道を逆行するものにあらざる乎。貧困といふが如き、到底明瞭なる限界をつけ難き觀念を捉へんとし、尙ほ其の上に私の救恤を受くる者といふが如き、個人の生活の蔭を冷酷無慈悲に穿くらねば解からず、又救恤と見るべきや否やを決し難き具體的事例の頻々として起ることの明かなる辭句を入ることに屈服し、一時の苟安を貪らんとする政府の態度に對して國民は忿懣を禁ずることができない。先づかういふやうな可なり過激な反對論が新聞に、雜誌に、演說に、言論界を賑はした。

樞密院に於ける普選案審議中、特に最終の大正十四年二月二十日の本會議に於て、主として此の缺格條項に就て激論が行はれた結果、遂に希望條件を特別上奏案とすることとなり、採決に際しては閣員も採決に加はり、最後まで反對した人も三、四名あつたといふことが世に傳へられてゐる。警告的希望決議の附帶上奏案の要旨は次の如きものであつたといふことである。

普選實施の結果、思想の惡化を誘致せしむるの恐れあれば政府はこれが取締を嚴重になすべく適當なる法規の制定、其の他適當なる施設をなして弊害防遏に努めねばならぬ。又一層國民敎育の普及充實を圖るべく適當の施設をなして、國民の智育德育の向上に最善の努力を拂はなくてはならない。尙ほ又普選案中には、選擧運動制限並は選擧運動費制限の新制度を採用してゐるから、これが運用上周到の注意を加へて以て取締上遺憾なきを期さなくてはならない。附帶決議の內容は大體斯樣なものであつて、これにより政府は問題の治安維持法案の制定を樞府に約束したるが如き形ちになつたのである。

普選案は大正十四年二月二十日に衆議院へ提出せられ、三月二日に僅かの修正を加へて同院を通過した。案は政府案とはいふものの、壓倒的多數の三派によつて支持せられた政府の案であり、立案中にも恒に政府と三派との間に聯絡交涉があつたのであるから、實質から言へば衆議院案といつてもよいので、從つて衆議院に於ける修正が多くなかつたのは當然である。問題の條項の如きも『貧困の爲公私の救恤を受くる者』といふ形ちで、即ち樞密院と政府との互讓妥協に成れる文句のまま無傷で衆議院を通過した。

普選法の成立は貴族院に於て最も難關に逢着したのであるから、稍〻詳しくその經過を述べる。質問の中には不眞面目とも聞きとれる『普選といふからには何故に性の差別を爲し、年齡の制限を設けたか』と云ふが如き、『獨立の生計とか世帶主とか公民權とかの條件を附すれば普選と云はれざるか』といふが如き意地のわるいものや、『朝鮮臺灣に本法を施行せずして鮮人臺灣人が內地に在れば之に選擧權を與ふる理由如何』、『地方自治制の改正に先だつて本法に手を着けたるは順序を誤れるものでないか』といふやうな質問が次から次へと政府に浴びせかけられたのである。偖て彌〻審議に入つてからは何といつても一番の難題は、問題の缺格條項であつた。

問題の缺格條項は貴族院の審議中幾度びか改修せられ、其の經過は可なり複雜であつたのであるが、先づ最初は

『自己の資産又は勞務により生活すること能はざる者』

それから同じ意味ではあるが少し文句を變へて

『自己の資産又は勤勞に依り生活を爲すことを得ざる者』

といふのであつた。此れは民法親族篇の第九百五十九條に、扶養の義務は扶養を受くべき者が自己の資産又は勞務に依つて生活を爲すこと能はざる時にのみ生ずることになつてゐる、その扶養義務の規定に準據したものである。それから更に改訂せられて

『生活の爲公私の救助を受け又は扶助を受くる者』

となつたが、其の何れに對しても政府側は普選の根本趣旨に反し且缺格者を非常に增加せしむる結果となる

といふ見地からして反對した。即ち選擧資格の要件は最も簡單明瞭なるを要するのみならず、其の解釋が不統一を生ずるやうなものは極力之を避けなければならぬ。然るに兩修正案とも人の生活に標準を置くが爲めに疑義を孕んでゐる。それは人の生活は經濟界の事情、住所の移轉、地位又は家庭生活の狀態等の變遷によつて其の內容を測定し難いからである。然るに政治的能力の有無は、外的原因に基因する經濟的生活の推移に依るものでないといふ見地からして反對したのである。

又特別委員會に於ける審議が終らんとする頃に、『貧困にして公私の救恤を受くるにあらざれば生活すること能はざる者』といふ修正意見がでたが、それは否決せられた。

さういふやうな論難曲折を經て、兎に角に貴族院の確定議となつた文句は

生活の爲公私の救助を受け又は扶助を受くる者

である。これがきまつた本會議に於て、『救助』『扶助』の意義及び範圍に就て深刻な質疑應答があつたが、答辯の要旨は、『救助』の方は政府案の救恤を明瞭にしたもので『扶助』の方は政府案には無いが、此の中には工場法等に依る扶助、軍人遺族の扶助、罹災救助等は入らざるも、民法の扶養の義務に屬する被扶養者は勿論、自己の勤勞又は財產に依りて生活し能はざる者は總て缺格者の中に入る。かういふ答辯があつた。

衆議院は院議尊重の主意により貴族院の修正案全部を否決した。そこで兩院協議會ができた。貴族院衆議院の兩側は各々型の如く院議尊重を主張して毫も互讓妥協の氣勢を示さず、普選案はここに暗礁に乘り上げ、折角ここまで運んだものが哀れ果敢なき斷末魔を告ぐるにあらざるかを思はしめたのである。議會の開期は

將さに盡きんとして延長又延長、廣い世の中に於ては普選贊成側の壯漢が貴族院議員の若干名に對して强談暴行したといふ珍事が起り、眞に國民は手に汗を握つて普選案の運命を氣づかつた。曲がりなりにも生まれるか、將た流産するか、カンフル注射が奏功するや否や、蓋し我が國の議會史上、院の內外を問はず此のときほど緊張の氣分に溢れていたことは罕である。

兩院協議會は更に兩院議員各々五名より成る小委員を設けて熟議を重ね、種々の意見が出たが、實質に於ては雙方共に自說を固執して相讓らず、殊に衆議院側は缺格條項の緩和、華族の選擧被選擧權問題、連坐規定の三項を極力支持せんとするものである。從つて他の點に就ては貴族院の修正に同意するを辭さないが、此の三點だけは是非貴族院側の讓步を求むる旨を力說した。然し貴族院側は絕對に讓步の色を見せず雙方ともに別段對案を示さずして抽象的議論に枯花が咲いてゐた。

協議の事項は勿論缺格條項に限らなかつたが、何といつても難題の中心は此の條項にあつた。倦みつくし疲れ拔いた擧句、最後の瞬間に衆議院側の一協議員が、貴族院の條正案の冒頭に『貧困に因り』の五字を冠らせ、即ち

貧困に因り生活の爲公私の救助又は扶助を受くる者

とすることを提議し、協議會の容るるところとなつた。續いて兩院に於て可決せられ、即ちこの形ちに於て普選法中に現はれてゐる。

兩院通過の普選案が大正十四年四月再び樞密院に附議せらるるや、勿論兩院通過のものなるが故に、實質

的には修正の餘地は無かつたが、此の條項の解釋に就て幾多の問答が重ねられた。それは此の文句を理會する上に參考となると思はれるから、その當時の新聞紙が傳ふるところにより其の概要を記述する。要するに政府側は成るべく狹義に解釋して普選の趣旨を完ふせんとし、樞府側は議會に於ける速記錄等に現はれてゐる經過に照らし相當に廣い意味に解釋するのが至當でありとし、兩者の意見は遂に一致しなかつたのである。

〔問〕 第六條第三項の條文は字義頗る不明瞭にして案文解釋によれば『貧困により生活の爲公私の救助又は扶助を受くる者』とあるから『貧困により生活の爲公私の』は救助を受くる者のみに接續し、扶助を受くる者には接續しないものと解することもできる。斯くせば缺格の範圍は廣く解釋せらるることになるかと思ふが政府の所見如何。

〔答〕 字義不明瞭の點は政府も同感であるが、その點に於ては政府は扶助を受くる者にも接續するものとする精神的解釋をなし、從つて缺格者の範圍を成るべく狹くする解釋を採つてゐる。

〔問〕 然らば本修正案により如何なる者が缺格者として有權者中より除外せらるることになるか。

〔答〕 政府の見るところによれば政府の原案に比して本修正案により新たに缺格者となるは住居を有する乞食、勤勞を提供せざる食客くらゐであると思ふ。而して同じく救助又は扶助を受くる者にても恩給法により扶助料を受くる者、軍事救護法により救護を受くる者、民法の扶養を受くる者等の如きは法律上當然の權利であるから缺格者とはならぬ。又二十五歲以上の學生も勉學の爲めならばこれ亦有資格者と認むべきであると思ふ。第六條第三項を案文的に法律上の解釋をなせば、缺格者の範圍は廣く解釋することも出來るであ

らうが、

政府は兩院協議會で修正の際缺格者の範圍は狹い意味のものとしてこれに同意したものであるから、右の如く狹義の精神的解釋を採ることにしたのである。

〔問〕法律上の解釋によれば、例へば三井、岩崎家の如き富豪に於ても扶養を受けてゐる家族は缺格者となるやうであるが、政府は斯くの如き例に就て如何にする積りであるか。

〔答〕右の如きは貧困による扶助とは見られないから政府は社會通念の常識的解釋をなし、缺格者とはならぬと考へてゐる。

尙ほ貧困の解釋問答も行はれたのであるが、何としても此の條項の字義は極めて不明瞭にして、疑義の氷解せらるべき見込はない。政府の如く缺格範圍を狹く解釋するのは至當でない。此の條項の文句が兩院協議會に於て斯くなつた言議の趨勢經過に徵するも、もう少しく廣義に解釋すべきものである。幾度び政府と質問應答を繰り返しても、此の條項の意味は明確を缺き、究極するところ大審院の判決に待つ外はないと樞府は判斷したのである。政府側も答辯となれば何か言はなくてはならないが、最終の解釋は判決によつて決するより外に途のないことを諦めてゐたのである。

地方官憲としては選擧人名簿調製上これが解釋の標準を知ることは是非とも必要であるが故に、普選法成立直後の地方官會議に於ても重要なる問題として論議され、又其の後も地方官憲と當局者の間には選擧人名簿調査の實際に關する質疑應答が行はれたのである。偖て昭和二年十二月一日の選擧人名簿の實際的調製に際して此の項の解釋適用に關して困難は全くないことはなかつたが、此の項の案文成立の經過中に於て豫想せられたほどの困難は無かつた。又名簿ができてからも大審院の判決に訴ふるといふやうなことは起らなかつた。世俗に所謂案じるよりは生むが安かつたのである。總じて概觀達觀すれば、普選總選擧の第一回の成績は良好であつて、その直後に『普選亡國論も一躍禮讃に早變はり』といふやうな聲さへ聞へたのである。

選擧法は將來度々改正せられることと思はれる。第六條の第三項は此れほどの迂餘曲折を經て成れる案文であるから當分は此のままにして置かれんことを希望するが、何時かは改正の對象となることも豫想に難からない。他年一日此の文句ができた經過を知らんが爲めに、浩澣なる速記錄等を涉獵するは容易ならざるのみならず、其の當時の呼吸をのみこみ、その當時の雰圍氣に浸るにあらざれば、其の要領を得るの困難ならんことを想ひ、一片の老婆心、後世の研究家の爲めに其の概要を敍述したのである。

兩院協議會の成果

大正十四年三月末の普選案に關する兩院協議會は我が議會史上特筆大書に値するものであると思はれるが故に、重複を顧みず協議の全斑にわたる成果を列敍する。

一　第六條第三項の缺格條件は貴族院の修正字句の上に『貧困に因り』の五字を加へる。

二　第七條の華族の戶主に選擧權被選擧權を與ふ可きや否やに就ては衆議院側の讓步により貴族院の修正通り與へざることとする。

三 第十二條の住居の期限を六箇月とする規定は貴族院の修正通りこれを一箇年に改む。

四 第三十三條の不在投票に關する規定中『勅令を以て指定する業務に從事する』の字句、及びその次の『業務上の』四字、並に『その投票區內にあらざる爲』なる字句を削除す可しとする貴族院の修正は衆議院側讓步して、これを承認する。

五 第七十九條の補缺選擧に關する規定即ち同一選擧區內に於て缺格者二名を生ずるまで補缺選擧を行はずとする原案を、缺格者が一人でもできたら直ぐに補缺選擧を行ふこととする貴族院の修正に就ては、貴族院側の讓步により、原案の儘に据へ置く。

六 第百三十六條連坐の規定に關する衆議院の修正は同條の第二項に『選擧事務長第百十二條又は第百十三條の罪を犯し刑に處せられたるとき亦同じ』とある、そこへ『但し選擧事務長の選任及監督に付相當の注意を爲したるときは此の限に在らず』といふ但書を附したのである、その但書を貴族院が削除したのであるが、此の點は貴族院側の讓步によりて但書を復活する、尤もこれに關する訴訟手續については貴族院側の希望に從ひ第八十四條にその第二項を新たに挿入することとなつた。

普選法成立當時の衆議院に於ける政府反對黨は、何といつても曾て清浦變挺內閣を支持したといふ愧みもあれば弱みもある本黨であつたのであるから、不健全の反對黨の反對は勢ひ微温的ならざるを得なかつたのである。故に政府を支持せる三派即ち衆議院であるといつてもよかつたのであるから、原案は寧ろ衆議院案といつてもよいのである。それが殆んど無修正で衆議院を通過すべきことは始めから判つてゐたが、此の案がその當時の貴族院の情勢に鑑みて、同院に於て如何なる運命に逢着すべきか、それは豫想を許さなかつた。又世の中の普選尙早論者の中には貴族院を動かして普選を阻止せんとしたものもあつた。果然兩院協議會が非常な難關に出會ひ、普選の成否に就て滿天下が固唾を飮んで其の運命を氣遣ふやうな事態を生じたのである。

兩院協議會の進行が停滯に沈淪し普選案不成立の暗雲が低迷しつつあつたときのことである。衆議院側の一部分に於ては、此の際普選案が不成立となるの結果として、持久的に普選問題で貴族院と戰ふことは眞劍味の貴族院改革を遂行する捷徑である。さういふ意識の閃きが絶無ではなかつたと確聞する。然し大勢は折角こゝまで運んできた普選案のことであるから、曲がりなりにも是非成立させたいといふ氣分が協議會を支配してゐた。烏兎匆々早く既に三年を經過した今日冷靜に歷史的に協議會の成果を達觀すれば、兩院各々自箇に都合のよい我田引水的のことを主張したるが如き氣味がないことはないが、大體に於て中庸穩健の結果に落着し、朧げながらに二院制度の妙味を發揮してゐるかのやうに思はるる。

拾　遺

普選法が諸審議機關を經過する、いはば胎內時代に於て、前述の外に種々の點が問題となつた。これからは今尙ほ著者の記憶に存するものを搔き集めて記述するのである。

普選法はその第九十六條に於て所謂第三者の選擧運動を許してゐる。それは第三者が議員候補者の爲めに篤志の動機により、獨立して選擧運動をなすのである。これは公事に獻身的に盡瘁するものである、その美風は大いに奬勵すべきものである。然し選擧費用の制限をむぐる拔け道となるを防がんが爲めに演說又は推薦狀に依る運動だけが許されてあるのではあるが、それにしても將來所謂第三者の選擧運動なるものが濫用さるる恐れなきか。現行の規定だけにてその濫用を充分に戒飭することができるや否や、其の邊に就ては種々懸念せられたのではあるが、事柄が餘りに空漠なるが爲めに具體的の修正案はでなかつたのである。

普選法第十八條の第三項により、解散の場合に於ては解散の日より三十日以内に總選擧を行ふことになつてゐるが、總選擧の期日は勅令を以て二十五日前に公布するのであるから、其の間僅かに五日間を餘すに過ぎず、斯くの如く短時日に果して充分に準備が出來るや否やといふやうな心配もあつた。議會が解散せられるといふことは多くの場合に於て突發事件ではないから、前以て所謂和戰兩樣の準備ができる譯でもあり、且又昭和三年年頭の經驗は明かにさういふ心配が杞憂に過ぎざることを證明した。

普選法第百十條により選擧費用が規定額を超過した場合にはその當選を無效とすることになつてゐる。其の但書中に『過失なかりしときは此の限りに非ず』となつてゐたのを樞密院にて『過失なかりしときもまた同じ』と修正し、其の結果選擧費用は全然規定額を超過し得ざることとなり、超過すれば凡て當選が無效となるやうに修正されたといふことが傳へられてゐるのであるが、試みに樞密院へ提出されたものと看做さるる朝日新聞に漏洩の全文と樞密院の修正を經たる衆議院へ提出の全文とを比較してみるに、その第百十條はその終りの方に前者には『超過額』とあるところが後者には『選擧運動の費用』と改まつてゐるに過ぎないのである。此の邊の事情に就ては判然しないのであるが、今回の實驗に照らし選擧費用の制限ほど實際に行はれなかつたものはないのである。選擧法の改正に際しても此邊は大々的改正を要するのであるから、深い詮議はしなかつた。元來今日の普選法は選擧運動並に其の費用は選擧事務長がするを本體とし、選擧事務長が刑辟に觸るるを豫期し自ら犧牲となるを屑しとする人情の機微若しくは故意に造られた機微に對して制裁を試みたのであつて、此の點に關する立法の困難なるは理の酷だ睹易きところである。

これから普選法第百四十條第一項の選擧運動の無料郵便に就て述べるのであるが、無料郵便といふことに就て餘事ながら想ひださるるは、米國にては曾て大統領たりし人の未亡人は無料郵便の特權を持つてゐる。これは故人がありし日白堊館に於ける榮華の夢の忘らるべくもない未亡人には非常な慰安を與へるものであると聞いてゐる。又歐洲の或る國では學士院の會員が學士院と往復する文書に無料郵便の制がある。その他外國の無料郵便の制の中には掬すべく嚙みしむべき溢るるばかりの愛嬌趣味を包藏したものがある。それ等の例に比しては、我が國に於ける無料郵便の嚆矢である今回の選擧運動の無料郵便が極めて雜風景のものであることは言ふまでもない。それは兎に角に我が國に於ては初めての試みなるが故に、何か弊害が伴はないかといふやうな漠たる懸念があつたが、今回の經驗によればこれといふ弊害はなかつた。左に今回の總選擧に於ける郵便物統計を掲ぐ。

第一囘普選總選擧關係郵便物統計

合計が全く合はざるは計數を千位に止め以下四捨五入せるによる。有料郵便物中當選禮狀は選擧期日後十日

間の終までの計數なるが故に實數はここに示したるものよりも増加すべきも、精確の數は之を知るに由なく、

第一回普選總選擧郵便物統計

遞信局名	有料 單位千通	無料 單位千通	合計 單位千通
東京	33,057	22,333	55,390
名古屋	11,817	10,395	22,212
大阪	19,793	19,231	39,024
廣島	12,041	9,358	21,399
熊本	12,111	11,014	23,125
仙臺	9,557	8,823	18,380
札幌	4,942	3,019	7,961
計	103,318	84,174	187,491

又大體の目安のためには上の計數に據りて差支なからんと思はれる。此の計數によれば有料は總數の五割五分、無料は四割五分に當る。

序ながら記するのである。選擧電報發信通數は全國合計九七一、四八二通即ち約一百萬通である。

普選法第百四十條第二項の公立學校校舍の使用に就ても、そこに何か弊害の伴ふものなきやを危ぶまれたのであるが、今回の實驗に於てはこれといふ際立つた弊害はなかつたやうである。然し今回は始めてのことであり、何分にもはつきりした樣子が知れなかつたが故に、無料郵便にしても、公立學校の校舍使用にしても弊害の起る餘裕が無かつたのであるかも知れず、吾人は天の未だ雨ふらざるに先きんじて牖戸を綢繆するを怠つてはならない。校舍の使用に就ては、干涉官吏の一顰一笑が校舍の管理者の意識に掩映する場合に校舍の使用が一種の選擧干涉となり得ることは、單に噂ばかりでなく、著者が體驗した事實である。

以上普選法將來の改正に際して參考にならんと思はれた事柄は、大抵は網羅した積りである。普選法は舊選擧法とは全く別に全文を書き直した法案である、且多くの新規な條文が加へられてゐた關係上、又立案審議に時日の餘裕がなかつたが爲めに、種々の點に於て不完全なるを免れなかつたのである。されば彌〻之を實施するに直面しては殆んど無數の疑義が簇出した。それ故に內務省警保局の編纂に係る『選擧法質義正、續編』といふ小冊子が昭和三年一月末に、即ち總選擧の期日を距る僅かに一箇月前に出版せられ、總選擧に際しては全國に滿ちた大勢の選擧運動員はいづれも此の袖珍本を懷にし、戰々競々として選擧違犯に陷ゐらざらんことを心掛けたのである。唯質疑應答の中には、例へばその第三十一頁に

【問】 選擧人が旅館若くは料亭に於て飮食を爲す際、美貌の女性をしてこれが給仕に侍らしめ、杯盤の間秋波を送りつつ其の候補者に投票を求むる旨申込ましめたる行爲は普選法第百十二條第一項の違反なるや。

【答】 女子をして選擧運動を爲さしめたる點に於て第九十六條違反の罪の共犯たるべく、又當選を得又は得せしむる目的を以て美貌の女子をして給仕せしめたるに於ては其の行爲は第百十二條第一項に所謂饗應接待たるべし。（司法省）

といふやうな滑稽味をおびたものもあつて、それが日夜奔走草臥れぬいた可憐の運動員に忙裡偸閑の慰藉を與へたといふやうなことが傳へられてゐる。

第三節　基本資料

ここに基本資料と稱するは、各選擧區別、當落に拘はらず、候補者の得票數及びその色彩即ち黨派別を示す統計表である。此の中で調査上最も困難なるは黨派別の鑑定である。尤も總選擧の直後に於て當選候補者の黨派別が著るしく異動し、此の點に於て今回の總選擧が特に異彩を放つてゐるが、その事は此の統計の關するところでない。此の統計に於ては選擧の當日に於ける、即ち選擧人が投票を行つた、其の刹那に選擧人の意識に映じた黨派別を理想とするのである。

總選擧の直後に内務省警保局、地方廳、各新聞社等より選擧の結果が報告せられた。普通の場合なれば官廳發表の統計は他のものに比して信頼に値するものなれど、選擧干渉の爲めに衆議院から彈劾せられて辭職を餘儀なくせられた内相の下にあつた内務省、怪文書事件や虚僞の上奏問題の震源地であり、選擧上の伏魔殿であるかのやうに世人の意識に映射した、その當時の内務省の報告に對して世人が之を信用すること能はざりしは無理ならぬことである。いふまでもなく統計は有心故造のものであつてはならない、無心寫實であることが統計の神聖なる使命である。されど斯くの如きは之をその當時の内務省に期待することは到底できなかつたのである。されば新聞社等に於ても選擧の結果を報告するに、票數は内務省の報告に據る場合に於ても候補者の黨派別に就ては何れも自社の調査によつたのである。

候補者の黨派別は先づ第一に何とか判定しなくてはならないが故に、候補者の黨派別に就て、內務省、地方廳、朝日、日日等の新聞社の報告を比較調査したのである。調査の結果は總數九百六十六の場合の中四十九の場合に於て黨派別が齟齬してゐることを發見した。各種の報告が一致してゐる九百十七の場合に於ては其の一致してゐる黨派別を採用したが、殘餘の四十九の場合に於ける黨派別の認定の爲めには實に慘澹たる苦心をしたのである。且又此のことは總選擧の日を距る餘り遠からざる中に完了せざれば調査の益〻困難にならんことを思ひ、連日諸方面に奔走して參考材料を得るに勗めたのである。幸にして此の邊の事情に精通し、而かも此の調査に趣味同情を有せらるる某知人の援助によりて、此の種類の調査に於てはこれ以上を望むことは無理であると信ずる程度の參考材料を得た。さうしてそれ等の參考材料によつて最終の認定をなした。尙ほ諸報告の黨派別が一致してゐるものに就ても一應は目を通ほしたのである、そうして唯一つの場合(落選)に於て諸報告が中立に一致してゐたものを著者獨自の見解によつて革新に改めた。爰にはつきりと斷はつて置きたいのは、本書採用の候補者の黨派別認定に就ては著者が全責任を負ふものであると云ふことである。比較的不偏不黨公平であると思はれ、各地方に支部通信員等を有し、かういふことの調査機關が完備してゐる二、三有力なる新聞社の此の點に關する認定が、著者のそれと大差なきことは、著者が自分自身の判定が正鵠を失つてゐないといふ自信を强める上に於て與つて大いに力あつた。

各候補者の得票數に就ては諸報告は概ね一致して居た。且此の種類の統計に於ては一、二票の差異の如きは、それが當落に關係せざる限りは之を追究する必要はないが、それも念の爲め一々地方廳に問合はせて成るべく正確なる數字を得るに努めた。これは、假令あつても稀有のことではあるが、電報報告の同じ誤が轉々諸報告中に現はれ、諸報告の數字が一致してゐることが必ずしも當てにならぬといふやうなことが萬一ありはしないかといふことを懸念したが爲めである。

斯くて本節の基本資料ができあがつたのは四月二十日に第五十五帝國議會が開かれた、その少し前であつた。その當時これだけを直ちに發表すべきかとも思つたのではあるが、それが政治界其の當時の狀況に於て、會〻政爭の具に供せられ、此の硏究の學術的性質に累を及ぼさんことを虞れて中止したのである。

黨派別の名稱

昭和三年二月第一回の普選總選擧が行はれたときの我が國の政治界が宛も二大政黨對峙の如き觀を呈したことは全く一時的の現象であつて極めて不自然なるものである。尙ほ此の事に就ては後に詳論する。唯ここでは總選擧の前後に於ける言論界の大勢が此の幻沫的現象が恒久性を有するが如くに考へ兩大政黨以外の候補者を排斥するやうな氣味のあつたことは餘りに目先きにのみ拘泥しすぎたものである。

今回の總選擧に現はれた黨派別の名稱は政友會、民政黨、革新俱樂部、實業同志會、中立、社會民衆黨、勞働農民黨、日本勞農黨、日本農民黨、九州民憲黨の十種である。此の內九州民憲黨は普通には地方無產黨として知られてゐる。又中立は種々の分子を含み、黨派にはあらざれど、計數上之を一黨派と看做したのである。兵庫縣第一選擧區の藤原米造氏は自らは愛國自由黨と名乘つてゐられたが、これは中立の中に算入するのが適當であるとした。

無產黨若しくは無產政黨といふ名稱は何となく面白くないやうに考へたのである。內務省の報告書類にはそれが新成政黨となつてゐるのも多分は同じやうな考から出てゐることと思はれる。又仄聞するところによれば無產黨の人々の中にも同じやうな考を持つてゐるものが絕無ではないといふことである。それ故に何か他に適當の名稱もないかと思ひ、或は大衆黨或は普選黨といふやうな種々の考案に耽つたが、どうしても腑に落ちるやうな思ひ付きがなかつたが故に無產黨といふ名稱を襲用することとした。

無產黨の數々はまだまだ離合集散の道程にあるやうに思はれ、その內社會民衆黨は比較的に形體が稍〻具備してゐるやうに考へられたるが故に、無產黨は之を社會民衆黨と社會民衆黨以外の無產黨との二つに區別することとした。本節の表の中に「他無」とあるは社會民衆黨以外の無產黨の略稱である。

候補者の議員經歷別

當選者の姓名には特に太き字體を用ゐて落選者との區別を明かにせり。候補者の黨派別の名前の右に『前』とあるは昭和三年一月二十一日第五十四議會が解散せられた、其の當時の代議士、『元』とあるは嘗て代議士であつた者なることを示す。其の他の候補者の場合には『新』といふ字を附記するが普通の慣例なれど、それ等の候補者の中には當選はせられなかつたが、選擧場裏を馳驅せられた經歷を有する人達、中には萬年候補者とさへ謳はれた人さへあるから、『新』はちとをかしいやうな氣持ちがしたが故に、いつそ何んにも附記しないことにした。

爰に老婆心的の注意に値することは、前代議士の中には選擧區が變はつてゐるものもあることである。例へば淸瀨一郎氏は前回は大阪市舊第三區今回は兵庫縣第四區から。又坂梨哲氏は前回は福岡縣舊第十五區、今回は宮崎縣から立候補せられたのである。

候補者の議員としての經歷を調べるには非常に便利重寶な小冊子がある。それは大正十五年九月衆議院事務局から出版された

『(第一回乃至第十五回) 總選擧衆議院議員當選回數調』

と題した出版物である。其の中には

議員イロハ別名簿
議員府縣別名簿 (當選回數調)
毎會期別議員異動表
毎總選擧に於ける會期並に期間表
同名異人、異姓同人、異名同人(改名)調
府縣ヲ異にし選出せられた議員調

が載つてゐる。

法定得票數

普選法第六十九條の第一項に

『有効投票の最多數を得たる者を以て當選人とす、但其の選擧區內の議員の定數を以て有効投票の總數を除して得たる數の四分の一以上の得票あることを要す』

とあり。乃ち一選擧區の有効投票總數をその選擧區の議員の定數を以て除したる商の四分の一が法定得票數即ち當選者得票の最小限である。

舊法には算定の基礎を選擧人名簿登錄者總數に置いてあつたが、今回は之を有効投票總數に改めたのは確かに一つの進步である。普選法の立案中に於ては三分の一說と四分の一說との兩說があつたが、終いに四分の一に決定した。又舊法には五分の一となつてゐたのであるが、それは名簿上の選擧人の數の五分の一であり、名簿上の選擧人の數は有効投票總數よりも通例著るしく多いのであるから、得票の過少に對する制裁がきつくなつたといふ譯ではない。

設し法定得票數の制裁の爲めに定員だけの當選者を得ざるときは、普選法第七十五條の規定により更に選擧を行はなくてはならないのであるが、それは隨分臆劫なことであり、萬已むを得ざる場合の外は成るべく避けたいのである。偖て今回は候補者の數も割合ひに少なく法定得票數を得ざりしが爲めに當選者とならざりし例は無いが、將來選擧上の陽氣の加減で候補者が雨後の筍の如く簇出するやうな場合にはその絕無を保することはできないから、今回の總選擧の結果も亦さういふ觀察點から吟味することが必要である。

これは餘談であるが、世間の注意を促したいことがある。それは我が國に於ては法文中に算術上の術語を用ゐることを避けんとする傾向がある。これはよくないことであつて、それが爲めにさなきだに難澁な法文、特に選擧に關する法文を層一層解り惡くする傾きがある。將來比例代表法が行はるることもあるべきに想到すれば更に其の感を深ふする。故に斷然今日からして『被除數』、『除數』、『商』といふ術語を法文中に用ゐることにしたいといふのが著者の持論である。尤も算術に於ては被除數を『實』、除數を『法』とも稱するが、法文中に於ては或は紛らはしいやうな場合が起るかも知れないから、それは避けた方がよい。外國の選擧法などの中には被除數、除數、商に相當する術語が遠慮なく用ゐられてある。

前へに掲げた普選法第六十九條第一項の末文に『除して得たる數』とあるは『除したる商』或は『除して得べき商』とした方がよいと思はれる。勿論簡單なる場合に於ては何れにしてもよいのであるが、稍〻複雜なる票數計算の方法を規定する場合に於ては唯『數』といふよりも、其の出所性質が現はれてゐる『商』の方がよい。特に一々『何々を何々で除して得たる數』といふことを繰返さなくてはならない場合に於ては、それが繁雜であるのみならず、文句が解り惡くなる恐れがある。商といふ術語を用ゐれば『上の商』とか『前の商』とかいへばすむことが度々ある。

黨派別得票數に案分すれば

次ぎに掲ぐる統計表中下の方の列に『黨派別得票數に案分すれば』とあるは、假想的に各選擧區毎に比例代表制が行はれたとしたならば、其の結果がどうなるかを示したものである。此れは比例代表制の採否を論ずる上に於ても、又後に論ずる選擧干渉の效果を研究する上に於ても、大いに參考になる。

爰に最も困難なるは案分計算上に於ける端數の處分である。此の端數の處分に就ては本書に於ては廣く諸外國に於て行はれゐる、所謂ドンド方式（注後出）を採用した。

注　ドンド方式　とはかういふことを深く研究した白耳義の大學敎授ヴィクトル・ドンドといふ人の名前から出た名稱である。此の方式は一番最初に獨逸に於て案出せられたものであるが、今日では獨逸に於てさへも選擧法の法文中に於て矢張りドンド式と唱へてゐる。文久三年に獨逸國フランクフォルト市に於て出版せられた小冊子が甫めて此の方式を世に紹介したのである。此の小冊子の拔萃は比例代表法委讓式の開山ヘーアの著書の附錄中に轉載せられてゐる。其の第四版には第二九八頁より第三〇一頁に載つてゐる。餘事ながらかういふ研究に趣味を有せらるる人の爲めに附記するのである。ヘーアの著書も今日では容易に得難いのであるが、著者の知れる限り本邦にて此の書物を所持して居られるは小野塚喜平次博士、犬塚勝太郎氏、佐々木行忠侯等である。著者が多年苦心の末漸く昨年入手した一本は新議院の建築成るを待つて衆議院の圖書室へ寄附する積りである。

一例として爰に甲乙丙の三黨派があつて、一選擧區に於ける投票合計數、甲黨は一五〇〇、乙黨は九〇〇、丙黨は六〇〇を得たとする。さうすると此れ等の數を順次1、2、3、……で割つて次に示すやうな表を作る。そこで三人を選出する場合には此の表の中で一番大きな數を三つ採るのである。それは第一行の1500と750、それから第二行の900である。故に甲黨より二人、乙黨から一人といふことになる。飛んで六人を選出する場合には此の表の中で六つの一番大きな數は第一行の1500と750と500との三つ、第二行の900と450との二つ、第三行の600の一つである。それ故に甲黨より三人、乙黨より二人、丙黨より一人といふことになる。凡てさういふふうにして當選人を各黨派に配分するのである。尚ほ詳しいことは後の表に示してある。

	甲黨	乙黨	丙黨
得票合計數	1500	900	600
2 で割る	750	450	300
3 〃	500	300	200
4 〃	375	225	150
5 〃	300	180	120
6 〃	250	150	100
7 〃	214	128	85
8 〃	187	112	75
9 〃	166	100	66
10 〃	150	90	60
…………	……	……	……

當選總數	甲黨	乙黨	丙黨
3	2	1	
4	2	1	1
5	3	1	1
6	3	2	1
10	5	3	2
12	6	4	2
13	8	5	3
………	……	……	……

爰に一寸困ることがある、例へば選出すべき人數が八人なる場合である。前の表には300といふ數がどの行にもあつて、其の何れを採つてよいかが一寸解らないからである。偖て元へ立戻つて考へてみれば結局り八人を1500と900と600との割合に案分するのである。さうしてそれは4と2.4と1.6となる。そこで一人の人間を分割することができないから困るのであるが、此の場合丙黨の一人を採るのが至當であることは明かである。結局り同じ數

字があつた場合には得票合計數の成るべく小いさい方のものを採るのである、さうすることには計算上の根據がある。又さうすることに極めて置けば疑はしい場合は起らない。即ち選出總數八人のときは甲黨より四人、乙黨より二人、丙黨より二人といふことになる。又選出總數九人の場合には甲黨より四人、乙黨より三人、丙黨より二人といふことになる。

府縣の配列順

三府五港を首めに置く府縣の配列順には惰性的舊套の外にはこれと言ふ理由はないから、本書に於ては內閣統計局に於て用ゐてゐる、北に起り南に終る地理的の配列順を採用した。即ち本書の府縣順位は、北海道、〔東北〕青森縣、岩手縣、宮城縣、秋田縣、山形縣、福島縣、〔關東〕茨城縣、栃木縣、群馬縣、埼玉縣、千葉縣、東京府、神奈川縣、〔北陸〕新潟縣、富山縣、石川縣、福井縣、〔東山〕山梨縣、長野縣、岐阜縣、〔東海〕靜岡縣、愛知縣、三重縣、〔近畿〕滋賀縣、京都府、大阪府、兵庫縣、奈良縣、和歌山縣、〔中國〕鳥取縣、島根縣、岡山縣、廣島縣、山口縣、〔四國〕德島縣、香川縣、愛媛縣、高知縣、〔九州〕福岡縣、佐賀縣、長崎縣、熊本縣、大分縣、宮崎縣、鹿兒島縣、それから沖繩縣。

此の統計區劃順位は大正十三年六月各省主任官が會合して、その採用を決定したのであつて、第四十三回統計年鑑より此の順に依つてゐる。三府五港を首じめとする慣用の舊式順を用ゐるは萬已むを得ざるときに限り、成るべく統計局順が廣く一般に用ゐらるることを序ながら希望して置く。

北海道第一區

(札幌市、小樽市、石狩、後志二支廳)

定員四人

有權者數	(名簿確定當時)	106,758
〃	(選擧當日現在)	105,640
投票總數		83,869
無効投票總數		949

黨派別	姓名	得票數	
民 (元)	**中西六三郎**	**17,501**	
民 (前)	**山本厚三**	**12,395**	
政	**森正則**	**12,393**	
政 (前)	**岡田伊太郎**	**9,898**	
民 (前)	澤田利吉	9,782	
民 (前)	一柳仲次郎	7,456	
		法定得票數	5,183
政 (前)	丸山浪彌	4,404	
中	高島晴雄	3,611	
勞農	山本懸藏	2,887	
中	納谷信造	2,438	
		供託金沒收限界	2,073
中	久保久治	155	

有効投票總數	合計	**82,920**
此の內	當選票數6割3分	52,187
	落選票數3割7分	30,733

黨派別得票數		
	政	26,695
	民	47,134
	中	6,204
	他無	2,887

黨派別得票數に按分すれば　政 1,　民 3

北海道第二區

（旭川市、上川、宗谷、留萠三支廳）

定員四人

有權者數	（名簿確定當時）	82,344
〃	（選擧當日現在）	81,520
投票總數		62,155
無効投票總數		853

黨派別	姓名	得票數	
政（前）	**東　武**	**18,520**	
政	**林　路一**	**12,007**	
民（前）	**坂東幸太郎**	**11,857**	
民（前）	**淺川　浩**	**9,201**	
政	近藤豊吉	6,050	
		法定得票數	3,831
勞農	荒岡庄太郎	2,053	
日農	堀井久雄	1,614	
		供託金沒收限界	1,533

有効投票總數	合計	**61,302**
此の内	當選票數 8 割 4 分	51,585
	落選票數 1 割 6 分	9,717

黨派別得票數	政	36,577
	民	21,058
	他無	3,667

黨派別得票數に按分すれば　政 3,　民 1

北海道第三區

（函館市、檜山、渡島二支廳）

定員三人

有權者數	（名簿確定當時）	73,940
〃	（選擧當日現在）	73,250
投票總數		52,689
無効投票總數		533

黨派別	姓名	得票數	
民（元）	**平出喜三郎**	**15,870**	
政（前）	**黑住成章**	**15,212**	
政（前）	**佐々木平次郎**	**12,832**	
民	北村屹郎	5,760	
		法定得票數	4,346
勞農	加藤貫一	2,482	
		供託金沒收限界	1,739

有効投票總數	合計	**52,156**
此の内 當選票數 8 割 4 分		43,914
此の内 落選票數 1 割 6 分		8,242

黨派別得票數		
	政	28,044
	民	21,630
	他無	2,482

黨派別得票數に按分すれば　政 2,　民 1

備考　黑住成章氏昭和三年七月十六日死去

北海道第四區

（室蘭市、空知、膽振、浦河三支廳）

定員五人

有權者數	（名簿確定當時）	99,769
〃	（選擧當日現在）	98,850
投票總數		77,073
無効投票總數		1,044

黨派別	姓名	得票數
政（前）	**板谷順助**	**12,010**
政（前）	**松實喜代太**	**9,622**
民（元）	**岡本幹輔**	**8,252**
中	**檀野禮助**	**7,958**
民（前）	**神部爲藏**	**7,387**
民（前）	手代木隆吉	7,231
民	岡田春夫	5,936
民	山本市英	5,618
勞農	木田茂晴	4,319
中	菅　舜英	3,986
		法定得票數 3,801
政（元）	石黑長平	3,710
		供託金沒收限界 1,521

有効投票總數　合計　**76,029**

此の内 ｛當選票數 5 割 9 分　45,229
　　　 ｛落選票數 4 割 1 分　30,800

黨派別得票數
- 政　25,342
- 民　34,424
- 中　11,944
- 他無　4,319

黨派別得票數に按分すれば　政 2,　民 2,　中 1

北海道第五區

（釧路市、河西、釧路、根室、網走四支廳）

定員四人

有權者數	（名簿確定當時）	93,508
〃	（選擧當日現在）	92,564
投票總數		66,914
無効投票總數		779

黨派別	姓名	得票數
政（元）	**木下成太郎**	**14,116**
政	**三井德寶**	**13,496**
民（前）	**小池仁郎**	**9,709**
民	**前田政八**	**8,600**
民	野坂良吉	8,359
政	東條貞	6,450
政	前田駒次	5,405

法定得票數 4,135

供託金沒收限界 1,653

有効投票總數	合計	**66,135**
此の內 當選票數6割9分		45,921
此の內 落選票數3割1分		20,214

黨派別得票數
- 政 39,467
- 民 26,668

黨派別得票數に按分すれば 政 2, 民 2

青森縣第一區

（青森市、東津輕郡、上北郡、下北郡、三戸郡）

定員三人

有權者數	（名簿確定當時）	89,762
〃	（選擧當日現在）	89,027
投票總數		70,873
無効投票總數		876

黨派別	姓名	得票數
政	**中川原貞機**	**22,628**
政	**藤井達也**	**18,744**
民（前）	**工藤鐵男**	**14,317**
民（元）	北山一郎	14,308
	法定得票數	5,833
	供託金沒收限界	2,332

有効投票總數　合計　**69,997**

此の内
- 當選票數 8 割 0 分　55,689
- 落選票數 2 割 0 分　14,308

黨派別得票數
- 政　41,372
- 民　28,625

黨派別得票數に按分すれば　政 2,　民 1

備考　工藤氏(民)　北山氏(民)　は得票數の接近した場合である

青森縣第二區

（弘前市、西津輕郡、中津輕郡、南津輕郡、北津輕郡）

定員三人

有權者數	（名簿確定當時）	71,531
〃	（選擧當日現在）	70,959
投票總數		62,392
無効投票總數		919

黨派別	姓名	得票數	
政（元）	**鳴海文四郎**	**19,950**	
政（前）	**工藤十三雄**	**14,582**	
民	**長內則昭**	**10,200**	
民（元）	菊地良一	7,768	
民（前）	兼田秀雄	6,288	
		法定得票數	5,123
勞農	石渡春雄	2,685	
		供託金沒收限界	2,049

有効投票總數	合計	**61,473**
此の內 當選票數 7 割 3 分		44,732
此の內 落選票數 2 割 7 分		16,741

黨派別得票數	政	34,532
	民	24,256
	他無	2,685

黨派別得票數に按分すれば　政 2,　民 1

岩手縣第一區

（盛岡市、岩手郡、紫波郡、下閉伊郡、九戸郡、二戸郡）

定員三人

有權者數	（名簿確定當時）	80,327
〃	（選擧當日現在）	79,429
投票總數		62,481
無効投票總數		453

黨派別	姓名	得票數
政	**田子一民**	**25,476**
政（前）	**熊谷巖**	**16,627**
政（元）	**鈴木巖**	**10,400**
民（前）	柏田忠一	9,525

法定得票數 5,169

供託金沒收限界 2,068

有効投票總數 合計 **62,028**

此の内	當選票數 8 割 5 分	52,503
	落選票數 1 割 5 分	9,525

黨派別得票數	政	52,503
	民	9,525

黨派別得票數に按分すれば　政 3

備考　田子氏の得票數は法定得票數の約五倍

岩手縣第二區

（稗貫郡、和賀郡、膽澤郡、江刺郡、西磐井郡、
東磐井郡、氣仙郡、上閉伊八郡）

定員四人

有權者數	（名簿確定當時）	109,839
〃	（選擧當日現在）	108,569
投票總數		93,667
無効投票總數		615

黨派別		姓名	得票數	
政	（前）	**志賀和多利**	**23,123**	
政	（前）	**廣瀬爲久**	**17,004**	
民	（前）	**柵瀬軍之佐**	**16,950**	
政		**小野寺章**	**16,268**	
民		堀合由己	9,658	
			法定得票數	5,816
民		紫琢治	4,946	
勞農		泉國三郎	3,885	
			供託金沒收限界	2,326
政		八重樫治郎藏	1,218	
有効投票總數		合計	**93,052**	

此の内
- 當選票數 7 割 9 分 73,345
- 落選票數 2 割 1 分 19,707

黨派別得票數
- 政 57,613
- 民 31,554
- 他無 3,885

黨派別得票數に按分すれば　政 3,　民 1

宮城縣第一區

（仙臺市、刈田郡、柴田郡、伊具郡、亘理郡、名取郡、宮城郡、黑川郡、加美郡、志田郡、遠田郡）

定員五人

有權者數	（名簿確定當時）	123,445
〃	（選擧當日現在）	121,637
投票總數		104,203
無効投票總數		787

黨派別		姓名	得票數	
民	（前）	**藤澤幾之輔**	**19,774**	
政	（元）	**中島鵬六**	**17,075**	
民	（前）	**內ケ崎作三郎**	**14,277**	
政	（前）	**菅原傳**	**13,357**	
中		**守谷榮夫**	**12,606**	
民		長谷川陸郎	9,615	
政		五十嵐豊吉	5,824	
社民		赤松克麿	6,076	
			法定得票數	5,171
中		平渡信	4,812	
			供託金沒收限界	2,068

有効投票總數 合計 **103,416**

此の内
- 當選票數 7 割 5 分 77,089
- 落選票數 2 割 5 分 26,327

黨派別得票數
- 政 36,256
- 民 43,666
- 中 17,418
- 社民 6,076

黨派別得票數に按分すれば　政 2,　民 2,　中 1

宮城縣第二區

（玉造郡、栗原郡、登米郡、桃生那、牡鹿郡、本吉郡）

定員三人

有權者數	（名簿確定當時）	84,403
〃	（選擧當日現在）	83,445
投票總數		72,036
無効投票總數		600

黨派別		姓名	得票數	
民		**矢本平之助**	**13,479**	
民	（前）	**菅原英伍**	**9,893**	
民		**小山倉之助**	**9,531**	
政	（元）	遠藤良吉	9,362	
政	（前）	星廉平	8,714	
政		大庭彥六郎	7,807	
政		大石倫治	7,612	
			法定得票數	5,953
民	（元）	村松山壽	5,038	
			供託金沒收限界	2,381

有効投票總數　合計　**71,436**

此の內	當選票數 4 割 6 分	32,903
	落選票數 5 割 4 分	38,533

黨派別得票數	政	33,495
	民	37,941

黨派別得票數に按分すれば　政 1,　民 2

備考　當選票數の割合全國中の最低

秋田縣第一區

（秋田市、鹿角郡、北秋田郡、山本郡、南秋田郡、河邊郡）

定員四人

有權者數	（名簿確定當時）	100,137
〃	（選擧當日現在）	99,061
投票總數		87,350
無効投票總數		1,102

黨派別	姓名	得票數	
民（前）	**町田忠治**	**18,352**	
政	**池内廣正**	**17,394**	
民（前）	**田中隆三**	**17,221**	
政	**鈴木安孝**	**16,702**	
民（前）	信太儀右衞門	13,584	
		法定得票數	5,328
労農	畠山松次郎	2,995	
		供託金沒收限界	2,131

有効投票總數		合計	**86,248**
此の内	當選票數8割1分		69,669
	落選票數1割9分		16,579

黨派別得票數	政	34,096
	民	49,157
	他無	2,995

黨派別得票數に按分すれば　政2，民2

秋田縣第二區

（由利郡、仙北郡、平鹿郡、雄勝郡）

定員三人

有權者數	（名簿確定當時）	93,517
〃	（選擧當日現在）	92,689
投票總數		83,552
無効投票總數		663

黨派別	姓名	得票數	
民（前）	**榊田清兵衛**	**20,107**	
政（前）	**井出繁三郎**	**19,695**	
政（前）	**池田龜治**	**17,456**	
民（前）	鹽田團平	16,134	
		法定得票數	6.908
勞農	澤田松太郎	5,938	
革新（元）	添田飛雄太郎	3,559	
		供託金沒收限界	2,763

有効投票總數		合計	**82,889**
此の內	當選票數 6 割 9 分		57,258
	落選票數 3 割 1 分		25,631

黨派別得票數	政	37,151
	民	36,241
	他無	5,938
	革新	3,559

黨派別得票數に按分すれば　政 2,　民 1

山形縣第一區

（山形市、米澤市、南村山郡、東村山郡、西村山郡、南置賜郡、東置賜郡、西置賜郡）

定員四人

有權者數	（名簿確定當時）	112,780
〃	（選擧當日現在）	111,454
投票總數		97,183
無効投票總數		993

黨派別	姓名	得票數
政（前）	**高橋熊次郎**	**18,708**
政（前）	**西方利馬**	**17,942**
民（元）	**黑金泰義**	**17,741**
民（元）	**佐藤啓**	**16,749**
政（前）	西澤定吉	13,798
		法定得票數 6,012
中	角張東順	4,094
實同	針重敬喜	3,630
政（前）	佐々木春作	3,528
		供託金沒收限界 2,405

有効投票總數	合計	**96,190**
此の内	當選票數 7 割 4 分	71,140
	落選票數 2 割 6 分	25,050

黨派別得票數		
	政	53,976
	民	34,490
	中	4,094
	實同	3,630

黨派別得票數に按分すれば　政 3，民 1

山形縣第二區

（鶴岡市、北村山郡、最上郡、東田川郡、西田川郡、飽海郡）

定員四人

有權者數	(名簿確定當時)	97,492
〃	(選擧當日現在)	96,194
投票總數		83,505
無効投票總數		975

黨派別	姓名	得票數	
政（前）	**松岡俊三**	**19,200**	
政（前）	**熊谷直太**	**16,611**	
民	**奥山龜藏**	**14,925**	
民	**淸水德太郎**	**14,723**	
政	佐藤信吉	9,780	
日勞	白旗松之助	6,285	
		法定得票數	5,158
		供託金沒收限界	2,063
中	池田龍藏	1,006	
有効投票總數	合計	**82,530**	
此の內 當選票數 7 割 9 分		65,459	
此の內 落選票數 2 割 1 分		17,071	

黨派別得票數		
	政	45,591
	民	29,648
	中	1,006
	他無	6,285

黨派別得票數に按分すれば　政 3,　民 1

福島縣第一區

（福島市、郡山市、信夫郡、伊達郡、安積郡）

定員三人

有權者數	（名簿確定當時）	86,780
〃	（選擧當日現在）	86,462
投票總數		72,558
無効投票總數		461

黨派別	姓名	得票數	
民（前）	**栗山博**	**18,955**	
政（前）	**堀切善兵衛**	**18,875**	
政	**菅野善右衛門**	**18,091**	
民	川淵洽馬	13,892	
		法定得票數	6,007
		供託金沒收限界	2,403
中（元）	長澤倉吉	2,284	
有効投票總數	合計	**72,097**	
此の内 當選票數 7 割 8 分		55,921	
此の内 落選票數 2 割 2 分		16,176	

黨派別得票數		
	政	36,966
	民	32,847
	中	2,284

黨派別得票數に按分すれば　政 2，民 1

備考　當選者全部三人の得票數が似てゐる場合

福島縣第二區

（若松市、岩瀬郡、南會津郡、北會津郡、耶麻郡、河沼郡、大沼郡、東白川郡、西白河郡、石川郡、田村郡）

定員五人

有權者數	(名簿確定當時)	127,536
〃	(選擧當日現在)	126,119
投票總數		104,682
無効投票總數		642

黨派別		姓名	得票數
政	(前)	**八田宗吉**	**22,418**
民	(前)	**金澤安之助**	**16,621**
政	(元)	**石射文五郎**	**15,710**
民	(前)	**菅村太事**	**15,068**
民		**林平馬**	**14,870**
中	(前)	中野寅吉	10,198
中	(前)	町野武馬	9,155

法定得票數 5,202

供託金沒收限界 2,081

有効投票總數	合計	**104,040**
此の內	當選票數 8 割 1 分	84,637
	落選票數 1 割 9 分	19,353

黨派別得票數	政	38,128
	民	46,559
	中	19,353

黨派別得票數に按分すれば　政 2, 民 2, 中 1

福島縣第三區

（石城郡、双葉郡、相馬郡）

定員三人

有權者數	（名簿確定當時）	70,638
〃	（選擧當日現在）	70,052
投票總數		61,072
無効投票總數		703

黨派別	姓名	得票數	
民（前）	**比佐昌平**	**15,961**	
政	**木村清治**	**15,339**	
政（元）	**松本孫右衛門**	**13,284**	
民	氏家清	12,092	
		法定得票數	5,031
中	山田忠正	2,298	
		供託金沒收限界	2,012
中	佐川潔	1,395	
有効投票總數	合計	**60,369**	
此の内 當選票數7割4分		44,584	
此の内 落選票數2割6分		15,785	

黨派別得票數		
	政	28,623
	民	28,053
	中	3,693

黨派別得票數に按分すれば　政 2,　民 1

茨城縣第一區

（水戸市、東茨城郡、西茨城郡、鹿島郡、行方郡、稻敷郡、北相馬郡）

定員四人

有權者數	（名簿確定當時）	112,803
〃	（選擧當日現在）	111,717
投票總數		90,355
無効投票總數		693

黨派別	姓名	得票數
政（前）	**內田信也**	**25,593**
民（前）	**河野正義**	**14,352**
政（前）	**來栖七郎**	**13,966**
民	**中崎俊秀**	**12,721**
政	安井誠一郎	11,449
中	菊地謙二郎	6,562
		法定得票數 5,580
民	豐田豐吉	5,019
		供託金沒收限界 2,242

有効投票總數 合計 **89,662**

此の内 當選票數 7割4分 66,632
此の内 落選票數 2割6分 23,030

黨派別得票數		
	政	51,008
	民	32,092
	中	6,562

黨派別得票數に按分すれば　政 3,　民 1

備考　二月二十三日開票の稻敷郡第二開票所燒失、此分だけ投票やり直し、來栖七郎昭和三年五月二十四日死亡

茨城縣第二區

（那珂郡、久慈郡、多賀郡）

定員三人

有權者數	（名簿確定當時）	72,782
〃	（選擧當日現在）	72,030
投票總數		59,823
無効投票總數		643

黨派別	姓名	得票數	
民	**小峯滿男**	**16,902**	
政（元）	**山崎猛**	**14,935**	
政（前）	**石井三郎**	**12,850**	
政（前）	川崎巳之太郎	9,814	
		法定得票數	4,932
實同	五來欣造	4,679	
		供託金沒收限界	1,973

有効投票總數	合計	**59,180**
此の内 當選票數 7 割 6 分		44,687
此の内 落選票數 2 割 4 分		14,493

黨派別得票數		
	政	37,599
	民	16,902
	實同	4,679

黨派別得票數に按分すれば　政 2,　民 1

茨城縣第三區

（新治郡、筑波郡、眞壁郡、猿島郡、結城郡）

定員四人

有權者數	（名簿確定當時）	115,681
〃	（選擧當日現在）	114,665
投票總數		94,566
無効投票總數		863

黨派別		姓名	得票數	
政	（前）	**飯村五郎**	**15,867**	
民	（前）	**原　脩次郎**	**14,628**	
民		**海老澤　爲次郎**	**14,193**	
政	（元）	**宮古啓三郎**	**12,020**	
政	（元）	鈴木錠藏	11,732	
民		風見　章	11,418	
政		香取類作	10,163	
			法定得票數	5,857
中		菱沼右一	3,682	
			供託金沒收限界	2,343

有効投票總數	合計	**93,703**
此の內	當選票數 6 割 1 分	56,708
	落選票數 3 割 9 分	36,995

黨派別得票數	政	49,782
	民	40,239
	中	3,682

黨派別得票數に按分すれば　政 2,　民 2

栃木縣第一區

（宇都宮市、河内郡、上都賀郡、鹽谷郡、那須郡）

定員五人

有權者數	（名簿確定當時）	111,525
〃	（選擧當日現在）	110,555
投票總票		91,999
無効投票總數		1,109

黨派別	姓名	得票數
政（前）	**森　恪**	**16,432**
民（前）	**高田耘平**	**16,072**
民（前）	**高橋元四郎**	**15,623**
政（前）	**齋藤藤四郎**	**13,463**
民（前）	**齋藤太兵衛**	**11,897**
政	森山邦雄	11,593
日勞	麻生久	5,810

法定得票數　4,545

供託金沒收限界　1,818

有効投票總數	合計	**90,890**
此の内　當選票數 8 割 1 分		73,487
此の内　落選票數 1 割 9 分		17,403

黨派別得票數		
	政	41,488
	民	43,592
	他無	5,810

黨派別得票數に按分すれば　政 2,　民 3

備考　當選者が悉く前代議士なる場合

栃木縣第二區

（足利市、芳賀郡、下都賀郡、安蘇郡、足利郡）

定員四人

有權者數	（名簿確定當時）	105,574
〃	（選擧當日現在）	104,665
投票總數		89,996
無効投票總數		1,015

黨派別		姓名	得票數	
政		**松村光三**	**15,490**	
政		**藤沼庄平**	**15,170**	
民	（前）	**神田正雄**	**8520**	
民		**栗原彦三郎**	**8,211**	
民	（前）	阿由葉勝作	7,319	
政		上野基三	7,257	
政	（前）	榊原經武	7,240	
民		中塚榮次郎	6,323	
			法定得票數	5,561
民		森下國雄	5,138	
中		岡部久四郎	4,440	
			供託金沒收限界	2,225
日勞		大澤一六	2,112	
中		山口清	1,020	
政		横田稔	741	

有効投票總數	合計	**88,981**
此の内 當選票數 5 割 3 分		47,391
此の内 落選票數 4 割 7 分		41,590

黨派別得票數		
	政	45,898
	民	35,511
	中	5,460
	他無	2,112

黨派別得票數に按分すれば　政 2,　民 2

群馬縣第一區

（前橋市、桐生市、勢多郡、利根郡、佐渡郡、新田郡、山田郡、邑樂郡）

定員五人

有權者數	（名簿確定當時）	127,116
〃	（選擧當日現在）	125,865
投票總數		110,430
無効投票總數		1,384

黨派別	姓名	得票數	
政（前）	**武藤金吉**	**19,461**	
民	**武藤七郎**	**17,623**	
政（前）	**青木精一**	**16,307**	
民（前）	**飯塚春太郎**	**14,670**	
民（前）	**清水留三郎**	**11,497**	
民（前）	生方大吉	11,455	
民	關口志行	7,857	
		法定得票數	5,452
日勞	須永好	5,230	
實同	加納芳三郎	2,549	
		供託金沒收限界	2,181
日農	坂本利一	1,221	
中	松高元治	1,007	
政	小暮寛次	169	

有効投票總數　合計　**109,046**

此の當
- 當選票數 7 割 3 分　79,558
- 落選票數 2 割 7 分　29,488

黨派別得票數
- 政 35,937　民 63,102　中 1,007
- 實同 2,549　他無 6,451

黨派別得票數に按分すれば　政 2，民 3

備考　武藤金吉昭和三年四月二十一日死亡

群馬縣第二區

（高崎市、群馬郡、多野郡、北甘樂郡、碓氷郡、吾妻郡）

定員四人

有權者數	（名簿確定當時）	100,816
〃	（選擧當日現在）	99,688
投票總數		84,220
無効投票總數		830

黨派別		姓名	得票數	
民	（前）	**木檜三四郎**	**16,476**	
政	（元）	**高津仲次郎**	**13,941**	
民	（前）	**井本常作**	**12,570**	
政	（前）	**木暮武太夫**	**12,229**	
民		最上正三	9,613	
日農		畑桃作	7,626	
政		山田平太郎	5,348	
			法定得票數	5,212
中		澤田謙	3,169	
政		金井重雄	2,418	
			供託金沒收限界	2,085
有効投票總數		合計	**83,390**	
此の內	當選票數 6 割 6 分		55,216	
	落選票數 3 割 4 分		28,174	

黨派別得票數		
	政	33,936
	民	38,659
	中	3,169
	他無	7,626

黨派別得票數に按分すれば　政 2,　民 2

埼玉縣第一區

（川越市、北足立郡、入間郡）

定員四人

有權者數	（名簿確定當時）	115,231
〃	（選擧當日現在）	114,194
投票總數		91,080
無効投票總數		1,029

黨派別	姓名	得票數	
政（前）	**粕谷義三**	**25,382**	
政（前）	**泰豊助**	**23,103**	
民	**田中千代松**	**22,377**	
民	**定塚門次郎**	**8,727**	
民	松永東	8,500	
		法定得票數	5,628
		供託金沒收限界	2,251
中（前）	神谷彌平	1,962	
有効投票總數	合計	**90,051**	
此の內 當選票數8割8分		79,589	
此の內 落選票數1割2分		10,462	

黨派別得票數		
	政	48,485
	民	39,604
	中	1,962

黨派別得票數に按分すれば　政2，民2

埼玉縣第二區

（比企郡、秩父郡、兒玉郡、大里郡）

定員四人

有權者數	（名簿確定當時）	97,222
〃	（選擧當日現在）	96,258
投票總數		85,186
無効投票總數		1,483

黨派別		姓名	得票數	
民		高橋守平	19,173	
中	（元）	長島隆二	16,573	
政		大澤寅次郎	16,440	
政		石阪養平	15,587	
政	（前）	横川重次	14,097	
			法定得票數	5,231
			供託金沒收限界	2,092
民	（元）	高木利平	1,833	

有効投票總數	合計	**83,703**
此の内	當選票數 8 割 1 分	67,773
	落選票數 1 割 9 分	15,930

黨派別得票數	政	46,124
	民	21,006
	中	16,573

黨派別得票數に按分すれば　政 2,　民 1,　中 1

埼玉縣第三區

(北埼玉郡、南埼玉郡、北葛飾郡)

定員三人

有權者數	(名簿確定當時)	82,873
〃	(選擧當日現在)	82,046
投票總數		67,978
無効投票總數		1,059

黨派別	姓名	得票數
中	**遠藤柳作**	**18,234**
民	**野中徹也**	**16,761**
政 (前)	**出井兵吉**	**16,051**
民	齋藤重三郎	8,565
政	一ノ瀨一二	7,308

法定得票數 5,577

供託金沒收限界 2,231

有効投票總數	合計	**66,919**
此の内	當選票數 7 割 6 分	51,046
	落選票數 2 割 4 分	15,873

黨派別得票數	政	23,359
	民	25,326
	中	18,234

黨派別得票數に按分すれば　政 1, 民 1, 中 1

千葉縣第一區

(千葉市、千葉郡、市原郡、東葛飾郡、君津郡)

定員四人

有權者數	(名簿確定當時)	114,753
〃	(選擧當日現在)	113,646
投票總數		92,270
無効投票總數		619

黨派別		姓名	得票數	
政	(前)	**鈴木隆**	**19,309**	
民	(前)	**本多貞次郎**	**16,128**	
政		**川島正次郎**	**14,316**	
民	(前)	**志村清右衛門**	**13,975**	
民		多田滿長	13,675	
政	(前)	小島七郎	10,891	
			法定得票數	5,728
實同		富田照	3,357	
			供託金沒收限界	2,231

有効投票總數	合計	**91,651**
此の内	當選票數 7 割 0 分	63,728
	落選票數 3 割 0 分	27,923

黨派別得票數	政	44,516
	民	43,778
	實同	3,357

黨派別得票數に按分すれば　政 2,　民 2

千葉縣第二區

（印旛郡、海上郡、匝瑳郡、香取郡）

定員三人

有權者數	（名簿確定當時）	88,651
〃	（選擧當日現在）	87,689
投票總數		60,848
無効投票總數		369

黨派別	姓名	得票數
民（元）	**鵜澤宇八**	**18,827**
政（前）	**吉植庄一郎**	**18,577**
政（前）	**今井健彦**	**15,992**
勞農	竹尾弌	7,083
	法定得票數	4,040
	供託金沒收限界	2,016

有効投票總數	合計	**60,479**
此の內	當選票數8割8分	53,396
	落選票數1割2分	7,083

黨派別得票數	政	34,569
	民	18,827
	他無	7,083

黨派別得票數に按分すれば　政2，民1

千葉縣第三區

(長生郡、山武郡、夷隅郡、安房郡)

定員四人

有權者數	(名簿確定當時)	105,657
〃	(選擧當日現在)	104,587
投票總數		81,196
無効投票總數		1,250

黨派別	姓名	得票數	
政 (前)	**森 矗昶**	**17,704**	
民 (前)	**土屋清三郎**	**15,562**	
實同 (前)	**千葉三郎**	**14,738**	
政	**横堀治三郎**	**13,423**	
政	川名博夫	13,192	
		法定得票數	4,997
政	岡本一己	3,323	
政	北田正平	2,004	
		供託金沒收限界	1,999

有効投票總數	合計	**79,946**
此の内 當選票數 7 割 7 分		61,427
此の内 落選票數 2 割 3 分		18,519

黨派別得票數	
政	49,646
民	15,562
實同	14,738

黨派別得票數に按分すれば 政 3, 民 1

東京府第一區

（麴町區、芝區、麻布區、赤坂區、四谷區、牛込區）

定員五人

有權者數	（名簿確定當時）	101,054
〃	（選擧當日現在）	100,225
投票總數		78,124
無効投票總數		486

黨派別		姓名	得票數	
民	（前）	**横山勝太郎**	**13,305**	
民		**瀬川光行**	**10,517**	
民	（前）	**三木武吉**	**9,114**	
政		**立川太郎**	**8,459**	
民		**櫻内辰郎**	**8,331**	
政		本多義成	7,110	
社民		菊池寛	5,682	
			法定得票數	3,882
政		川手忠義	3,305	
政		中村愛作	3,205	
中	（元）	鈴木梅四郎	2,764	
實同		水上嘉一郎	1,880	
中		茂木久平	1,789	
中	（元）	藏原惟郭	1,584	
			供託金沒收限界	1,553
中		田中澤二	466	
中		妹尾順藏	127	

有効投票總數　合計　**77,638**

此の内 ｛當選票數 6 割 4 分　49,726
　　　　落選票數 3 割 6 分　27,912｝

黨派別得票數 ｛政 22,079　民 41,267　中 6,730
　　　　　　　實同 1,880　社民 5,682｝

黨派別得票數に按分すれば　政 2,　民 3

東京府第二區

（神田區、小石川區、本鄕區、下谷區）

定員五人

有權者數	（名簿確定當時）	104,381
〃	（選擧當日現在）	102,881
投票總數		78,917
無効投票總數		462

黨派別		姓名	得票數	
民		**中島彌團次**	**14,681**	
政	（前）	**鳩山一郎**	**12,969**	
社民		**安部磯雄**	**12,373**	
政	（前）	**矢野鉉吉**	**9,078**	
民		**小瀧辰雄**	**7,472**	
民		赤塚五郎	4,818	
中		河合德三郎	4,187	
			法定得票數	3,923
中	（元）	古島一雄	3,834	
民		高橋秀臣	3,646	
實同		松野喜内	2,397	
革新	（前）	佐々木安五郎	2,029	
			供託金沒收限界	1,569
中		倉持忠助	971	

有効投票總數	合計	**78,455**
此の内	當選票數 7 割 2 分	56,573
	落選票數 2 割 8 分	21,882

黨派別得票數		
	政	22,047
	民	30,617
	中	8,992
	革新	2,029
	實同	2,397
	社民	12,373

黨派別得票數に按分すれば　政 2,　民 2,　社民 1

東京府第三區

（日本橋區、京橋區、淺草區）

定員四人

有權者數	（名簿確定當時）	85,739
〃	（選擧當日現在）	84,930
投票總數		64,290
無効投票總數		485

黨派別		姓名	得票數	
民	（前）	**賴母木桂吉**	**15,771**	
民	（前）	**高木益太郎**	**10,174**	
政		**伊藤仁太郎**	**9,423**	
政	（前）	**安藤正純**	**8,750**	
革新	（前）	田川大吉郎	7,017	
政	（前）	近藤達兒	4,999	
民		小森七兵衞	4,700	
			法定得票數	3,988
			供託金沒收限界	1,595
實同		神山勇吉	1,267	
中		大和茂樹	1,087	
中		荻野萬之助	550	
中		望月義人	67	

有効投票總數	合計	**63,805**
此の内 當選票數6割9分		44,118
此の内 落選票數3割1分		19,687

黨派別得票數		
	政	23,172
	民	30,645
	中	1,704
	實同	1,267
	革新	7,017

黨派別得票數に按分すれば　政2，民2

東京府第四區

（本所區、深川區）　定員四人

有權者數	（名簿確定當時）	78,016
〃	（選擧當日現在）	77,411
投票總數		58,368
無効投票總數		704

黨派別		姓名	得票數	
民		**小俣政一**	**10,149**	
民	（前）	**太田信治郎**	**9,949**	
政	（前）	**磯邊尚**	**4,465**	
政		**國枝捨次郎**	**4,204**	
政		瀧澤七郎	3,954	
政		中野勇治郎	3,669	
			法定得票數	3,604
社民		宮崎龍介	3,581	
政		森健二	3,501	
民		津谷一治郎	3,363	
勞農		唐澤清八	2,845	
民		深山彥平	2,769	
			供託金沒收限界	1,442
中		森田小六郎	1,420	
民		寺田彌一郎	1,147	
實同		寺部賴助	1,119	
革		糟谷磯平	813	
中		大谷米太郎	716	

有効投票總數　合計　**57,664**

此の内
- 當選票數 5 割 0 分　28,767
- 落選票數 5 割 0 分　28,897

黨派別得票數
- 政 19,793　民 27,377　中 2,136　實同 1,119
- 革新 813　社民 3,581　他無 2,845

黨派別得票數に按分すれば　政 2,　民 2

備考　舊第六區、舊定員は三人

東京府第五區

（荏原郡、豐多摩郡、大島島廳管內、八丈島島廳管內）

定員五人

有權者數	（名簿確定當時）	195,182
〃	（選擧當日現在）	194,085
投票總數		145,616
無効投票總數		1,315

黨派別		姓名	得票數	
民	（前）	**高木正年**	**47,278**	
民	（前）	**鈴木富士彌**	**20,995**	
政		**牧野賤男**	**17,717**	
民	（前）	**斯波貞吉**	**15,009**	
政		**佐藤安之助**	**13,566**	
日勞		加藤勘十	10,199	
政		畑彌右衞門	7,443	
			法定得票數	7,215
勞農		秋和松五郎	3,863	
政		三上英雄	3,105	
			供託金沒收限界	2,886
社民		小川清俊	2,711	
中		石井滿	2,415	

有効投票總數 合計 **144,301**

此の內 { 當選票數 7 割 9 分 114,565
　　　　 落選票數 2 割 1 分 29,736

黨派別得票數 { 政 41,831 民 83,282 中 2,415
　　　　　　　 社民 2,711 他無 14,062

黨派別得票數に按分すれば 政 2, 民 3

備考 高木氏得票は全國にて一番多い

東京府第六區

（北豐島郡、南足立郡、南葛飾郡）

定員五人

有權者數	（名簿確定當時）	221,645
〃	（選擧當日現在）	220,531
投票總數		164,185
無効投票總數		2,110

黨派別	姓名	得票數	
民	**中村繼男**	**30,577**	
政（前）	**前田米藏**	**25,470**	
政（前）	**中島守利**	**22,420**	
民	**鶴岡和文**	**20,024**	
民	**佐藤正**	**17,413**	
日勞	松谷與二郎	12,438	
		法定得票數	8,104
政	有馬淺雄	7,577	
勞農	南喜一	6,659	
社民	爲藤五郎	5,938	
民	上杉章雄	4,773	
		金沒收限界	3,242
實同	猪股勳	2,680	
政	篠房輔	2,648	
日農	横田多門	2,147	
中（前）	淺賀長兵衞	1,311	

有効投票總數	合計	**162,075**
此の内 當選票數 7 割 2 分		115,904
此の内 落選票數 2 割 8 分		46,171

黨派別得票數						
	政	58,115	民	72,787	中	1,311
	實同	2,680	社民	5,938	他無	21,244

黨派別得票數に案分すれば　政 2,　民 3

東京府第七區

（八王子市、西多摩郡、南多摩郡、北多摩郡）

定員三人

有權者數	（名簿確定當時）	73,830
〃	（選擧當日現在）	73,259
投票總數		62,172
無効投票總數		576

黨派別	姓名	得票數	
政	**中村亨**	**11,819**	
政	**坂本一角**	**11,299**	
政	**津雲國利**	**10,244**	
民（前）	八並武治	9,913	
民	荒井惣太郎	8,107	
		法定得票數	5,133
政	中溝多摩吉	4,903	
日農	矢部甚吾	3,239	
		供託金沒收限界	2,053
社民	下田金助	1,479	
民	櫻井平八	593	

有効投票總數	合計	**61,596**
此の内 當選票數 5 割 4 分		33,362
此の内 落選票數 4 割 6 分		28.234

黨派別得票數		
	政	38,265
	民	18,613
	社民	1,479
	他無	3,239

黨派別得票數に案分すれば　政 2,　民 1

神奈川縣第一區

（横濱市）

定員三人

有權者數	（名簿確定當時）	113,460
〃	（選擧當日現在）	112,798
投票總數		73,302
無効投票總數		738

黨派別	姓名	得票數	
民（前）	**戸井嘉作**	**18,538**	
民（前）	**三宅磐**	**18,173**	
政	**磯野庸**	**13,650**	
社民	岡崎憲	12,523	
勞農	神道寛次	6,741	
		法定得票數	6,042
中	橋元文治	2,939	
		供託金沒收限界	2,417

有効投票總數	合計	**72,564**
此の内	當選票數 6 割 9 分	50,361
	落選票數 3 割 1 分	22,203

黨派別得票數

政	13,650
民	36,711
中	2,939
社民	12,523
他無	6,741

黨派別得票數に案分すれば　政 1,　民 2

神奈川縣第二區

（横須賀市、川崎市、久良岐郡、橘樹郡、都筑郡、三浦郡、鎌倉郡）

定員四人

有權者數	（名簿確定當時）	86,244
〃	（選擧當日現在）	85,428
投票總數		67,548
無効投票總數		555

黨派別	姓名	得票數
民（前）	**小野重行**	**14,388**
民（前）	**小泉又次郎**	**13,768**
政	**赤尾藤吉郎**	**12,355**
政（前）	**川口義久**	**12,326**
地無	川島不二郎	8,315
社民	片山哲	5,841

法定得票數 4,187
供託金沒收限界 1,675

有効投票總數	合計	**66,993**
此の内	當選票數 7割9分	52,837
	落選票數 2割1分	14,156

黨派別得票數		
	政	24,681
	民	28,156
	社民	5,841
	他無	8,315

黨派別得票數に案分すれば　政 2,　民 2

備考　地無は地方無産の略稱

神奈川縣第三區

（高座郡、中郡、足柄上郡、足柄下郡、愛甲郡、津久井郡）

定員四人

有權者數	（名簿確定當時）	96,152
〃	（選擧當日現在）	94,991
投票總數		80,017
無効投票總數		1,205

黨派別	姓名	得票數	
政	**鈴木英雄**	**16,489**	
民（元）	**岡崎久次郎**	**14,118**	
政	**胎中楠右衛門**	**12,621**	
民（前）	**平川松太郎**	**12,049**	
政	清田房次郎	10,215	
政	永野毅	9,808	
		法定得票數	4,926
實同	大島正德	3,512	
		供託金沒收限界	1,970

有効投票總數　合計　**78,812**

此の內
- 當選票數 7 割 0 分　55,277
- 落選票數 3 割 0 分　23,535

黨派別得票數
- 政　49,133
- 民　26,167
- 實同　3,512

黨派別得票數に案分すれば　政 3,　民 1

新潟縣第一區

（新潟市、西蒲原郡、佐渡郡）

定員三人

有權者數	（名簿確當定時）	73,643
〃	（選擧當日現在）	72,901
投票總數		65,245
無効投票總數		502

黨派別	姓名	得票數	
政（前）	**山本梯二郎**	**18,244**	
政（元）	**田邊熊一**	**16,388**	
民	**安倍邦太郎**	**14,170**	
民	野澤卯市	12,951	
		法定得票數	5,395
勞農	井上乙吉	2,771	
		供託金沒收限界	2,158
中	新保八十平	219	
有効投票總數	合計	**64,743**	
此の內 當選票數 7 割 5 分		48,802	
此の內 落選票數 2 割 5 分		15,941	

黨派別得票數		
	政	34,632
	民	27,121
	中	219
	他無	2,771

黨派別得票數に案分すれば　政 2,　民 1

新潟縣第二區

(北蒲原郡、中蒲原郡、東蒲原郡、岩船郡)

定員四人

有權者數	(名簿確定當時)	96,812
〃	(選擧當日現在)	95,832
投票總數		78,408
無効投票總數		537

黨派別	姓名	得票數
政 (前)	**高橋光威**	**17,314**
民	**佐藤與一**	**15,694**
民 (前)	**石塚三郎**	**13,345**
政 (前)	**加藤知正**	**13,089**
日農	須貝快天	9,561
勞農	布施辰治	8,868

法定得票數 4,867

供託金沒收限界 1,947

有効投票總數 合計 **77,871**

此の内
- 當選票數 7 割 6 分 59,442
- 落選票數 2 割 4 分 18,429

黨派別得票數
- 政 30,403
- 民 29,039
- 他無 18,429

黨派別得票數に案分すれば 政 2, 民 1, 他無 1

新潟縣第三區

（長岡市、南蒲原郡、三島郡、古志郡、北魚沼郡、南魚沼郡、刈羽郡）

定員五人

有權者數	（名簿確定當時）	130,175
〃	（選擧當日現在）	128,887
投票總數		105,812
無効投票總數		693

黨派別	姓名	得票數
民（前）	**山田又司**	**16,753**
政（元）	**高橋金次郎**	**15,463**
革（元）	**大竹貫一**	**15,413**
中（前）	**堤清六**	**15,338**
民	**飯塚知信**	**12,964**
政	松本弘	12,798
政（元）	木村清三郎	9,942
日勞	網島正與	5,462
		法定得票數 5,231
		供託金沒收限界 2,102
中	矢島吉平	986

有効投票總數 合計 **105,119**

此の内 當選票數 7 割 2 分 75,931
此の内 落選票數 2 割 8 分 29,188

黨派別得票數 政 38,203 民 29,717 中 16,324 革新 15,413 他無 5,462

黨派別得票數に案分すれば 政 2, 民 1, 中 1, 革新 1

新潟縣第四區

（高田市、中魚沼郡、東頸城郡、中頸城郡、西頸城郡）

定員三人

有權者數	（名簿確定當時）	87,697
〃	（選擧當日現在）	86,688
投票總數		70,924
無効投票總數		594

黨派別	姓名	得票數	
民	**増田義一**	**17,730**	
政	**武田德三郎**	**17,185**	
民	**高鳥順作**	**16,717**	
政	大竹謙治	16,666	
		法定得票數	5,858
		供託金沒收限界	2,344
中	寺島善八	2,032	

有効投票總數　合計　**70,330**

此の内
- 當選票數 7 割 3 分　51,632
- 落選票數 2 割 7 分　18,698

黨派別得票數
- 政　33,851
- 民　34,447
- 中　2,032

黨派別得票數に案分すれば　政 1,　民 2

富山縣第一區

（富山市、上新川郡、中新川郡、下新川郡、婦負郡）

定員三人

有權者數	（名簿確定當時）	81,746
〃	（選擧當日現在）	80,753
投票總數		71,501
無効投票總數		551

黨派別	姓名	得票數	
民（前）	**野村嘉六**	**18,445**	
民（前）	**寺島權藏**	**17,067**	
政（前）	**石坂豊一**	**16,763**	
政（前）	高見之通	14,458	
		法定得票數	5,913
民	山梨利一	4,217	
		供託金沒收限界	2,365
有効投票總數	合計	**70,950**	
此の內 當選票數 7 割 4 分		52,275	
此の內 落選票數 2 割 6 分		18,675	

黨派別得票數	
政	31,221
民	39,729

黨派別得票數に案分すれば　政 1,　民 2

富 山 縣 第 二 區

（高岡市、射水郡、氷見郡、東礪波郡、西礪波郡）

定 員 三 人

有權者數	（名簿確定當時）	78,678
〃	（選擧當日現在）	77,778
投票總數		68,761
無効投票總數		335

黨派別		姓名	得票數	
民		**山田毅一**	**21,208**	
民		**松村謙三**	**15,197**	
政	（前）	**上埜安太郎**	**14,090**	
政	（前）	石原正太郎	13,461	
			法定得票數	5,702
政		土倉宗明	4,470	
			供託金沒收限界	2,281

有効投票總數	合計	**68,426**
此の内 當選票數 7 割 4 分		50,495
此の内 落選票數 2 割 6 分		17,931

黨派別得票數	政	32,021
	民	36,405

黨派別得票數に案分すれば　政 1,　民 2

石川縣第一區

（金澤市、江沼郡、能美郡、石川郡）

定員三人

有權者數	（名簿確定當時）	82,581
〃	（選擧當日現在）	81,581
投票總數		65,609
無効投票總數		346

黨派別	姓名	得票數	
政（元）	**中橋徳五郎**	**22,809**	
民（前）	**永井柳太郎**	**21,163**	
政	**箸本太吉**	**8,003**	
民（元）	中谷宇平	6,595	
民	竹田儀一	5,459	
		法定得票數	5,439
		供託金沒收限界	2,175
實同	寺田正男	1,234	

有効投票總數	合計	**65,263**
此の内 當選票數 8 割 0 分		51,975
此の内 落選票數 2 割 0 分		13,288

黨派別得票數		
	政	30,812
	民	33,217
	實同	1,234

黨派別得票數に案分すれば　政 1, 民 2

石川縣第二區

（河北郡、羽咋郡、鹿島郡、鳳至郡、珠洲郡）

定員三人

有權者數	（名簿確定當時）	76,587
〃	（選擧當日現在）	76,754
投票總數		60,515
無効投票總數		419

黨派別	姓名	得票數
民（元）	**櫻井兵五郎**	**15,749**
民（前）	**佐藤　實**	**14,675**
政（前）	**青山憲三**	**14,143**
政（前）	米原於菟男	8,845
政（元）	益谷秀次	6,684
	法定得票數	5,008
	供託金沒收限界	2,003

有効投票總數	合計	**60,096**
此の内	當選票數 7 割 4 分	44,567
	落選票數 2 割 6 分	15,529

黨派別得票數	政	29,672
	民	30,424

黨派別得票數に案分すれば　政 1,　民 2

福井縣（全縣一區）

定員五人

有權者數	（名簿確定當時）	131,315
〃	（選擧當日現在）	129,990
投票總數		110,864
無効投票總數		919

黨派別	姓名	得票數	
政（前）	**山本条太郎**	**20,351**	
實同（元）	**松井文太郎**	**18,624**	
民（元）	**添田敬一郎**	**18,603**	
政	**佐々木久二**	**13,091**	
民（前）	**熊谷五右衛門**	**12,554**	
政（前）	猪野毛利榮	12,463	
民（前）	土生彰	9,485	
		法定得票數	5,497
勞農	田村仙之助	3,974	
		供託金沒收限界	2,199
政	須田孝太郎	800	

有効投票總數	合計	**109,945**
此の内　當選票數7割6分		83,223
此の内　落選票數2割4分		26,722

黨派別得票數

政	46,705
民	40,642
實同	18,624
他無	3,974

黨派別得票數に案分すれば　政2,　民2,　實同1

山梨縣（全縣一區）

定員五人

有權者數	（名簿確定當時）	126,279
〃	（選擧當日現在）	111,668
投票總數		109,351
無効投票總數		1,291

黨派別	姓名	得票數	
民	**河西豊太郎**	**24,758**	
政	**田邊七六**	**21,743**	
政	**大崎清作**	**18,067**	
政	**竹内友治郎**	**16,629**	
政	**穴水要七**	**15,166**	
日農	高橋龜吉	8,786	
		法定得票數	5,403
		供託金沒收限界	2,161
中	早川巳之利	1,765	
勞農	古屋貞雄	1,146	

有効投票總數	合計	108,060
此の内 當選票數 8 割 9 分		96,363
此の内 落選票數 1 割 1 分		11,697

黨派別得票數		
	政	71,605
	民	24,758
	中	1,765
	他無	9,932

黨派別得票數に案分すれば　政 4，民 1

備考　當選票數の割合全國中の最高

長野縣第一區

（長野市、更級郡、上高井郡、下高井郡、上水內郡、下水內郡）

定員三人

有權者數	（名簿確定當時）	87,896
〃	（選擧當日現在）	86,916
投票總數		78,503
無効投票總數		680

黨派別		姓名	得票數
民	（前）	**松本忠雄**	**23,863**
民	（元）	**小阪順造**	**22,704**
政	（前）	**山本愼平**	**17,000**
政		春日善之助	14,256

法定得票數　6,485

供託金沒收限界　2,594

有効投票總數　合計　**77,823**

此の內
- 當選票數 8 割 2 分　63,567
- 落選票數 1 割 8 分　14,256

黨派別得票數
- 政　31,256
- 民　46,567

黨派別得票數に案分すれば　政 1，民 2

長野縣第二區

（上田市、南佐久間郡、北佐久間郡、小縣郡、埴科郡）

定員三人

有權者數	（名簿確定當時）	80,241
〃	（選擧當日現在）	79,361
投票總數		71,741
無効投票總數		491

黨派別		姓名	得票數
政	（元）	**篠原和市**	**19,580**
中		**小山邦太郎**	**18,337**
民	（元）	**山邊常重**	**18,011**
政	（元）	春日俊文	15,322

法定得票數 5,938

供託金沒收限界 2,375

有効投票總數	合計	**71,250**
此の内 當選票數 7 割 8 分		55,928
此の内 落選票數 2 割 2 分		15,322

黨派別得票數		
	政	34,902
	民	18,011
	中	18,337

黨派別得票數に案分すれば　政 1,　民 1,　中 1

長野縣第三區

(諏訪郡、上伊那郡、下伊那郡)

定員四人

有權者數	(名簿確定當時)	99,606
〃	(選擧當日現在)	98,515
投票總數		87,239
無効政票總數		501

黨派別	姓名	得票數
民 (前)	**樋口秀雄**	**17,934**
政 (前)	**小川平吉**	**17,452**
政	**伊原五郎兵衛**	**16,035**
民 (前)	**戸田由美**	**14,526**
政	山田織太郎	11,778
勞農	藤森成吉	6,916
		法定得票數 5,421
		供託金沒收限界 2,169
政	原田治郎	2,097

有効投票總數 合計 **86,738**

此の内 { 當選票數 7 割 6 分 65,947
　　　　 落選票數 2 割 4 分 20,791

黨派別得票數 { 政 47,362
　　　　　　　 民 32,460
　　　　　　　 他無 6,916

黨派別得票數に案分すれば 政 2, 民 2

長野縣第四區

（松本市、西筑摩郡、東筑摩郡、南安曇郡、北安曇郡）

定員三人

有權者數	（名簿確定當時）	78,958
〃	（選擧當日現在）	78,141
投票總數		66,190
無効投票總數		476

黨派別		姓名	得票數	
政		**上條信**	**16,133**	
民	（前）	**降旗元太郎**	**15,015**	
政	（前）	**植原悅二郎**	**13,408**	
民		百瀬渡	13,293	
中	（前）	畔田明	6,162	
			法定得票數	5,476
			供託金沒收限界	2,191
中		小松雄道	1,636	
中		唐澤龜雄	67	

有効投票總數 合計 **65,714**

此の內
- 當選票數 6 割 8 分 44,556
- 落選票數 3 割 2 分 21,158

黨派別得票數
- 政 29,541
- 民 28,308
- 中 7,865

黨派別得票數に案分すれば　政 2,　民 1

岐阜縣第一區

（岐阜市、稲葉郡、山縣郡、武儀郡、郡上郡）

定員三人

有權者數	（名簿確定當時）	77,832
〃	（選擧當日現在）	77,030
投票總數		65,688
無効投票總數		613

黨派別		姓名	得票數	
民	（前）	**山田道兄**	**15,969**	
政	（元）	**西田銑吉**	**10,749**	
實同	（前）	**河崎助太郎**	**10,212**	
政		大野伴睦	8,757	
民	（元）	坂口拙三	7,860	
政	（元）	山田永俊	7,298	
			法定得票數	5,423
中		栗田德次郎	4,230	
			供託金沒收限界	2,169

有効投票總數 合計 **65,075**

此の内
- 當選票數5割7分 36,930
- 落選票數4割3分 28,145

黨派別得票數

政	26,804
民	23,829
中	4,230
實同	10,212

黨派別得票數に案分すれば　政2，民1

岐阜縣第二區

（大垣市、羽島郡、海津郡、養老郡、不破郡、安八郡、揖斐郡、本巣郡）

定員三人

有權者數	（名簿確定當時）	71,558
〃	（選擧當日現在）	70,844
投票總數		60,578
無効投票總數		462

黨派別	姓名	得票數	
政（前）	**井上孝哉**	**14,617**	
民（前）	**奥村千藏**	**13,174**	
政	**佐竹直太郎**	**8,156**	
民（元）	川村數郎	7,595	
實同	川瀨新一	6,827	
地無	中澤辨次郎	5,274	
		法定得票數	5,010
政（元）	木村作次郎	4,473	
		供託金沒收限界	2,004

有効投票總數 合計 **60,116**

此の内
- 當選票數 6 割 0 分 35,947
- 落選票數 4 割 0 分 24,169

黨派別得票數
- 政 27,246　民 20,769
- 實同 6,827　他無 5,274

黨派別得票數に案分すれば　政 2,　民 1

備考　地無は地方無產の略稱

岐阜縣第三區

（加茂郡、可兒郡、土岐郡、惠那郡、益田郡、大野郡、吉城郡）

定員三人

有權者數	（名簿確定當時）	96,959
〃	（選擧當日現在）	96,064
投票總數		78,302
無効投票總數		580

黨派別		姓名	得票數	
政	（前）	**牧野良三**	**25,144**	
政		**平井信四郎**	**17,189**	
民		**渡邊德助**	**15,539**	
民	（前）	古屋慶隆	14,964	
			法定得票數	6,477
政	（前）	佐々木文一	4,886	
			供託金沒收限界	2,591
有効投票總數		合計	**77,722**	
此の内	當選票數7割4分		57,872	
	落選票數2割6分		19,850	

黨派別得票數	政	47,219
	民	30,503

黨派別得票數に案分すれば　政 2，民 1

備考　古屋氏投票を渡邊氏に讓つたが爲めに落選

静岡縣第一區

（静岡市、清水市、庵原郡、安倍郡、志太郡、榛原郡、小笠郡）

定員五人

有權者數	（名簿確定當時）	146,082
〃	（選擧當日現在）	144,682
投票總數		126,612
無効投票總數		987

黨派別		姓名	得票數	
政		**山口忠五郎**	**17,613**	
政	（前）	**松浦五兵衛**	**15,264**	
民		**小久江美代吉**	**14,859**	
民		**梅野數馬**	**14,020**	
政	（前）	**松本君平**	**13,508**	
民	（前）	平野光雄	12,072	
政		深澤豊太郎	9,606	
民	（元）	加藤定吉	8,767	
政		寺崎乙治郎	8,249	
實同		中田騄郎	8,238	
			法定得票數	6,281
勞農		杉浦啓一	3,429	
			供託金沒收限界	2,513

有効投票總數	合計	**125,625**
此の内 當選票數 6割0分		75,264
此の内 落選票數 4割0分		50,361

黨派別得票數		
	政	64,240
	民	49,718
	實同	8,238
	他無	3,429

黨派別得票數に案分すれば　政 3,　民 2

静岡縣第二區

（沼津市、賀茂郡、田方郡、駿東郡、富士郡）

定員四人

有權者數	（名簿確定當時）	100,491
〃	（選擧當日現在）	99,524
投票總數		83,686
無効投票總數		1,020

黨派別		姓名	得票數	
民		**岸　衛**	**18,593**	
政	（前）	**庄司良朗**	**15,484**	
政		**郡谷照一郎**	**14,599**	
政	（前）	**小泉策太郎**	**13,947**	
民		宮城藤平	8,674	
民		櫛部荒熊	8,656	
			法定得票數	5,167
中		影山由己	2,713	
			供託金沒收限界	2,067

有効投票總數	合計	**82,666**
此の内	當選票數 7 割 6 分	62,623
	落選票數 2 割 4 分	20,043

黨派別得票數		
	政	44,030
	民	35,923
	中	2,713

黨派別得票數に案分すれば　政 2,　民 2

靜岡縣第三區

（濱松市、磐田郡、周智郡、濱名郡、引佐郡）

定員四人

有權者數	（名簿確定當時）	108,133
〃	（選擧當日現在）	106,868
投票總數		94,581
無効投票總數		710

黨派別	姓名	得票數
民（元）	**井上剛一**	**18,833**
政（前）	**倉元要一**	**17,835**
政	**大橋亦兵衛**	**16,132**
民（前）	**永田善三郎**	**14,813**
政	宮島清次郎	13,727
中	縣忍	12,531

法定得票數　5,867

供託金沒收限界　2,347

有効投票總數	合計	**93,871**
此の内	當選票數 7 割 2 分	67,613
	落選票數 2 割 8 分	26,258

黨派別得票數	政	47,694
	民	33,646
	中	12,531

黨派別票得數に案分すれば　政 2,　民 2

愛知縣第一區

（名古屋市）
定員五人

有權者數	（名簿確定當時）	158,161
〃	（選擧當日現在）	156,330
投票總數		113,295
無効投票總數		809

黨派別		姓名	得票數	
民	（前）	**田中善立**	**25,020**	
民	（前）	**小山松壽**	**16,887**	
政	（前）	**加藤鐐五郎**	**15,734**	
民		**鬼丸義齋**	**10,842**	
中		**推尾辨匡**	**10,691**	
政		瀬川嘉助	8,864	
民	（前）	横山一格	7,661	
民		今堀辰三郎	7,235	
			法定得票數	5,624
民		村山爲章	4,353	
勞農		山崎常吉	3,433	
			供託金沒收限界	2,250
實同		岩越謹一	1,766	
有効投票總數		合計	**112,486**	
此の内	當選票數 7 割 0 分		79,174	
	落選票數 3 割 0 分		33,312	

黨派別得票數		
	政	24,598
	民	71,998
	中	10,691
	實同	1,766
	他無	3,433

黨派別得票數に案分すれば　政 1，民 4

愛知縣第二區

（愛知郡、東春日井郡、西春日井郡、知多郡）

定員三人

有權者數	（名簿確定當時）	89,122
〃	（選擧當日現在）	88,154
投票總數		68,564
無効投票總數		491

黨派別		姓名	得票數	
民		**久野龜資**	**15,829**	
民	（前）	**西脇晋**	**15,633**	
政	（前）	**丹下茂十郎**	**14,328**	
政		山田佐一	11,794	
			法定得票數	5,673
政	（前）	清水市太郎	5,548	
政		高井種次郎	2,711	
			供託金沒收限界	2,269
民		酒井五郎吉	1,698	
日農		加藤今一郎	532	
有効投票總數		合計	**68,073**	
此の内	當選票數 6 割 7 分		45,790	
	落選票數 3 割 3 分		22,283	

黨派別得票數	政	34,381
	民	33,160
	他無	532

黨派別得票數に案分すれば　政 2,　民 1

愛知縣第三區

(一宮市、丹羽郡、葉栗郡、中島郡、海部郡)

定員三人

有權者數	(名簿確定當時)	78,141
〃	(選擧當日現在)	77,340
投票總數		67,029
無効投票總數		486

黨派別	姓名	得票數
民(元)	**瀧正雄**	**22,420**
政(前)	**三輪市太郎**	**17,993**
民(前)	**加藤鯛一**	**16,498**
民(前)	服部英明	9,632

法定得票數 5,547
供託金沒收限界 2,219

有効投票總數 合計 **66,543**

此の内
- 當選票數 8 割 6 分 56,911
- 落選票數 1 割 4 分 9,632

黨派別得票數
- 政 17,993
- 民 48,550

黨派別得票數に案分すれば 政 1, 民 2

愛知縣第四區

（岡崎市、碧海郡、幡豆郡、額田郡、西加茂郡、東加茂郡）

定員三人

有權者數	（名簿確定當時）	92,695
〃	（選擧當日現在）	91,515
投票總數		76,773
無効投票總數		544

黨派別	姓名	得票數
中	**山崎延吉**	**19,772**
民	**武富濟**	**18,406**
民	**岡本實太郎**	**15,696**
政	小林錡	11,587
中	小笠原三九郎	10,768

法定得票數 6,353

供託金沒收限界 2,541

有効投票總數 合計 **76,229**

此の内
- 當選票數 7 割 1 分 53,874
- 落選票數 2 割 9 分 22,355

黨派別得票數
- 政 11,587
- 民 34,102
- 中 30,540

黨派別得票數に案分すれば 政 0, 民 2, 中 1

愛知縣第五區

（豐橋市、北設樂郡、南設樂郡、寶飯郡、渥美郡、八名郡）

定員三人

有權者數	（名簿確定當時）	75,301
〃	（選擧當日現在）	74,593
投票總數		59,472
無効投票總數		293

黨派別	姓名	得票數
政（前）	**大口喜六**	**14,167**
政	**鈴木五六**	**12,086**
民（前）	**杉浦武雄**	**10,251**
革新	鈴木正吾	8,842
民（前）	加藤六藏	8,440
中	青木孝義	5,393

法定得票數 4,932

供託金沒收限界 1,973

有効投票總數	合計	**59,179**
此の内	當選票數 6 割 2 分	36,504
	落選票數 3 割 8 分	22,675

黨派別得票數		
	政	26,253
	民	18,691
	中	5,393
	革新	8,842

黨派別得票數に案分すれば　政 2,　民 1

三重縣第一區

（津市、四日市市、桑名郡、員辨郡、三重郡、鈴鹿郡、河藝郡、安濃郡、一志郡、阿山郡、名賀郡）

定員五人

有權者數	（名簿確定當時）	146,471
〃	（選擧當日現在）	145,002
投票總數		126,505
無効投票總數		908

黨派別		姓名	得票數	
政	（前）	**加藤条四郎**	**29,417**	
民		**木村秀興**	**25,782**	
民	（前）	**川崎克**	**19,995**	
政	（前）	**井口延次郎**	**16,255**	
政	（前）	**伊阪秀五郎**	**14,379**	
民		宮村隆治	8,463	
實同		小村庄七	6,711	
			法定得票數	6,280
中		谷田志摩生	2,970	
			供託金沒收限界	2,512
民		山崎新一	1,625	

有効投票總數	合計	**125,597**
此の内 當選票數 8 割 4 分		105,828
此の内 落選票數 1 割 6 分		19,769

黨派別得票數		
	政	60,051
	民	55,865
	中	2,970
	實同	6,711

黨派別得票數に案分すれば　政 3, 民 2

三重縣第二區

（宇治山田市、飯南郡、多氣郡、度會郡、志摩郡、北牟婁郡、南牟婁郡）

定員四人

有權者數	（名簿確定當時）	97,330
〃	（選擧當日現在）	96,378
投票總數		76,674
無効投票總數		493

黨派別		姓名	得票數	
民		**池田敬八**	**20,959**	
中	（前）	**尾崎行雄**	**19,070**	
政	（前）	**濱田國松**	**12,259**	
中		**岸本康道**	**10,718**	
政	（前）	安保庸三	10,086	
			法定得票數	4,761
勞農		河合秀夫	3,089	
			供託金沒收限界	1,905

有効投票總數		合計	**76,181**
此の内	當選票數 8 割 3 分		63,006
	落選票數 1 割 7 分		13,175

黨派別得票數	政	22,345
	民	20,959
	中	29,788
	他無	3,089

黨派別得票數に案分すれば　政 1,　民 1,　中 2

滋賀縣 (全縣一區)

定員五人

有權者數	(名簿確定當時)	150,763
〃	(選擧當日現在)	148,931
投票總數		121,888
無効投票總數		694

黨派別		姓名	得票數	
政	(前)	**清水銀藏**	**16,700**	
政	(元)	**安原仁兵衛**	**15,581**	
民	(前)	**堤 康次郎**	**15,008**	
民	(前)	**田中養達**	**14,885**	
政		**富田八郎**	**13,691**	
實同		堀部久太郎	12,461	
民		青木亮貫	10,994	
民		橋本二郎	8,758	
中	(前)	平井光三郎	6,087	
			法定得票數	6,060
政		丸橋茂平	5,501	
			供託金沒收限界	2,424
革新		大久保清治	1,161	
中		舟橋秀雄	367	

有効投票總數	合計	**121,194**
此の内 當選票數 6 割 3 分		75,865
此の内 落選票數 3 割 7 分		45,329

黨派別得票數 { 政 51,473　民 49,645　中 6,454
實同 12,461　革新 1,161 }

黨派別得票數に案分すれば　政 3,　民 2

京都府第一區

(上京區、下京區)

定員五人

有權者數	(名簿確定當時)	139,097
〃	(選擧當日現在)	137,580
投票總數		97,342
無効投票總數		544

黨派別		姓名	得票數	
民	(前)	**片岡直溫**	**17,507**	
民	(前)	**森田茂**	**13,158**	
革新	(前)	**田畸信藏**	**9,036**	
勞農		**水谷長三郎**	**8,781**	
政		**鈴木吉之助**	**8,226**	
實同	(前)	鷲野米太郎	7,754	
民		西村金三郎	6,156	
			法定得票數	4,840
民		中村三之亟	4,147	
中		增田伊三郎	3,924	
中		杉村勇次郎	3,564	
中	(元)	竹上藤次郎	3,369	
中		中川喜久	2,253	
社民		吉川末次郎	2,247	
			供託金沒收限界	1,936
民		福田關次郎	1,712	
中		松尾茂一	1,340	
中		日暮正路	1,193	
中		鈴木紋吉	1,166	

中	江羅直三郎	1,143
中	小島周作	122

有効投票總數		**96,798**
此の内	當選票數 5 割 9 分	56,708
	落選票數 4 割 1 分	40,090

黨派別得票數	政	8,226
	民	42,680
	中	18,074
	實同	7,754
	革新	9,036
	社民	2,247
	他無	8,781

黨派別得票數に案分すれば　民 4,　中 1

京都府第二區

（愛宕郡、葛野郡、乙訓郡、紀井郡、宇治郡、久世郡、綴喜郡、相樂郡、南桑田郡、北桑田郡、船井郡）

定員三人

有權者數	（名簿確定當時）	88,219
〃	（選擧當日現在）	87,509
投票總數		67,125
無効投票總數		432

黨派別	姓名	得票數	
民（前）	**川崎安之助**	**21,907**	
政	**磯邊清吉**	**14,972**	
勞農	**山本宣治**	**14,412**	
政（前）	長田桃藏	12,151	
		法定得票數	5,558
		供託金沒收限界	2,223
中	平原光親	2,181	
革	奥村治郎	1,070	
有効投票總數	合計	**66,693**	
此の内 當選票數 7 割 7 分		51,291	
此の内 落選票數 2 割 3 分		15,402	

黨派別得票數		
	政	27,123
	民	21,907
	中	2,181
	革新	1,070
	他無	14,412

黨派別得票數に案分すれば　政 1,　民 1,　他無 1

京都府第三區

（天田郡、何鹿郡、加佐郡、與謝郡、竹野郡、能野郡）

定員三人

有權者數	（名簿確定當時）	72,515
〃	（選擧當日現在）	71,586
投票總數		61,584
無効投票總數		385

黨派別	姓名	得票數	
政（前）	**吉村伊助**	**15,181**	
民（前）	**村上國吉**	**12,772**	
政	**水島彦一郎**	**10,550**	
民（元）	津原武	10,533	
中	高木半兵衞	9,812	
		法定得票數	5,100
政	朝日定之	2,351	
		供託金沒收限界	2,040

有効投票總數　合計　**61,199**

此の內
- 當選票數 6 割 3 分　38,503
- 落選票數 3 割 7 分　22,696

黨派別得票數
- 政　28,082
- 民　23,305
- 中　9,812

黨派別得票數に案分すれば　政 2,　民 1

備考　吉村伊助は昭和三年三月十五日死亡、これは補缺せられざる場合の嚆矢なり

大阪府第一區

（西區、港區）

定員三人

有權者數	（名簿確定當時）	93,753
〃	（選擧當日現在）	92,609
投票總數		59,553
無効投票總數		435

黨派別		姓名	得票數	
民		**一松定吉**	**11,708**	
政		**平賀周**	**7,784**	
民		**桝谷寅吉**	**7,301**	
民		石原善三郎	6,619	
政	（前）	板野友造	6,224	
社民		田萬淸臣	5,777	
			法定得票數	4,927
民	（前）	筒井民次郎	4,719	
實同	（前）	羽室庸之助	3,696	
勞農		野田律太	3,298	
			供託金沒收限界	1,971
革新		宮武茂平	781	
民		木村千幹	723	
中		重松又太郎	278	
中		武智正次郎	210	

有効投票總數	合計	**59,118**
此の内 當選票數4割5分		26,793
此の内 落選票數5割5分		32,325

黨派別得票數 政 14,008　民 31,070　中 488　實同 3,696
革新 781　社民 5,777　他無 3,298

黨派別得票數に案分すれば　政 1,　民 2

大阪府第二區

（南區、浪速區、天王寺區）

定員三人

有權者數	（名簿確定當時）	74,161
〃	（選擧當日現在）	73,368
投票總數		52,258
無効投票總數		381

黨派別		姓名	得票數	
民	（元）	**紫安新九郎**	**21,613**	
實同	（前）	**武藤山治**	**9,748**	
民	（前）	**沼田嘉一郎**	**7,054**	
			法定得票數	6,823
政	（前）	山本芳治	6,349	
革新	（元）	村田虎之助	3,804	
			供託金沒收限界	2,729
民		上原正成	1,823	
中		川西榮之祐	1,166	
中	（元）	岩田大中	320	
有効投票總數		合計	**51,877**	

此の内
- 當選票數 7 割 4 分　38,415
- 落選票數 2 割 6 分　13,462

黨派別得票數
- 政 6,349　民 30,490　中 1,486
- 實同 9,748　革新 3,804

黨派別得票數に案分すれば　民 3

備考　黨派別得票數に案分すれば實同の武藤氏は落選

大阪府第三區

（北區、此花區、東區）

定員四人

有權者數	（名簿確定當時）	102,746
〃	（選擧當日現在）	101,898
投票總數		74,165
無効投票總數		584

黨派別	姓名	得票數	
民（前）	**武内作平**	**16,211**	
民（前）	**廣瀬德藏**	**14,319**	
社民	**西尾末廣**	**12,126**	
政（前）	**吉津度**	**8,612**	
中（元）	今井嘉幸	5,953	
實同	田中治太郎	5,227	
政	上田孝吉	4,516	
		法定得票數	4,599
民	内藤正剛	4,080	
中	臼谷輝光	2,537	
		供託金沒收限界	1,840

有効投票總數	合計	**73,581**
此の内 當選票數 7 割 0 分		51,268
此の内 落選票數 3 割 0 分		22,313

黨派別得票數
- 政 13,128　民 34,610　中 8,490
- 實同 5,227　社民 12,126

黨派別得票數に案分すれば　政 1,　民 2,　社民 1

大阪府第四區

（西淀川區、西成區、東淀川區、東成區、住吉區）

定員四人

有權者數	（名簿確定當時）	172,364
〃	（選擧當日現在）	170,703
投票總數		111,890
無効投數總數		971

黨派別		姓名	得票數
社民		**鈴木文治**	**19,667**
民		**石川弘**	**14,741**
民	（前）	**吉川吉郎兵衛**	**13,356**
政	（前）	**森田政義**	**9,919**
中		酒井榮藏	8,494
労農		大橋治房	7,120
		法定得票數	6,920
民		本田彌一郎	5,487
實同		森本一雄	5,293
民		安城環	5,270
日労		坂本孝三郎	5,193
民		中山福藏	3,470
中		福井芳太郎	2,837
		供託金沒收限界	2,768
中		角源泉	2,738
中		赤田喜代松	2,481
政		榎本鹿太郎	2,115
民		本田喬行	1,684
中		山地只一	1,054

有效投票總數		合計	110,919
此の内	當選票數 5 割 2 分		57,683
	落選票數 4 割 8 分		53,236

黨派別得票數	政	12,034
	民	44,008
	中	17,604
	實同	5,293
	社民	19,667
	他無	12,313

黨派別得票數に案分すれば　民 2,　中 1,　社民 1

大阪府第五區

（三島郡、豊能郡、南河内郡、中河内郡、北河内郡）

定員四人

有權者數	(名簿確定當時)	116,650
〃	(選擧當日現在)	115,436
投票總數		94,409
無効投票總數		805

黨派別		姓名	得票數	
民	(前)	**田中萬逸**	**15,866**	
政	(前)	**岩崎幸治郎**	**15,767**	
民		**勝田永吉**	**12,616**	
民	(前)	**佐竹庄七**	**12,332**	
日勞		杉山元治郎	11,156	
政	(元)	相島勘次郎	10,773	
實同	(元)	高松正道	9,811	
			法定得票數	2,340
政		中村虎次郎	5,283	
			供託金沒收限界	2,340

有效投票總數	合計	**93,604**
此の内 當選票數 6割0分		56,581
此の内 落選票數 4割0分		37,023

黨派別得票數		
	政	31,823
	民	40,814
	實同	9,811
	他無	11,156

黨派別得票數に案分すれば　政 2，民 2

大阪府第六區

（堺市、岸和田市、泉北郡、泉南郡）

定員三人

有權者數	（名簿確定當時）	83,276
〃	（選擧當日現在）	82,359
投票總數		66,670
無効投票總數		733

黨派別	姓名	得票數	
民	**松田竹千代**	**15,212**	
民（前）	**井阪豊光**	**13,405**	
政（前）	**山口義一**	**12,427**	
中（元）	南鼎三	10,317	
革新	南惣一郎	7,835	
		法定得票數	5,495
民	白畠正造	4,602	
		供託金沒收限界	2,198
民	片木政治郎	2,139	
民	中林友信	——	
有效投票總數	合計	**65,937**	
此の内 當選票數6割2分		41,044	
此の内 落選票數3割8分		21,893	

黨派別得票數 政 12,427　民 35,358　中 10,317　革新 7,835

黨派別得票數に案分すれば　政 1,　民 2

備考　中林友信（民）は投票前々日死亡せるが故に候補者の人數計算上省く

兵庫縣第一區

（神戸市）

定員五人

有權者數	（名簿確定當時）	132,999
〃	（選擧當日現在）	131,893
投票總數		102,989
無効投票總數		753

黨派別	姓名	得票數	
民（元）	**野田文一郎**	**31,076**	
政（前）	**砂田重政**	**14,346**	
中	**藤原米造**	**12,236**	
日勞	**河上丈太郎**	**7,823**	
政	**中井一夫**	**7,477**	
		法定得票數	5,112
民	中亥歳男	4,790	
民	濱野鐵太郎	4,357	
實同（前）	森田金藏	4,158	
中	勝田銀次郎	3,703	
革	西田富三郎	3,692	
民	山本平三郎	2,982	
民	西見芳宏	2,812	
		供託金沒收限界	2,045
中	柚久保寅市	1,314	
社民	堤良明	791	
中	高田末吉	510	
中	丹治剛太郎	169	

有效投票總數　合計　**102,236**

此の内 {當選票數 7 割 1 分　72,958
　　　 {落選票數 2 割 9 分　29,278

黨派別得票數 {政 21,823　民 46,017　中 17,432　實同 4,158
　　　　　　 {革新 3,692　社民 791　他無 7,823

黨派別得票數に案分すれば　政 1，民 3，中 1

兵庫縣第二區

（尼ヶ崎市、西宮市、武庫郡、川邊郡、有馬郡、津名郡、三原郡）

定員四人

有權者數	（名簿確定當時）	129,122
〃	（選擧當日現在）	127,822
投票總數		98,396
無効投票總數		908

黨派別		姓名	得票數	
民	（前）	**前田房之助**	**25,097**	
政	（前）	**廣岡宇一郎**	**16,481**	
民	（前）	**小寺謙吉**	**15,444**	
中	（元）	**山邑太三郎**	**10,120**	
政		蔭山貞吉	10,040	
社民		米窪滿亮	6,097	
			法定得票數	6,093
勞農		近内金光	4,907	
實同		森田茂樹	4,531	
中		三崎省三	3,724	
			供託金沒收限界	2,437
中		三輪強	1,047	

有效投票總數　合計　**97,488**

此の内
- 當選票數 6 割 9 分　67,142
- 落選票數 3 割 1 分　30,346

黨派別得票數
- 政 26,521　民 40,541　中 14,891
- 實同 4,531　社民 6,097　他無 4,907

黨派別得票數に案分すれば　政 1，民 2，中 1

備考　山邑太三郎當選直後死亡、次點者蔭山貞吉當選

兵庫縣第三區

（明石市、明石郡、美嚢郡、加東郡、多可郡、加西郡、加古郡、印南郡）

定員三人

有權者數	（名簿確定當時）	88,955
〃	（選擧當日現在）	88,273
投票總數		69,754
無効投票總數		574

黨派別	姓名	得票數	
民	**三宅利平**	**21,827**	
政	**青木雷三郎**	**12,736**	
政	**山本唯次**	**10,935**	
日勞	吉田賢一	8,689	
		法定得票數	5,675
民（元）	內藤濱治	5,569	
中	稻村修道	4,461	
民	福田正俊	4,438	
		供託金沒收限界	2,306
中	佐野茂	525	

有効投票總數	合計	**69,180**
此の內	當選票數 6 割 6 分	45,498
	落選票數 3 割 4 分	23,682

黨派別得票數		
	政	23,671
	民	31,834
	中	4,986
	他無	8,689

黨派別得票數に案分すれば　政 1,　民 2

兵庫縣第四區

（姫路市、飾磨郡、神崎郡、揖保郡、赤穂郡、佐用郡、宍粟郡）

定員四人

有權者數	（名簿確定當時）	97,778
〃	（選擧當日現在）	96,566
投票總數		81,378
無効投票總數		546

黨派別	姓名	得票數	
民	**大野敬吉**	**19,543**	
政（前）	**原惣兵衛**	**15,292**	
政（前）	**土井權大**	**12,833**	
革新（前）	**清瀬一郎**	**12,150**	
民（前）	田中武雄	12,016	
		法定得票數	5,052
中	內海正名	4,300	
民	古河和一郎	2,843	
		供託金沒收限界	2,021
中	多田友雄	1,425	
中	田淵巖	430	

有効投票總數	合計	**80,832**
此の內 當選票數 7割4分		59,818
此の內 落選票數 2割6分		21,014

黨派別得票數 政 28,125　民 34,402　中 6,155　革新 12,150

黨派別得票數に案分すれば　政 2，民 2

備考　清瀬氏前回の選擧區は大阪府舊第三區

兵庫縣第五區

（城崎郡、出石郡、養父郡、朝來郡、美方郡、氷上郡、多紀郡）

定員三人

有權者數	（名簿確定當時）	82,033
〃	（選擧當日現在）	80,987
投票總數		61,238
無効投票總數		558

黨派別	姓名	得票數
民（前）	**齋藤隆夫**	**23,348**
民	**田昌**	**14,679**
政（前）	**若宮貞夫**	**14,127**
政（前）	尾崎勇治郎	7,182
	法定得票數	5,055
	供託金沒收限界	2,023
中	橋本五郎	1,344

有効投票總數	合計	**60,680**
此の内 當選票數 8割6分		52,154
此の内 落選票數 1割4分		8,526

黨派別得票數		
	政	21,309
	民	38,027
	中	1,344

黨派別得票數に案分すれば　政 1,　民 2

奈良縣（全縣一區）

定員五人

有權者數	（名簿確定當時）	125,181
〃	（選擧當日現在）	124,017
投票總數		104,768
無効投票總數		781

黨派別	姓名	得票數	
政	**森本千吉**	**16,481**	
民（前）	**八木逸郎**	**14,355**	
政	**岩本武助**	**12,243**	
民（前）	**福井甚三**	**11,700**	
民	**松尾四郎**	**11,002**	
政	今村奇男	9,084	
中	服部教一	9,050	
勞農	清原一隆	8,779	
中	江藤源九郎	5,811	
		法定得票數	5,199
革（前）	馬場義輿	4,565	
		供託金沒收限界	2,080
中	奥田信義	917	
有効投票總數	合計	**103,987**	
此の内 當選票數 6 割 3 分		65,781	
此の内 落選票數 3 割 7 分		38,206	

黨派別得票數 ｛政 37,808　民 37,057　中 15,778
　　　　　　　 革新 4,565　他無 8,779

黨派別得票數に案分すれば　政 2,　民 2,　中 1

和歌山縣第一區

（和歌山市、海草郡、那賀郡、伊都郡）

定員三人

有權者數	（名簿確定當時）	92,388
〃	（選擧當日現在）	91,422
投票總數		75,275
無効投票總數		711

黨派別		姓名	得票數
政		**木本主一郎**	**18,397**
民		**山崎傳之助**	**16,953**
民	（前）	**中村啓次郎**	**16,907**
政	（前）	松山常次郎	13,089
政	（前）	隅田豐吉	9,218

法定得票數 6,164
供託金沒收限界 2,466

有効投票總數	合計	**74,564**
此の内	當選票數 7 割 0 分	52,257
	落選票數 3 割 0 分	22,307

黨派別得票數	政	40,704
	民	33,860

黨派別得票數に案分すれば　政 2,　民 1

和歌山縣第二區

（有田郡、日高郡、西牟婁郡、東牟婁郡）

定員三人

有權者數	（名簿確定當時）	82,609
〃	（選擧當日現在）	81,876
投票總數		59,908
無効投票總數		475

黨派別	姓名	得票數	
民（元）	**小山谷藏**	**19,191**	
政（前）	**中村巍**	**11,058**	
中（前）	**田淵豊吉**	**10,437**	
政	那須彌次郎	8,784	
政	世耕弘一	6,832	
		法定得票數	4,953
民	堀田馨一	2,011	
		供託金沒收限界	1,981
中	角猪之助	1,119	
有効投票總數	合計	**59,432**	

此の内
- 當選票數 6 割 8 分　40.686
- 落選票數 3 割 2 分　18,746

黨派別得票數
- 政　26,674
- 民　21,202
- 中立　11,556

黨派別得票數に案分すれば　政 2,　民 1

鳥取縣（全縣一區）

定員四人

有權者數	（名簿確定當時）	103,018
〃	（選擧當日現在）	101,975
投票總數		93,242
無効投票總數		935

黨派別	姓名	得票數	
政	**豊田收**	**19,625**	
政	**矢野晋也**	**18,052**	
民（前）	**三好榮次郎**	**16,435**	
民（前）	**谷口源十郎**	**15,843**	
民（前）	山桝儀重	14,873	
		法定得票數	5,777
勞農	村上吉藏	4,355	
		供託金沒收限界	2,310
日勞	稲田直道	2,671	
中立	寺崎勝治	408	
中立	藤田幸太郎	45	
有効投票總數	合計	**92,307**	

此の内
- 當選票數 7 割 6 分　69,955
- 落選票數 2 割 4 分　22,352

黨派別得票數
- 政　37,677
- 民　47,151
- 他無　7,026
- 中立　453

黨派別得票數に案分すれば　政 2，民 2

島根縣第一區

（松江市、八束郡、能義郡、仁多郡、大原郡、簸川郡、隱岐郡）

定員三人

有權者數	（名簿確定當時）	94,448
〃	（選擧當日現在）	93,243
投票總數		78,009
無効投票總數		343

黨派別	姓名	得票數	
民（前）	**木村小左衞門**	**26,172**	
民（前）	**櫻內幸雄**	**20,537**	
民（前）	**原夫次郎**	**15,121**	
政（前）	古川清	11,693	
		法定得票數	6,472
日勞	福田狂二	4,143	
		供託金沒收限界	2,589

有効投票總數	合計	**77,666**
此の內 當選票數8割0分		61,830
此の內 落選票數2割0分		15,836

黨派別得票數	政	11,693
	民	61,830
	他無	4,143

黨派別得票數に案分すれば　民 3

島根縣第二區

（飯石郡、安濃郡、邇摩郡、邑智郡、那賀郡、美濃郡、鹿足郡）

定員三人

有權者數	（名簿確定當時）	80,358
〃	（選擧當日現在）	79,445
投票總數		67,324
無効投票總數		573

黨派別	姓名	得票數	
民（前）	**俵　孫一**	**22,689**	
政（元）	**島田俊雄**	**19,589**	
中立	**沖島鎌三**	**11,135**	
民	山崎定道	6,425	
		法定得票數	5,563
民	横山正造	3,520	
中立	升田憲元	3,393	
		供託金沒收限界	2,225

有効投票總數	合計	**66,751**
此の内 當選票數 8 割 0 分		53,413
此の内 落選票數 2 割 0 分		13,338

黨派別得票數	
政	19,589
民	32,634
中立	14,528

黨派別得票數に案分すれば　政 1，民 2

岡山縣第一區

（岡山市、御津郡、赤磐郡、和氣郡、上道郡、眞庭郡、苫田郡、勝田郡、英田郡、久米郡）

定員五人

有權者數	（名簿確定當時）	141,379
〃	（選擧當日現在）	139,257
投票總數		111,890
無効投票總數		979

黨派別		姓名	得票數	
中立		**鶴見祐輔**	**24,648**	
政		**玉野知義**	**14,499**	
政	（前）	**岡田忠彦**	**14,118**	
政		**横山泰造**	**14,109**	
政		**久山知之**	**11,970**	
政	（前）	難波清人	11,267	
民	（前）	清水長鄕	7,371	
			法定得票數	5,546
勞農		三木靜次郎	5,154	
民		光島美作夫	4,209	
革新	（元）	野間五造	3,566	
			供託金沒收限界	2,218

有効投票總數	合計	**110,911**
此の内	當選票數 7 割 2 分	79,344
	落選票數 2 割 8 分	31,567

黨派別得票數		
	政	65,963
	民	11,580
	中立	24,648
	革新	3,566
	他無	5,154

黨派別得票數に案分すれば　政 4,　中 1

岡山縣第二區

（兒島郡、都窪郡、淺口郡、小田那、後月郡、
吉備郡、上房郡、川上郡、阿哲郡）

定員五人

有權者數	（名簿確定當時）	142,612
〃	（選擧當日現在）	140,955
投票總數		109,102
無効投票總數		960

黨派別		姓名	得票數	
民	（前）	**小川鄉太郎**	**26,528**	
民	（前）	**西村丹治郎**	**23,718**	
政	（前）	**星島二郎**	**14,433**	
政		**小谷節夫**	**14,010**	
政	（前）	**犬養毅**	**13,680**	
政	（前）	高草美代藏	11,311	
			法定得票數	5,407
勞農		難波英夫	4,462	
			供託金沒收限界	2,163

有効投票總數	合計	**108,142**
此の内	當選票數 8 割 5 分	92,369
	落選票數 1 割 5 分	15,773

黨派別得票數	政	53,434
	民	50,246
	他無	4,462

黨派別得票數に案分すれば　政 3,　民 2

廣島縣第一區

（廣島市、佐伯郡、安佐郡、山縣郡、高田郡）

定員四人

有權者數	（名簿確定當時）	112,277
〃	（選擧當日現在）	111,078
投票總數		82,731
無効投票總數		843

黨派別		姓名	得票數	
民	（前）	**藤田若水**	**13,808**	
政		**岸田正記**	**12,784**	
政	（前）	**名川侃市**	**12,704**	
民		**森　祐昌**	**12,070**	
民	（前）	荒川五郎	11,434	
中	（前）	江藤榮吉	8,453	
中		藤野哲雄	8,156	
			法定得票數	5,118
中		森　寅重	2,479	
			供託金沒收限界	2,047

有効投票總數　合計　81,888

此の内
- 當選票數 6 割 3 分　51,366
- 落選票數 3 割 7 分　30,522

黨派別得票數
- 政　25,488
- 民　37,312
- 中　19,088

黨派別得票數に案分すれば　政 1,　民 2,　中 1

廣島縣第二區

(吳市、安藝郡、賀茂郡、豐田郡)

定員四人

有權者數	(名簿確定當時)	109,392
〃	(選擧當日現在)	108,499
投票總數		83,580
無効投票總數		868

黨派別		姓名	得票數
政	(前)	**望月圭介**	**16,086**
民	(前)	**山道襄一**	**15,888**
民	(元)	**宮原幸三郎**	**13,310**
政		**肥田琢司**	**11,561**
民		田中貢	10,739
民		木原七郎	8,111
政	(前)	渡邊伍	7,017

法定得票數 5,170

供託金沒收限界 2,068

有効投票總數 合計 **82,712**

此の内
- 當選票數 6 割 9 分 56,845
- 落選票數 3 割 1 分 25,867

黨派別得票數
- 政 34,664
- 民 48,048

黨派別得票數に案分すれば 政 2, 民 2

廣島縣第三區

（尾道市、福山市、御調郡、世羅郡、沼隈郡、深安郡、蘆品郡、神石郡、甲坂郡、雙三郡、比婆郡）

定員五人

有權者數	（名簿確定當時）	135,873
〃	（選擧當日現在）	134,377
投票總數		108,961
無効投票總數		1,042

黨派別		姓名	得票數	
政	（前）	**島居哲**	**12,746**	
政		**宮澤裕**	**12,230**	
政		**小山寛藏**	**12,133**	
民		**作田高太郎**	**11,147**	
民	（前）	**横山金太郎**	**10,618**	
民		土屋寛	10,236	
政	（元）	門田新松	7,687	
政		木舍幾三郎	7,422	
政		米田規矩馬	7,112	
革新	（前）	湯淺凡平	5,917	
			法定得票數	5,396
民	（元）	吉田中	4,442	
中		原侑	2,858	
中		藤井眞	2,655	
			供託金沒收限界	2,158
中		兒玉靜一	716	

有効投票總數　合計　**107,919**

此の内 { 當選票數 5 割 5 分　58,874
　　　　 落選票數 4 割 5 分　49,045

黨派別得票數 { 政 59,330　民 36,443　革新 5,917
　　　　　　　 中 6,229

黨派別得票數に案分すれば　政 3,　民 2

山口縣第一區

（下關市、宇部市、厚狭郡、豐浦郡、美禰郡、大津郡、阿武郡）

定員四人

有權者數	（名簿確定當時）	114,020
〃	（選擧當日現在）	112,748
投票總票		91,715
無効投票總數		1,350

黨派別		姓名	得票數
政		**久原房之助**	**18,118**
政		**庄　晋太郎**	**17,003**
政		**桝谷音三**	**14,410**
民	（元）	**藤井啓一**	**10,522**
政		磯部國四郎	9,084
民	（元）	三隅哲雄	6,726
政		安部寛	6,180
政	（前）	秋田寅之介	6,142
		法定得票數	5,648
		供託金沒收限界	2,259
中		磯部撿藏	2,180

有効投票總數	合計	**90,365**
此の内	當選票數6割6分	60,053
	落選票數3割4分	30,312

黨派別得票數	政	70,937
	民	17,248
	中	2,180

黨派別得票數に案分すれば　政 4

山口縣第二區

（大島郡、玖珂郡、熊毛郡、都濃郡、佐波郡、吉敷郡）

定員五人

有權者數	（名簿確定當時）	133,658
〃	（選擧當日現在）	132,286
投票總數		97,481
無効投票總數		1,102

黨派別		姓名	得票數	
民		**澤本與一**	**16,761**	
政		**葛原猪平**	**15,227**	
政	（前）	**兒玉右二**	**14,114**	
政	（前）	**吉木陽**	**13,948**	
政		**西村茂生**	**13,930**	
政	（元）	窪井義道	12,833	
民		小河虎彥	7,499	
			法定得票數	4,819
中		吉原月香	2,067	
			供託金沒收限界	1,928

有効投票總數　合計　**96,379**

此の内 { 當選票數 7 割 7 分　73,980
　　　 { 落選票數 2 割 3 分　22,399

黨派別得票數 { 政　70,052
　　　　　　 { 民　24,260
　　　　　　 { 中　2,067

黨派別得票數に案分すれば　政 4,　民 1

徳島縣第一區

(徳島市、名東郡、勝浦郡、那賀郡、海部郡、名西郡)

定員三人

有權者數	(名簿確定當時)	76,956
〃	(選擧當日現在)	75,995
投票總數		58,193
無効投票總數		577

黨派別	姓名	得票數
民 (前)	**原田佐之治**	**12,427**
政 (前)	**生田和平**	**12,131**
政 (元)	**淺石惠八**	**11,714**
民 (前)	谷原公	11,494
政	多田忠七	9,850

法定得票數 4,801

供託金沒收限界 1,921

有効投票總數	合計	**57,616**
此の内 當選票數 6割3分		36,272
此の内 落選票數 3割7分		21,344

黨派別得票數	政	33,695
	民	23,921

黨派別得票數に案分すれば 政 2, 民 1

徳島縣第二區

（板野郡、阿波郡、麻植郡、美馬郡、三好郡）

定員三人

有權者數	（名簿確定當時）	77,968
〃	（選擧當日現在）	77,238
投票總數		60,181
無効投票總數		565

黨派別	姓名	得票數
政（前）	**秋田清**	**18,768**
民	**眞鍋勝**	**15,859**
民（前）	**高島兵吉**	**13,445**
政	三井貞七	11,544
	法定得票數	4,885
	供託金沒收限界	1,954

有効投票總數　合計　**59,616**

此の内 {當選票數 8 割 1 分　48,072
　　　 {落選票數 1 割 9 分　11,544

黨派別得票數 {政　30,312
　　　　　　 {民　29,304

黨派別得票數に案分すれば　政 2,　民 1

香川縣第一區

（高松市、大川郡、木田郡、小豆郡、香川郡）

定員三人

有權者數	（名簿確定當時）	73,900
〃	（選擧當日現在）	73,196
投票總數		58,694
無効投票總數		783

黨派別	姓名	得票數
政	**宮脇長吉**	**19,717**
民（前）	**小西和**	**17,537**
民（前）	**戸澤民十郎**	**12,776**
勞農	上村進	7,881

法定得票數　4.826

供託金沒收限界　1,930

有効投票總數　合計　**57,911**

此の内	當選票數 8 割 6 分	50,030
	落選票數 1 割 4 分	7,881

黨派別得票數	政	19,717
	民	30,313
	他無	7,881

黨派別得票數に按分すれば　政 1，民2

香川縣第二區

（九龜市、綾歌郡、仲多度郡、三豐郡）

定員三人

有權者數	（名簿確定當時）	79,037
〃	（選擧當日現在）	78,210
投票總數		65,287
無効投票總數		625

黨派別	姓名	得票數	
政（前）	**三土忠造**	**20,337**	
政（前）	**山下谷次**	**16,364**	
民（前）	**松田三德**	**16,284**	
勞農	大山郁夫	8,946	
		法定得票數	5.416
日勞	藤本金助	1,812	
民	秋山賁	919	
		供託金沒收限界	2,166

有効投票總數	合計	**64,662**
此の内	當選票數 8 割 2 分	52,985
	落選票數 1 割 8 分	11,677

黨派別得票數	政	36,701
	民	17,203
	他無	10,758

黨派別得票數に按分すれば　政 2,　民 1

愛媛縣第一區

（松山市、溫泉郡、伊豫郡、上浮穴郡、喜多郡）

定員三人

有權者數	（名簿確定當時）	83,822
〃	（選擧當日現在）	82,993
投票總數		70,672
無効投票總數		1,321

黨派別	姓名	得票數	
政	**須之内品吉**	**15,901**	
政（前）	**高山長幸**	**13,853**	
政（元）	**岩崎一高**	**12,495**	
民	武知勇知	11,531	
民	松田喜三郎	11,216	
		法定得票數	5,777
中（前）	成田榮信	2,605	
		供託金沒收限界	2,312
中	石丸富太郎	1,750	
有効投票總數	合計	**69,351**	
此の内 當選票數 6 割 1 分		42,249	
此の内 落選票數 3 割 9 分		27,102	

黨派別得票數		
	政	42,249
	民	22,747
	中	4,355

黨派別得票數に按分すれば　政 2,　民1

愛媛縣第二區

(今治市、越智郡、周桑郡、新居郡、宇摩郡)

定員三人

有權者數	(名簿確定當時)	78,760
〃	(選擧當日現在)	78,148
投票總數		60,522
無効投票總數		816

黨派別		姓名	得票數
政	(前)	**河上哲太**	**14,393**
政		**竹内鳳吉**	**12,429**
民	(前)	**小野寅吉**	**12,357**
民	(前)	村上紋四郎	12,097
勞農		小岩井淨	8,430

法定得票數 4,976

供託金沒收限界 1,990

有効投票總數	合計	**59,706**
此の内	當選票數 6 割 6 分	39,179
	落選票數 3 割 4 分	20,527

黨派別得票數	政	26,822
	民	24,454
	他無	8,430

黨派別に按分すれば　政 2,　民 1

愛媛縣第三區

（宇和島市、西宇和郡、東宇和郡、北宇和郡、南宇和郡）

定員三人

有權者數	（名簿確定當時）	73,945
〃	（選擧當日現在）	73,243
投票總數		59,609
無効投票總數		923

黨派別		姓名	得票數
政		**二神俊吉**	**16,121**
民	（元）	**村松恒一郎**	**14,736**
政	（前）	**佐々木長治**	**14,218**
政		清家吉次郎	13,611

法定得票數 4,891

供託金沒收限界 1,956

有効投票總數	合計	**58,686**
此の内	當選票數 7 割 7 分	45,075
	落選票數 2 割 3 分	13,611

黨派別得票數	政	43,950
	民	14,736

黨派別得票數に按分すれば　政 2,　民1

高知縣第一區

（高知市、安藝郡、香美郡、長岡郡、土佐郡）

定員三人

有權者數	（名簿確定當時）	78,154
〃	（選擧當日現在）	77,309
投票總數		56,986
無効投票總數		469

黨派別	姓名	得票數	
政（前）	**中谷貞頼**	**16,722**	
民（前）	**濱口雄幸**	**15,758**	
民（前）	**富田幸次郎**	**15,342**	
中（前）	大石大	8,355	
		法定得票數	4,710
		供託金沒收限界	1,884
實同	入交好徳	340	

有効投票總數 合計 **56,517**

此の内
- 當選票數 8 割 5 分 47,822
- 落選票數 1 割 5 分 8,695

黨派別得票數
- 政 16,722
- 民 31,100
- 中 8,355
- 實同 340

黨派別得票數に按分すれば　政 1,　民 2

高知縣第二區

（吾川郡、高岡郡、幡多郡）

定員三人

有權者數	（名簿確定當時）	79,470
〃	（選擧當日現在）	78,451
投票總數		54,027
無効投票總數		554

黨派別	姓名	得票數
民（前）	**下元鹿之助**	**14,146**
民	**大西正幹**	**14,088**
政	**坂本志魯雄**	**12,051**
政	林　讓治	11,892
中	佐竹晴記	1,296

法定得票數 4,456

供託金沒收限界 1,782

有効投票總數　合計　**53,473**

此の內
- 當選票數 7 割 5 分　40,285
- 落選票數 2 割 5 分　13,188

黨派別得票數
- 政　23,943
- 民　28,234
- 中　1,296

黨派別得票數に按分すれば　政 1,　民 2

福岡縣第一區

（福岡市、糟屋郡、宗像郡、朝倉郡、筑紫郡、甲良郡、絲島郡）

定員四人

有權者數	（名簿確定當時）	110,127
〃	（選擧當日現在）	108,911
投票總數		92,913
無効投票總數		681

黨派別	姓名	得票數	
民（前）	**中野正剛**	**18,761**	
政（前）	**山口恒太郎**	**16,639**	
政	**宮川一貫**	**13,548**	
政	**多田勇雄**	**12,918**	
民（前）	河波荒次郎	11,994	
民	久世傭夫	8,739	
勞農	松本治一郎	5,992	
		法定得票數	5,615
		供託金沒收限界	2,306
中	高崎正戸	1,929	
實同	高岩勘次郎	934	
日農	佐伯仙之助	778	
有効投票總數	合計	**92,232**	
此の內 當選票數 6 割 7 分		61,866	
此の內 落選票數 3 割 3 分		30,366	

黨派別得票數		
	政	43,105
	民	39,494
	中	1,929
	實同	934
	他無	6,770

黨派別得票數に按分すれば　政 2,　民 2

福岡縣第二區

（若松市、八幡市、戸畑市、遠賀郡、鞍手郡、嘉穂郡）

定員五人

有權者數	（名簿確定當時）	126,108
〃	（選擧當日現在）	124,768
投票總數		104,790
無効投票總數		1,422

黨派別		姓名	得票數	
地無		**淺原健三**	**23,015**	
社民		**龜井貫一郎**	**13,962**	
政		**久恒貞雄**	**12,640**	
民	（前）	**大里廣次郎**	**12,088**	
民	（前）	**吉田磯吉**	**10,627**	
政		石崎敏行	10,273	
政		岩崎壽嘉藏	9,928	
民	（元）	定行八郎	9,853	
			法定得票數	5,615
			供託金沒收限界	2,306
中		式正次	891	
地無		高野清八郎	91	

有効投票總數　合計　**103,368**

此の内
- 當選票數 7割0分　72,332
- 落選票數 3割0分　31,036

黨派別得票數
- 政 32,841　民 32,568　中 891
- 社民 13,962　他無 23,106

黨派別得票數に案分すれば　政 2,　民 2,　他無 1

備考　地無は地方無產の略稱

福岡縣第三區

（久留米市、大牟田市、浮羽郡、三井郡、三潴郡、八女郡、山内郡、三池郡）

定員五人

有權者數	（名簿確定當時）	131,318
〃	（選擧當日現在）	129,857
投票總數		111,107
無効投票總數		1,127

黨派別		姓名	得票數	
政	（前）	**山崎達之輔**	**16,672**	
政	（前）	**野田俊作**	**14,616**	
政	（前）	**有馬秀雄**	**11,986**	
民	（元）	**臼田久内**	**11,974**	
中	（前）	**大内暢三**	**9,819**	
政	（元）	樋口典常	9,727	
政	（前）	具谷眞孜	8,218	
民	（前）	堀田義次郎	7,356	
			法定得票數	5,499
實同	（前）	古林喜代太	5,403	
中		高倉寛	5,285	
勞農		重松愛三郎	2,623	
日農		大石榮	2,393	
			供託金沒收限界	2,200
民	（元）	淺野陽吉	2,003	
中		宇都宮良久	1,905	

有効投票總數 合計 **109,980**

此の内 當選票數5割9分 65,067
落選票數4割1分 44,913

黨派別得票數 政 61,219 民 21,333 中 17,009
實同 5,403 他無 5,016

黨派別得票數に按分すれば 政3, 民1, 中1

福岡縣第四區

（小倉市、門司市、企救郡、田川郡、京都郡、築上郡）

定員四人

有權者數	（名簿確定當時）	97,854
〃	（選擧當日現在）	96,825
投票總數		80,366
無効投票總數		1,323

黨派別	姓名	得票數	
政（前）	**内野辰次郎**	**16,096**	
民	**勝正憲**	**15,977**	
民	**末松偕一郎**	**14,402**	
政（前）	**坂井大輔**	**13,788**	
中	藤井玄瀛	8,156	
		法定得票數	4,940
社民	小池四郎	3,173	
中	清水行之助	2,681	
		供託金沒收限界	1,976
實同	戒能榮三郎	1,474	
勞農	德田球一	1,446	
政（元）	鮎川盛貞	1,145	
中	佐藤一雄	705	

有効投票總數	合計	**79,043**
此の内	當選票數 7 割 6 分	60,263
	落選票數 2 割 4 分	18,780

黨派別得票數		
	政	31,029
	民	30,379
	中	11,542
	實同	1,474
	社民	3,173
	他無	1,446

黨派別得票數に按分すれば　政 2,　民 2

佐賀縣第一區

（佐賀市、佐賀郡、神崎郡、三養基郡、小城郡）

定員三人

有權者數	（名簿確定當時）	57,520
〃	（選擧當日現在）	56,846
投票總數		49,338
無効投票總數		392

黨派別	姓名	得票數	
民（前）	**福田五郎**	**12,969**	
政	**石井次郎**	**10,188**	
政	**田中亮一**	**9,538**	
民	栗山賚四郎	9,304	
		法定得票數	4,079
中	後藤澄心	3,889	
中	岸川岩次郎	3,058	
		供託金沒收限界	1,632

有効投票總數　合計　**48,946**

此の内 { 當選票數 6 割 7 分　32,695
　　　　落選票數 3 割 3 分　16,251 }

黨派別得票數 { 政　19,726
　　　　　　　民　22,273
　　　　　　　中　6,947 }

黨派別得票數に按分すれば　政 1,　民 2

佐賀縣第二區

（東松浦郡、西松浦郡、杵島郡、藤津郡）

定員三人

有權者數	（名簿確定當時）	76,570
〃	（選擧當日現在）	75,691
投票總數		65,319
無効投票總數		833

黨派別	姓名	得票數
民	**森　峰一**	**19,790**
民（前）	**西　英太郎**	**15,981**
政（前）	**川原茂輔**	**14,427**
政（前）	田口文次	14,288

法定得票數 5,384

供託金沒收限界 2,150

有効投票總數	合計	**64,486**
此の内　當選票數 7 割 8 分		50,198
此の内　落選票數 2 割 2 分		14,288

黨派別得票數
- 政 28,715
- 民 35,771

黨派別得票數に按分すれば　政 1,　民 2

長崎縣第一區

（長崎市、西彼杵郡、北高來郡、南高來郡、對島）

定員五人

有權者數	（名簿確定當時）	136,358
〃	（選舉當日現在）	134,549
投票總數		104,996
無効投票總數		1,757

黨派別		姓名	得票數	
政	（元）	**西岡竹次郎**	**20,218**	
政	（前）	**向井倭雄**	**19,545**	
民	（前）	**則元由庸**	**10,774**	
民	（前）	**志波安一郎**	**10,690**	
民		**本田英作**	**10,421**	
民		田崎武男	10,078	
中	（前）	橋本喜藏	9,082	
			法定得票數	5,130
政		草野義一	4,906	
中		相川米太郎	3,314	
			供託金沒收限界	2,065
中		宇和川義瑞	1,736	
民		堀川直吉	1,726	
中		田中正義	407	
中		福田德久	342	

有効投票總數	合計	**103,239**
此の内 當選票數 6 割 9 分		71,648
此の内 落選票數 3 割 1 分		31,591

黨派別得票數	政	44,669
	民	43,689
	中	14,881

黨派別得票數に按分すれば　政 3，民 2

長崎縣第二區

（佐世保市、東彼杵郡、北松浦郡、南松浦郡、壹岐郡）

定員四人

有權者數	（名簿確定當時）	99,834
〃	（選擧當日現在）	98,479
投票總數		77,563
無効投票總數		1,235

黨派別	姓名	得票數	
民（前）	**牧山耕藏**	**15,370**	
民（前）	**森　肇**	**13,787**	
政	**齋藤　巖**	**12,310**	
民（前）	**本田恒之**	**9,001**	
中	佐保畢雄	8,697	
民	中田正輔	6,776	
		法定得票數	4,771
民	眞邊儀十	3,515	
地無	太田黑彦八	3,438	
		供託金沒收限界	1,908
中	橋口九十馬	1,725	
政	今里準太郎	1,709	

有効投票總數	合計	**76,328**
此の内	當選票數 6 割 6 分	50,468
	落選票數 3 割 4 分	25,860

黨派別得票數		
	政	14,019
	民	48,449
	中	10,422
	他無	3,438

黨派別得票數に按分すれば　政 1,　民 3

備考　地無は地方無産の略稱

熊本縣第一區

(熊本市、飽託郡、五名郡、鹿本郡、菊池郡、阿蘇郡)

定員五人

有權者數	(名簿確定當時)	130,957
〃	(選擧當日現在)	129,652
投票總數		107,804
無効投票總數		973

黨派別	姓名	得票數
民（前）	**小橋一太**	**19,855**
民（元）	**平山岩彦**	**19,658**
政（元）	**松野鶴平**	**18,839**
民（前）	**大麻唯男**	**18,597**
政（前）	**原田十衞**	**15,216**
政（元）	中島照寛	14,666

法定得票數 5,342

供託金沒收限界 2,137

有効投票總數 合計 **106,831**

此の内 當選票數 8 割 6 分 92,165

此の内 落選票數 1 割 4 分 14,666

黨派別得票數 政 48,721

黨派別得票數 民 58,110

黨派別得票數に按分すれば 政 2, 民 3

熊本縣第二區

（宇土郡、上益城郡、下益城郡、八代郡、葦北郡、球磨郡、天草郡）

定員五人

有權者數	（名簿確定當時）	142,897
〃	（選擧當日現在）	141,419
投票總數		116,227
無効投派總數		3,014

黨派別		姓名	得票數
民		**深水淸**	**19,386**
政		**中野猛雄**	**18,716**
政	（元）	**上塚司**	**17,141**
民	（前）	**安達謙藏**	**16,691**
政	（前）	**中山貞雄**	**15,633**
民	（前）	池田泰親	13,241
政		高島愛之	12,405

法定得票數 5,661

供託金沒收限界 2,264

有効投票總數 合計 **113,213**

此の内	當選票數 7 割 7 分	87,567
	落選票數 2 割 3 分	25,646

黨派別得票數	政	63,895
	民	49,318

黨派別得票數に按分すれば　政 3,　民 2

備考　無効投票數が實數に於て全國中一番多い選擧區なり

大分縣第一區

（大分市、大分郡、北海部郡、南海部郡、大野郡、直入郡、玖球郡、日田郡）

定員四人

有權者數	（名簿確定當時）	123,650
〃	（選擧當日現在）	122,325
投票總數		97,742
無効投票總數		785

黨派別	姓名	得票數
民（元）	**一宮房治郎**	**22,611**
民（前）	**松田源治**	**20,511**
政（前）	**三浦數平**	**20,132**
政（前）	**金光庸夫**	**19,233**
政	御手洗覺圓	14,470

法定得票數　6,060

供託金沒收限界　2,424

有効投票總數　合計　**96,957**

此の内		
	當選票數 8 割 5 分	82,487
	落選票數 1 割 5 分	14,470

黨派別得票數		
	政	53,835
	民	43,122

黨派別得票數に按分すれば　政 2，民 2

大分縣第二區

（別府市、西國東郡、東國東郡、速見郡、下毛郡、宇佐郡）

定員三人

有權者數	（名簿確定當時）	76,985
〃	（選擧當日現在）	76,130
投票總數		65,804
無効投票總數		590

黨派別	姓名	得票數
政	**成清信愛**	**17,857**
政（前）	**元田肇**	**17,536**
民（前）	**重松重治**	**15,144**
民	堀内松十郎	14,677

法定得票數 5,435

供託金沒收限界 2,174

有効投票總數 合計 **65,214**

此の内
- 當選票數 7割7分 50,537
- 落選票數 2割3分 14,677

黨派別得票數
- 政 35,393
- 民 29,821

黨派別得票數に按分すれば 政 2, 民 1

宮崎縣 (全縣一區)

定員五人

有權者數	(名簿確定當時)	147,188
〃	(選擧當日現在)	145,782
投票總數		101,172
無効投票總數		1,081

黨派別	姓名	得票數
民	**二見甚郷**	**16,974**
民	**鈴木憲太郎**	**14,002**
民	**三浦虎雄**	**13,431**
民	**水久保甚作**	**11,250**
政	**矢野力治**	**10,614**
民 (前)	陣軍吉	9,343
政	坂本藤八	8,139
政 (前)	坂梨哲	7,674
民	津留雄三	6,966
	法定得票數	5,011
	供託金沒收限界	2,004
政	菊地秋四郎	1,698
有効投票總數	合計	**100,091**
此の内 當選票數 6 割 6 分		66,271
此の内 落選票數 3 割 4 分		33,820

黨派別得票數	政	28,125
	民	71,966

黨派別得票數に按分すれば 政 1, 民 4

備考 坂梨哲の舊選擧區は福岡縣第十五區

鹿兒島縣第一區

（鹿兒島市、鹿兒島郡、揖宿郡、川邊郡、熊毛郡、日置郡）

定員五人

有權者數	（名簿確定當時）	117,489
〃	（選擧當日現在）	116,311
投票總數		79,374
無効投票總數		1,714

黨派別		姓名	得票數
民	（前）	**床次竹二郎**	**18,478**
民	（前）	**岩切重雄**	**8,655**
民	（前）	**藏園三四郎**	**8,075**
民		**原耕**	**7,708**
中		**岩川與助**	**7,429**
民		春島東四郎	6,238
民		井上知治	5,651
民		前田兼寶	5,286
民	（前）	中村嘉壽	4,161
民		長井長太郎	2,984
勞農		松尾榮一	1,113
中		福留龜太郎	937
中		峰須賀義治	484
政		野村不二	461

有投効票總數	合計	**77,660**
此の内 當選票數6割5分		50,345
此の内 落選票數3割5分		27,315

黨派別得票數　政 461　民 67,236　勞農 1,113　中 8,850

黨派別得票數に按分すれば　民 5

備考　岩川氏が四月十七日に政友會に入黨せられたのであるが、總選擧の當時は中立であつたのである、又舊内務省が原氏を中立に數へてゐるは誤りである

鹿兒島縣第二區

（薩摩郡、出水郡、伊佐郡、始良郡、囎唹郡）

定員四人

有權者數	（名簿確定當時）	107,585
〃	（選擧當日現在）	106,511
投票總數		70,577
無効投票總數		2,069

黨派別	姓名	得票數	
民（前）	**東郷　實**	**14,349**	
民（前）	**寺田市正**	**13,993**	
民	**赤塚正助**	**7,478**	
民（前）	**崎山武夫**	**7,067**	
民（前）	逆瀬川仁次郎	6,165	
政	平島達夫	5,200	
中	井上德命	4,529	
		法定得票數	4,282
民（前）	窪田文三	3,524	
勞農	天辰正守	2,467	
中	松下禎二	2,160	
		供託金沒收限界	1,713
民	曾木實彦	1,576	

有効投票總數　合計　**68,508**

此の內 ｛當選票數 6 割 3 分　42,887
　　　　落擧票數 3 割 7 分　25,621

黨派別得票數 ｛政 5,200　民 54,152
　　　　　　　中 6,689　地無 2,467

黨派別得票數に按分すれば　民 4

備考　舊內務省が崎山氏を政友賛成の中立と看做してゐるのは誤りである

鹿兒島縣第三區

（肝屬郡、大島廳管內）

定員三人

有權者數	（名簿確當定時）	71,632
〃	（選擧當日現在）	70,537
投票總數		51,085
無効投票總數		1,878

黨派別	姓名	得票數	
政	**英 義彦**	**9,560**	
民（前）	**津崎尚武**	**8,600**	
政	**永田良吉**	**8,422**	
民（前）	久留義郷	7,737	
民	宮原清二	4,519	
		法定得票數	4,101
政	前田 郁	3,364	
勞農	山本龜次郎	3,156	
政	吉川萬友	3,031	
		供託金沒收限界	1,640
中	金井正夫	787	
民	良島隆保	31	

有効投票總數	合計	**49,207**
此の內	當選票數 5割4分	26,582
	落選票數 4割6分	22,625

黨派別得票數 { 政 24,377　民 20,887
　　　　　　　中 787　他無 3,156

黨派別得票數に按分すれば　政 2,　民 1

備考　良島氏の得票が全國一番少し、無効投票數は實數に於ては全國第四位なれど有効投票總數に對する割合から言へば全國第一である

沖縄縣（全縣一區）

定員五人

有權者數	（名簿確定當時）	126,678
〃	（選擧當日現在）	124,855
投票總數		83,816
無効投票總數		2,320

黨派別	姓名	得票數	
民	**漢那憲和**	**19,750**	
民	**伊禮肇**	**14,732**	
政	**龜割安藏**	**12,787**	
政	**竹下文隆**	**8,337**	
政（元）	**花城永渡**	**6,583**	
政	田邊勝邦	6,462	
政	新城朝功	6,120	
		法定得票數	4,075
政	眞榮城守康	2,816	
中	龜井哲也	2,265	
勞農	井之口政雄	1,644	
		供託金沒收限界	1,630

有効投票總數	合計	**81,496**
此の内 當選票數 7 割 6 分		62,189
此の内 落選票數 2 割 4 分		19,307

黨派別得票數	
政	43,105
民	34,482
中	2,265
他無	1,644

黨派別得票數に按分すれば　政 3,　民 2

備考　無効投票總實數に於ても又有効投票總數に於ても全國第二位

第四節　總選擧の結果批判

別表の沿革

衆議院議員選擧法は、最初明治二十二年にでき、明治三十三年と大正八年と二度改正せられ、大正十四年に普選法となつたのであつて、度々改正せられたが、其の第一條の第二項

『選擧區及各選擧區に於て選擧すべき議員の數は別表を以て之を定む』

とあるは終始變はらない。尤も最初の明治二十二年の法文には文句は少し異つてゐるが、意味は同一である。最初の別表は小選擧區制で、一區一人の區二一六、一區二人の區四二、選擧區の總數二五八であつた。明治三十三年に改正せられた別表は所謂大選擧區制である。それが明治三十五年に少し許り修正せられた表に就てみるに、市は凡て獨立選擧區であつたが故に、一區一人の市選擧區も澤山あつた。一番多いのが新潟縣郡部の一區十二人、それに續いて一區十一人は東京市、兵庫縣郡部、愛知縣郡部の三區、一區十人は千葉縣全部、廣島縣郡部、福岡縣郡部であつた。此の別表の終りには

『本表は選擧區の人口に增減を生ずるも少くとも十箇年間は之を更正せず』

といふ但書が甫めて現はれてゐる。そうして此の但書は此の後に改正せられた別表の終りにはどれにもつい

てゐる。

我が國では此の所謂大選擧區制が行はれてゐた頃である。英國では各種選擧法の利害得失を徹底的に研究するが爲めに有力な委員會ができて、その研究の結果が明治四十三年に世に公にせられた。此れが即ち世界に有名な千九百十年の選擧方式に關する報告書である。此の報告書は今日では容易に得難い珍本である。著者は昨年までは水野錬太郎氏愛藏のものを借用してゐたが、昨年末非常な好運によつて一本を得た。此れは新議院の建築成り完全な置き場所のできるのを待つて衆議院の圖書室へ寄附する積りである。此の英國の委員會は參考材料を廣く世界各國に索め、その照會は我が國にもきたのである。我が國ではその當時餘り參考になるやうな材料もなかつたが、林田衆議院書記官長の手元で一通り纒めたものを先方へ送つたのである。そうして此の報告の第四頁『限界投票』と題した所にこういふことが書いてある。

『限界投票の一種の變形は日本に於て行はれてゐる。一選擧區の定員は平均八人であつて、各選擧人には唯一人の候補者にのみ投票することが許されてゐる。されば定員八人の選擧區に於ては選擧人總數の八分の一を味方にすることのできる黨派は必ず一人の議員をだすことができる。』

と、それだけの簡單なことが書いてある。我が國では何れの選擧法によるも、いつも單記であるから、それがあたりまへのやうに意識されてゐるのであるが、外國では連記即ち定員だけの人數を選むのが本則になつてゐるから、定員よりも少ない人數を選ぶ仕組を、ここでは假りに『限界投票』と譯した「リミチッング・ヴォート」と特稱するのである。

大正八年改正の別表は即ち本書に於て舊小選擧區制と稱するものであつて一番最初の小選擧區制よりもところもち廣いものである。即ち選擧區の總數三七二、此の内一區一人の區が二九三、一區二人の區が六八、一區三人の區が一一あつたのである。普選法の別表は所謂中選擧區制であつて選擧區の總數一二二、一區の定員は三人乃至五人といふことになつてゐる。其の内譯は

一區三人の區	五三	此の議員數	一五九
一區四人の區	三八	此の議員數	一五二
一區五人の區	三一	此の議員數	一五五
合　計	一二二		四六六

別に意味はないのであるが、三つの場合に於ける議員數が略ぼ似てゐる。

舊小選擧區制にも又普選法の別表にも一區三人の區があるから、その中には共通のものがあるか無いかを調べてみれば、選擧區、定員共に變はらないのは大阪府第一區（西區)、大阪府第二區（南區)、神奈川縣第一區(横濱市)の三區。選擧區は變はらないが定員が三人から四人に增したのが東京府第四區(本所區、深川區)の唯一區、選擧區は變はらないが定員が三人から五人に增したのは東京府第五區（荏原郡、豐多摩郡、伊豆七島)、兵庫縣第一區（神戸市)、愛知縣第一區（名古屋市）の三區である。尙ほ選擧區は變はらないといつても、市の内には隣接地の併合によつて事實的に大きくなつた所もあるのは言ふまでもないことである。

無投票當選

普選法第七十一條の無投票當選は同法の立案中並に樞密院の審議に際しても多少議論のあつたことであるから、果して實際にそういふ場合があつたかといふことは著者の興味を唆つたのである。實際は無投票當選の場合は一つもなかつた。然し無投票當選にしたいが爲めに骨折られた場合は一つ二つないことはない、そのことを叙する前に、大正十三年の總選擧の折りに之に相當する場合即ち、無投票ではないが、無競爭當選の場合の有無を調べたが、それは澤山見つかつたのである。詳しいことは表の示すが如し。

表を見つめて目につくことは、靜岡縣舊第九區の無競爭當選者二人の得票が理想的に相ひ接近してゐることや、島根縣舊第三區の當選者木村氏の得票が少し許りではあるが定員二人の區の選擧人數の半分を凌駕してゐることなどである。尙ほ爰に一言斷はつて置きたいことは、まだ供託金沒收の制裁がなかつた時代であるが故に所謂泡沫候補者がここかしこに現出したことである。されば無競爭の場合に於ても當選者以外の人の零碎なる得票があつた。例へば山口縣舊第五區の無競爭當選者藤田包助氏(政)の得票五、九三二の傍には神保德介(憲)といふ人の得票三二二があつた。

又無競爭當選が比較的には一區二人の定員の所に多かつたことも目につく。且全國中にて僅かに十一區しかなかつた一區三人の所に無競爭當選の場合が一つでもあつたことは面白い現象である。

此の外に尙ほ大正十三年十月より昭和二年末に至る間に於ける五十四の補缺選擧中にも無競爭當選は山形

大正十三年總選擧無競爭當選

千葉縣舊第六區　定員二人		選擧人數	15,827
土屋清三郎(政)	7,382	關　和知(憲)	5.612
富山縣舊第三區　定員一人		選擧人數	9.681
石坂豊一(中)	8,364		
富山縣舊第五區　定員二人		選擧人數	18,688
上埜安太郎(本)	8,775	野村嘉六	6,501
石川縣舊第四區　定員二人		選擧人數	17,188
青山憲三(本)	7,307	室木彌次郎(憲)	6,501
山梨縣舊第二區　定員一人		選擧人數	5,639
田邊七六(政)	4,382		
岐阜縣舊第五區　定員一人		選擧人數	8,171
井上孝哉(中)	6,568		
岐阜縣舊第九區　定員一人		選擧人數	7,938
牧野良三(本)	6,289		
靜岡縣舊第七區　定員二人		選擧人數	16,723
松浦五兵衞(本)	7,654	三橋四郎次(憲)	6,391
靜岡縣舊第九區　定員二人		選擧人數	16,256
倉本要一(本)	7,279	山本勝次(憲)	7,262
三重縣舊第六區　定員一人		選擧人數	8,339
加藤粂四郎(本)	6,994		
奈良縣舊第五區　定員一人		選擧人數	5,112
大園榮三郎(本)	3,569		
島根縣舊第三區　定員二人		選擧人數	16,012
木村小左衞門(憲)	8,303	原　夫次郎(本)	5,845
岡山縣舊第二區　定員一人		選擧人數	11,919
星島二郎(革)	8,499		
岡山縣舊第四區　定員一人		選擧人數	12,669
犬養　毅(革)	8,102		
岡山縣舊第五區　定員二人		選擧人數	16,568
小川郷太郎(中)	7,944	高草美代藏(革)	5,363
山口縣舊第五區　定員一人		選擧人數	10,145
藤田包助(政)	5,932		

（續く）

大正十三年總選擧無競爭當選
（續き）

福岡縣舊第四區	定員一人	選擧人數	1,953
吉田磯吉(憲)	1,392		
福岡縣舊第十區	定員三人	選擧人數	16,729
赤間嘉之吉(政)	5,474	大里廣次郎(憲)	4,816
青柳郁次郎(政)	4,070		
長崎縣舊第二區	定員二人	選擧人數	3,463
富田原之助(本)	1,735	川副綱隆(憲)	1,374
大分縣舊第七區	定員二人	選擧人數	18,847
松田源治(本)	9,118	裏松重治(憲)	7,241
鹿兒島縣舊第八區	定員一人	選擧人數	5,741
禱苗代(本)	4,673		

縣の松岡俊三氏、岡山縣に於ける一旦辭任後再選の犬養毅氏、神奈川縣の戸井嘉作氏、鹿兒島縣の逆瀨川仁次郎氏、山梨縣の土屋岩保氏であつて、補缺選擧の場合には無競爭當選の割合は比較的に多かつた。

遡つて大正九年原内閣の下に行はれた總選擧に於ては、無競爭當選は更に一層多かつたのである。詳しいことは略するが、その當時一區一人の選擧區二九三の中四六、一區二人の選擧區六八の中一八、一區三人の選擧區一一の中一、即ち總數三七二の選擧區中六五區だけが無競爭選擧區であつて、定員四六四の一割八分强に當る八十五人が無競爭當選者であつた。

更に遡つて所謂大選擧區時代にはどうであつたかといふに、矢張り無競爭當選者があつた。原敬氏が岩手縣第一區の盛岡市から始じめて衆議院へ出られたのは明治三十五年八月に行はれた第七回總選擧からである。その折りには微弱な競爭者があつたが、其の以後は恒に無競爭で當選せられた。偖て大選擧區といつても市は獨立選擧區である。盛岡市の如き小いさいところは一區一人の選擧區であつたのであるから、いはば本當の大選擧區と小選擧區とを交ぜたやうなものであつて、一區一人のところに無競爭當選者のあるは一向に珍らしいことではないから、定員二人以上の無競爭當選區を拾つてみれば、

第七回總選擧、各定員二人の横濱市及名古屋市、定員四人の山梨縣郡部

第八回總選擧、定員十二人の新潟縣郡部、定員三人の鳥取縣郡部

第九回總選擧、定員二人の神戸市、定員四人の青森縣郡部、定員五人の富山縣郡部、定員七人の山口縣郡部

第十回總選擧、定員二人の横濱市、定員六人の群馬縣郡部、定員五人の富山縣郡部、定員三人の鳥取縣郡部、定員各々五人の島根縣及び和歌山縣郡部、定員六人の大分縣郡部、定員八人の熊本縣郡部、定員七人の鹿島縣郡部

第十一回總選擧、定員五人の東京府郡部中の一選擧區、定員二人の神戸市、定員七人の岐阜縣郡部、定員五人の香川縣郡部、定員八人の熊本縣郡部

第十二回及び第十三回總選擧には無し。

普選法立案中には無投票當選の場合が少しはあらうと豫想せられてゐたのであるが、蓋をあけてみれば皆無であつた。そこで今回の總選擧の直後に內務省邊りでは無投票當選撤廢の議が起つたのである。其の論據の中には、此の制度は偶〻候補者間に買收其の他の醜問題を惹起するの危險があるといふ心配があつた。此

の心配は至極尤のことではあるが、普選法成立中にあれほどに苦心の結果無投票當選の箇條が存置せられたのである、且又大選擧區時代に僅かではあるが無競爭當選の場合があつたのであるから、無投票當選の存廢の決定は此の儘もう一二回試みた上のことにしたいと思ふ。

今回は無投票當選の場合が無かつたが、設しあつたとしたならば、黨派別得票數の全國總計を求むる折りに無投票即ち得票數の判からないのを如何に處理するかといふことは一つの問題である。それ故に前に掲げた表は此の問題を解決する上に於て非常に有益なる參考材料である。

英國にては無投票當選はいつの總選擧にも可なりある。此れは南愛蘭と分離前ではあるが、大戰が終つた直後の千九百十八年十二月の所謂「カーキー」總選擧に於ては一〇五の多きに達したのである。近頃では千九百二十二年の總選擧に於ては五七、千九百二十三年の總選擧に於ては五〇、最近の千九百二十四年の總選擧に於ては三二の無投票當選の場合があつた。そうして英國では無投票の場合には有權者の數を以て直ちに無投票當選者の得票と看做すのである。されば黨派別得票數の合計にはいつも『見積り』といふ形容詞が冠らせてある。英國では少數の大學選擧區の外は大抵一區一人の選擧區であつて、唯極めて罕に一區二人の選擧區があるが、そういふ選擧區に於ては同黨派の二人が無投票で當選したことはあるが、黨派の異つた二人が無投票で當選した例は少くも近年は全くないと思ふ。今單に假設としてそんな場合があつたとしたらば、有權者の數を折半して二人に平等に割當てるのが英國の見積り方の振合ひである。

倘て定員二人の所は有權者數の半分、定員三人の所は其の三分の一を目安として、前の表にある實際の得票數と比較して計算を試みたのである。詳しいことは繁を避けて略するが、既に述べた如く島根の木村氏の場合には實際の得票數の方が少し許りではあるが有權者數の半分よりも多い。然しこれは唯一の例であつて、爾餘の場合には實際の得票數の有權者數に對する割合は十割弱と六割五分との間にある。無競爭の場合には自然棄權者が多くなる心理的傾向のあることなども考慮して、將來無投票當選の場合に於ける得票數を推定するには有權者の數を定員で除した商の八割乃至九割とするが至當であると判斷したのである。

今回の總選擧に於て全國一二二選擧區の中で次點者が唯一人の場合は青森縣第一區、岩手縣第一區、千葉縣第二區、長野縣第一區、同第二區、愛知縣第三區、佐賀縣第二區、熊本縣第一區、大分縣第二區である。而かも次點者の人數は唯一人でも次點者の得票數が當選者の得票數に接近してゐる場合には寧ろ競爭の激甚なるを思はしめる。以上九つの場合に於て多くは次點者の得票數が當選末位の得票數に接近してゐる。就中青森縣第一區の

當選末位	工藤鐵男(民)	一四、三一七票
次點	北山一郎(民)	一四、三〇八票

其の差僅かに九票に過ぎずして、今回の總選擧に於ける得票數が最も接近した場合の一つである。而して次點者の得票數が當選末位の得票數の半分に滿たない場合は唯一つある、それは千葉縣第二區である、此れが今回の總選擧に於ける無投票當選に一番近い場合である。さりながら此れは單に選擧の記錄に現はれた數字の上でそうみへるのである。物には表があれば裏もある、裏面のことに就ては勿論判然としたことは解るべ

くもないが、必ずしも無投票當選に近くはないかも知れないのである。第九回選總擧以來屢〻此の地盤から當選せられた有力者加瀨禧逸氏は今回は出馬せられなかつたのであるが、年少氣鋭の床枝房吉氏(司法大臣秘書官)が一旦立候補せられた後に二月七日に斷念しなくてはならないやうな破目に陷ゐられたるが如き、又印旛郡の名家海老原卓爾氏(民)が選擧の眞際になつて親族會議の結果、供託金を棒にふつて候補引退を餘儀なくせられたが如き、その經過に就ては種々の風評が傳へられてゐる。兎に角に悉く數字を信ずれば數字なきに如かずと古人がいつた、此の格言の適用は昔も今も變はらない。

作爲的に無投票當選の選擧區となさんが爲めに可なりの努力が吝まれなかつたにも拘はらず、庶幾の目的が達せられなかつた例は全國に唯一つしか無かつたやうに思はれる、それは石川縣第一區である。此のことに就ては努力の中心と選擧干渉の中樞との間に意志の疏通を缺いたやうな傾向があつたやうに傳へられてゐる。與黨側の候補者の一人の立候補が抑へられてゐたやうな氣味があつて、その候補者は立候補屆出での後一旦は之を取消し、更に締切眞際の二月十一日に再び立候補の屆出をなし甫めて決定的に立候補したるが如き、又野黨側の公認候補者の一人が總選擧期日の前々日なる二月十八日に突然候補辭退の新聞廣告をなし野黨側は驚いて翌十九日の新聞に辭退の取消廣告を出したといふやうな外目には如何にも奇々怪々の事實の如きは、此の間の複雜なる事情を物語るものである。

今回の總選擧に於て候補者數が割合ひに少なかつたこと、並に供託金の制が新たに設けられたことは無投票區の出現を促進するものであるかのやうに思惟せられてゐたのであるが、現實は此の豫想を裏切り、無投票區は勿論、それに近いものさへ全くなかつたのである。此の事實を前回の總選擧に於てあれだけの無競爭區があつたことと對照して、所謂中選擧區制なるものは無投票區の出現には工合ひの惡いものであるかと思はれたのである。

黨派別當選者數及び得票數

本書の黨派別は**總選擧の當日に於ける各候補者が標榜する黨派別**である。兵庫縣第二區山邑大三郎氏（中立）は二月二十八日午後死亡したが、同氏は既に當選承諾書を提出し、地方長官からは當選證書を交附されてゐたのであるから、既に議員となつてゐられたことは確實であるが、普選法第七十九條により、これは承諾期限の二十日以内に起つた不時の變事であるから、當然次點者が當選人となるものであるといふ見解の下に、次點者蔭山貞吉氏（政）の當選となつた。本書に於ては凡て選擧當日の狀態を基調とするのであるから、勿論山邑氏を當選者、蔭山氏を次點者として取扱つたのである。尙ほ序ながら記す。蔭山氏の當選に就てはそれが適法でありや否やといふことが各方面から問題視された。著者の考は此の場合蔭山氏の當選は常識的に判斷して適當である、然し立法の當時こういふ場合の豫想が漏れてゐたが爲めに法文中に不備がある、然し如何に不備なればとて既に法律となつてゐるからには成るべく法文の指示するところに從はなくてはならない、そうすれば蔭山氏の當選は失當である。ここでは唯普選法第一次の改正に於て此の點に關する不備が適當に補充せられんことを希望して置く。

沖縄縣の花城永渡氏（政）は、後に記するが如く、同縣に於ける一種奇妙不思議の選擧干渉に對して極度の反感を持たれ、總選擧の直後、啻に政友會を脱せられたるのみならず、正面の反對黨たる民政黨へ投ぜられたのである。然し本書の統計に於ては無論同氏を政友の一人と看做し、同氏の得票を政友派の得票中に算入した。

立候補者の總數に就て精確なる計數を得ることは殆んど不可能である。一旦立候補したる後に取消した人もあれば、甚しきに至つては前へに石川縣の例に就て述べた如く、一旦立候補したる後に取消し、更に又立候補したやうな例もある。又僅かに三十票四十票といふやうな得票のあつた候補者中には事實上は候補を斷念してゐたるも、普選法第六十八條第三項の供託金囘收期間即ち選擧の期日前十日の期限を經過したるが爲めに、何れにしても供託金は沒收せらるるが故に取消の手數を吝んだ人もあるかと思はれる。舊內務省の報告中には候補者たることを辭したるものの總數四十九人、外に死亡一人とある。此の死亡一人は多分大阪府第六區の中林友信氏のことであると思はれる。

立候補屆出での締切期限は普選法第六十七條第一項により選擧の期日前七日となつてゐる、即ち今回は二月十三日がその期限であつた。そうして二月十五日頃の新聞には全國候補者の總數九百六十九人と報ぜられたのである。立候補屆出の最終日の屆出は政友一、民政三、實同一、勞農三、中立三、その他一、合計十二人であつた。候補者全國總數も最終日の屆出での數も何れも世人の豫想よりは少なかつたのである。

黨派別に就ては精確なることが解かるべき筈がなかつたのである。政友民政だけに就て見るも一つの新聞

黨派別當選者數及び得票數

黨派名	候補者數	當選者數	得票數
政友	432	218	4,250,848
民政	437	216	4,270,497
中立	143	17	607,229
革新	17	3	91,250
實同	31	4	166,250
社民	17	4	120,044
他無	69	4	360,080
內譯 勞農	40	2	193,027
內譯 日勞	15	1	91,170
內譯 日農	9	0	35,750
內譯 地無	5	1	40,133
計	966	466	9,866,198

は最多數は民政の三四五、政友の略ぼ同數三四四、一つの新聞は政民とも三四八と報じたやうに、數は區々になつてゐたが、大體政友民政略ぼ同數といふことに就ては各新聞が一致してゐたのである。ひとり舊內務省は政友三八五、民政三六〇と報じてゐる、そうして此のときからして心ある人は舊內務省の報告に對して訝疑の眼を見張るやうになつたのである。

前頁に黨派別候補者數、當選者數及び得票數を掲ぐ。候補者は勿論選擧期日に於ける數にして、前節の基本資料中にある當落候補者の總數である。

三月中旬に東京朝日新聞社から『普選總選擧大觀』と題した小冊子が公にせられた。今本書の計數を『大觀』の計數と比較するに、『大觀』には北海道の檀野禮助氏を政友、三重縣の岸本康通氏を民政、同縣の尾崎行雄氏を革新としてある。その三氏を何れも中立と改むれば『大觀』の計數は全然本書の計數と符合するのである。僅かの短時日間にあれだけに正確なる計數を得られた努力に對して吾人は深甚の敬意を表するのである。

舊內務省の報告は新潟縣の堤淸六氏、島根縣の沖島鎌三氏、鹿兒島縣の岩川與助氏の三中立を政友となし、鹿兒島縣の原耕氏、同縣の崎山武夫氏の二民政を中立となして、政友二二一、民政二一四といふ計數を得たのである。尙ほその上に實質的には政友であるが、其の人の事業上の關係からして政友と名乘ることを避けて中立を標榜して立てる人を政賛と稱し、六人の政賛を數ぞへたのである。その人々は北海道の檀野禮助氏、兵庫縣の藤原米藏氏、埼玉縣の遠藤柳作氏、愛知縣の山崎延吉氏、宮城縣の守屋榮夫氏、鹿兒島縣の崎山武夫氏の六人である。そこで政賛ばかりあつて民賛が無くてはおかしいといふやうな心理的斟酌からでもあつたかと推察せらる、唯一人の民賛を擧げてゐる。それは埼玉縣の長島隆二氏である。

藤原、山崎の二氏を政賛に數ぞふるに至つた思想の經路は判然しないが、其の他の四人の政賛、並に堤、沖島、岩川の三氏を政友として數ぞへたことに就ては相當の根據もないことはないとみられる、現に岩川氏は三月九日に、遠藤氏は三月三十一日に、沖島氏は四月六日に正式に政友會に入黨してゐる。又檀野、堤の兩氏はどこまでも中立としてたつてゐられるのであるが、政友系の人であることは十目の視るところである。されば舊內務省報告は勿論公平無私といふ譯ではなく又選擧當日に於ける各候補者の標榜に忠實なるものではないが、さればとて世人が想像したほどに揑造的、牽强附會的のものではなかつたのである。

總選擧の當時に於てはあれだけの選擧干涉を敢てする本家本元は如何なる報告を作爲するかも知れないといふやうな疑心暗鬼が世に滿ちてゐた。又種々好ましからぬ事件の頻出に國民は戰慄してゐた。されば世人は舊內務省の選擧に關する報告を全然信用しなかつたのである。されば新聞紙が選擧の結果を報ずるに票數は舊內務省の報告に據る場合に於ても尙ほ且候補者の黨派別色彩は必ず本社調査といふことになつてゐたことは最も雄辯に如何に舊內務省の報告が不信用であつたかを物語るものである。凡そ世に尊ぶべきものは信用である。國民は國民に最も直接の關係を有する內務當局者にその職責に相當する信用を期待すべき權利の所有者である。當局者は須臾も此のことを忘れてはならない。

地方無產黨中唯一人の當選者福岡第二區の淺原健三氏の得票は二萬三千餘である。他の九人の地方無產黨落選者の得票數は合計一萬八千餘に過ぎない、此れは非常に特別なる場合である。四人の當選者をだした社會民衆黨の一人當りの得票數は約四萬票、同じく四人の當選者を出した、社會民衆黨以外の無産黨の一人當り得票數は約九萬票である。社會民衆黨をも込めた無産黨全部の當選者八人に割當てた一人當りの得票數は約六萬票といふ計算になる。されば最初から豫想せられたるが如く、今回の總選擧に於て一番割りが惡かつたのは無産黨である。又可なり割りが惡るかつたのは中立の一人當り得票數約三萬七千票である。これは總選擧の直前に於て新聞紙上の言論が二大政黨といふが如き瞬時にして消滅すべき蜃氣樓に迷はされ、理不盡にも淸濁無差別獰猛に中立を攻擊したるに負ふところ少なからないのである。

政友民政兩黨の黨派別得票數は略ぼ相ひ等しく、其の差は僅かに約千分の五に過ぎない。選出議員數は政友二一八民政二一六である。黨派別得票數は民政の方が極めて僅か許り多いのであるが、舊內務省の報告は六人の所謂政賛なるものを數ぞへてゐる。其の中の藤原、山崎の二氏を除きたる殘りの四人に就ては相當の根據がある。此の四人の得票數の合計の半分約二萬四千票を假りに政友派の方へ加算すれば、政友派の黨派別得票數の方が微少ではあるが多くなる。又選擧の當日に於ける選擧人の意識に反映した少數候補者の黨派的色彩が如何に朦朧茫漠たるものであつたかに想到し、大體に就て達觀透觀すれば、今回の總選擧に於ける政民兩派の黨派別得票數は殆んど相ひ同じく、選出議員數は伯仲の間にあるといふのが爭ふべからざる事實である。そうして斯くの如く得票數と選出議員數とがよく調和比例してゐることは選擧の理想である。斯くの如きは實に所謂中選擧區制の優秀なる成績を物語るものである。然るに何事ぞ、此の良好なる結果を無視し、幾多弊害の記憶尚ほ新たなる小選擧區制へ逆戻せんと主張するが如き、咄々怪事とは斯くの如きことを評する辭にあらざるなきか、此邊の事柄に理解を有せざる人が廣い世の中にあるのは避け難いことである。それが又浮世の常態であるが、政界有力者の中にそういふ人を發見するが如きは歎きても尚ほ餘りあることである。一念ここに到つて吾人は長大息を禁ずることができない。噫嘻、いかにも相ひ對峙する二大政黨の勢力が伯仲の間にあるは政界の情態を不安ならしむるものである。然しそれは國民の二大政黨に對する信任不信任の感想が眞に伯仲してゐるからであつて如何ともし難いのである。斯くの如きは議院政治の盈虧發達の道程に於て時に出現を免れざる一時的の現象である。然るに一種の小刀細工によつて作爲的に之を否定せんとし、不合理なる欲望をして牢固として動かすべからざる事實を壓迫强制せんと試みるが如きは、恰も治承の昔し淨海入道が入り日を麾いだのと同一の暴逆的心理狀態を暴露するものである。

我が國過去の選擧史上、總選擧の直後に於て相ひ對峙する二大政黨の勢力が伯仲の間にあつた例の有無を調べてみたのであるが、今回の場合に似た例が唯一つある。それは明治三十一年八月十日大隈內閣(俗に隈板內閣と稱す)の下に行はれた臨時總選擧の結果である。此のときに相ひ拮抗してゐた憲政黨と憲政本黨とは全く同數の一二三の當選者を出だした。此の頃の議員總數は三〇〇であつたが故に、兩黨以外の當選者の數は五四であつた。此の兩黨以外の當選者の數が割合ひに多かつたといふ點に於て今回の場合と異なつてゐる。

革新俱樂部及びその前身である國民黨は我が政界に於て恒に淸凉劑の効能を發揮してゐた。長い間には毀譽褒貶の交錯せることもあつたが、大體に於てさうであつた。大正十四年に犬養氏が去られた後も尙ほ千早城ならぬ革新の孤城を死守して奮鬪を續けられた人々の節操は眞に多とすべきであつた。今や關氏は去つて貴族院に入り、林田氏は逝いて選擧法研究の後繼者を殘さず。今回の總選擧に於ては僅かに三人の當選者を出し、而かも其の中の一人である大竹氏が今回が一生の思ひ出でであると言はれたといふやうなことを聞いては、眞に孤城落日の感に打たるるのである。今回の總選擧に於て當選圈内を距るさまで遠くはなかつた東京府第一區の田川大吉郎氏、愛知縣第五區の鈴木正吾氏、せめて此の二人だけでも當選せられてゐたならばといふやうな空想が折りふし浮ぶのである。

得票數の統計的特色

有効投票數を候補者總數に割當てた平均一人當り得票數は大約一萬、當選者の平均得票數は大約一萬五千、落選者の平均得票數は大約五千六百である。當選者中で得票の少くないのは四千臺が二人

東京府第四區（法定得票數三、六〇四）當選者

四、二〇四　國枝捨次郎　四、四六五　磯部尙

五千臺は一人もなく、六千臺が唯一人

沖繩縣（全縣一區、法定得票數四、〇七五）當選者

六、六五六　花城永渡

其の他の當選者の得票數は何れも七千以上である。

落選者中で得票の最も多いのは

長野縣第二區（法定得票數五、九三八）落選者

一五、三三一　春日俊文

これに次いでは

鳥取縣（全縣一區、法定得票數五、七六九）落選者

一四、八七三　山桝儀重

一萬四千臺には山桝氏の外に大分縣の堀內松十郎氏、岐阜縣の古屋慶隆氏等九人あり。

東京府第四區（本所區、深川區）は種々の點に於て異彩を放つてゐる珍らしい選擧區である。此の區の候補者中には政、民、中立、革新、實同、社民、他無が一つ殘らず揃つてゐる。此の區の當選票數と落選票數との差は僅かに百三十票に過ぎずして當選票數と落選票數との割合は半々であつて、そういふ例は全國中此の區ばかりである。又法定得票數も此區が全國中で一番低くい、加ふるに當選者中全國最低の得票者が二人までも此の區にある。此の區は元來舊別表の第六區と少しも變はらないのであつて、舊定員は三人であつたが一人を增して定員四人となつたのである。普選法に於て定員を定めるには大正九年の國勢調査に準據したのであるが、其の後本所深川兩區の人口は震災の爲めに激減したのである。普選法の別表を定むる折りに此の點が考慮されたや否やは判然しないが、今にして考へてみれば此の區の定員は矢張り三人に据置いた方が

平衡を得てゐたと思はれる。

得票數の少い例　供託金の制裁が設けられたからには、得票數が極端に少い例はその跡を絶つであらうと豫想されてゐたが、實際はさうでなかつた。全國中の最少得票數は、鹿兒島縣第三區の良島隆保氏（民）の三一票、それから鳥取縣の藤田幸太郎氏（中立）の四五票、東京府第三區の望月義人氏（中立）及び長野縣第四區の唐澤龜雄氏（中立）の同數六七票、東京府第一區の妹尾順藏氏（中立）の一二七票、群馬縣第一區の小暮寛次氏（政）の一六九票といふやうな例がある。

供託金沒收限界以下の得票者數は一一四、外に期限後に候補を辭退せるが爲めに供託金の還付を得ざりし者四人を合はせて一一八人の供託金が沒收せられたのであつて、沒收供託金の總額は二十三萬六千圓である。

得票數の異常に多い例　得票數が異常に多い場合を攷ふるには法定得票數を目安に置いて觀察するのが合理的である。

選擧區	姓名	得票數	法定得票數の倍數
東京府第五區	高木正年（民）	四七、二七八	六・六
兵庫縣第一區	野田文一郎（民）	三一、〇七六	六・一
岩手縣第一區	田子一民（政）	二五、四七六	五・〇
茨木縣第一區	內田信也（政）	二五、五九三	四・六
愛知縣第一區	田中善立（民）	二五、〇二〇	四・四

石川縣第一區	中橋德五郎（政）	二二、八〇九	四・二
兵庫縣第二區	前田房之助（民）	二五、〇九五	四・一
福岡縣第二區	淺原健三（他無）	二三、〇一五	四・一

今回の總選擧に於ける最高得票數を得られた高木正年氏は大正十三年の總選擧に於ては東京府舊第十三區（定員三人）から當選せられたのである。そのとき第一位石川安次郎氏の得票數は九、〇五一、第二位であつた高木氏の得票數は六、九四〇であつて、同氏はいつも最高點で當選せらるるといふ譯ではない。唯今回の選擧區が偶然同氏の爲めに非常に都合がよかつたことを示すに過ぎないのである。得票數が多い場合は、著者が嘗て『衡多』と命名することを提唱したことのある、所謂『當選標準點』の種類を將來定むる上に於て參考となるから、何どきかもう少し仔細に研究してみたいと思つてゐる。

得票數接近の例　得票數が最も接近した場合の差は二票であつて北海道第一區の山本厚三氏と森正則氏の場合であるが當落には關係ない。それから六票の差の場合が京都府第一區の落選者中にあり、其の次の差は九票であつて、そういふ場合は全國に二つある。一つは岡山縣第一區の岡田忠彥氏と橫山泰造氏との場合であるが、これは當落には關係がない。もう一つは青森縣第一區の工藤鐵男氏と北山一郎氏との場合である。兩氏は共に同じ民政派ではあるが、此の九票の差が當落を決した。其の次に差一八票の場合が山口縣第二區にある。此の場合は二人ともに當選である。其次に差二八の場合が福岡縣第四區にあるが、此の場合は二人共落選である。それから差四二、差五一、差五八、差六六の場合が各々一つ、差八〇の場合が四つ、差九一の場合が一つある。結局り差が一〇〇票以下の場合が全國に十六あつたが、其の中に當落關係に影響あるものは僅かに五つに過ぎない。

大正十三年の總選擧に於ては雙方共落選ではあるが得票數が全く同一の場合が福井縣舊第二區にあつた。又僅かの票數の差で當落が決した場合が非常に多かつた。もう古いことでもあるから詳しいことは略するが、得票數の僅かの差で落選した場合が憲政會に一二、本黨に一三、政友會に一〇、中立に一六、革新に二、合計四三あつた。小選擧區制の場合には人心を陰險にし政爭を惡化する狙ひ打ちといふやうなことが行はれ易く、勿論それのみではないが兎角得票數が接近し易い傾向がある。そうして得票數が接近することが往々選擧上の競爭を不純不淨ならしむる趣がある。さればこういふ點から觀察しても今同の中選擧區制は元の小選擧區制に對して比較的に優秀の成績を示してゐる。

番狂はせの增減

得票數接近の場合が少ない中選擧區制の特徵は、所謂る番狂はせの減少、及び選擧競爭を險惡ならしむる狙ひ打ちの激減、殆んど無いといつてもよいくらゐの激減に、其の効果を現はしてゐる。

大正十三年の總選擧に於ては中橋德五郎氏は九票、中西六三郎氏は四十一票、田子一民氏は四十八票、羽田彥四郎氏は十八票、野田文一郎氏は九十三票、紫安新九郎氏は二百十六票、本田恒之氏は二百十二票、黑金泰義氏は三十一票、胎中楠右衞門氏は九票の差で落選された。又得票の差は相當にあつたが、井上角五郎、島田俊雄、田邊熊一氏等も落選され、所謂かなりなところの番狂はせ的落選が随分あつた。然るに今回はそういふやうな場合が極めて少ない。長田桃藏、荒川五郎、清水市太郎、古屋慶隆氏あたりが落選組の大粒とみられてゐる。

他の一面には世に萬年候補者といはれた、例へば東京府第三區の伊藤仁太郎氏の如き候補者の中に、少數ながら、めぐり會ふ我が世の春に花咲きて芽出度く當選せられた人のあるのも、番狂はせといへば、そういへないこともないかも知れない。

俗に所謂る狙ひ打ち、例へば大正十三年の總選擧の盛岡市に於ける高橋是清氏對田子一民氏の競爭の如きは今回は殆んど其の跡を絶つたといつてもよい。これは確かに中選擧區制の賜ものである。今回の總選擧に於て稍〻それに似てゐるやうな趣きがあつたのは、岡山縣第二區に於て西村氏を甕さんが爲めに犬養氏を立たしたといはれてゐることである。然しよしそれが狙ひ打ちであつたとしても、全然的をはづれたのである。元來狙ひ打ちを可能ならしむるは小選擧區制の一大弊害である。千九百二十四年の英國總選擧に於て自由黨の首領アスキス氏が落選したのは必ずしも狙ひ打ちの結果ではないが、勞働黨の首領マグドナルド氏の選擧には狙ひ打ちの危険が陰に陽に伴つてゐる。そうして天下分け目の總選擧に際して一黨の首領が自個の選擧に齷齪沒頭しなくてはならないといふやうなことがあつてはならぬといふので、その當時はまだ首領ではなかつたが、千九百十八年の總選擧と千九百二十一年の補缺選擧に於て二度までも慘敗の憂き目をみた、にがい經驗を有するマグドナルド氏に、現在の選擧區アベラヴオンよりももつと安全な選擧區を提供せんとする内議が進められつつある。こういふやうな、言はば、餘計な心配も、その源をただせば、政黨の存在そのものと矛盾する、小選擧區制の一騎打ち的性質に胚胎するものである。

我が國に於ても、早晩ではない、すぐにも政黨の首領は衆議院に議席を有する人でなくてはならないといふことにならなくてはならない。濱口氏を貴族院へ祭りこむといふが如きは噂にしても以ての外のことである。吾人は普選法第七條が一日も速かに削除せられて田中政友會總裁が衆議院に打つて出られんことを希望する、少くも田中總裁が衆議院に議席を有せざる政黨の首領の最終の人であることは、我が憲政の健全なる發達の爲め、又衆議院議員の素質をよくするが爲めに、是非ともそうでなくてはならないのである。特り首領に限らず政治の活舞臺に踊躍せんとする人は必ずや貴族院を去つて衆議院に打つてでなくてはならないといふ慣例不文律ができて、甫めて一面には衆議院議員の素質の向上、他の半面には貴族院をしてその本來の使命たる第二院の職責を完ふせしむることができるのである。口に是々非々を唱ふるも、人間の弱點が働き得る餘裕の存する限りは、それは人間的に不可能である。政治的野心の素因可能性を全然掃蕩し盡すことによつてのみ眞の是々非々を期待することができる。こういふやうな考からいふも、一小地域に於ける根據を要求し、その小地域内の目先きの利害問題が選出議員の意志を束縛するが如き氣味のある小選擧區制は斷乎として排斥すべきである。

大衆は巨象の如く歩む

普選になつたら前代議士の大多數の再選は覺束ないといふのが一般の豫想であつた。然るに蓋をあけて見れば、これは又意外にも總數四六六の中、前代議士が二四六、元代議士が五〇、そうして新顏は僅かな一七〇に過ぎなかつた、そうして廣い世の中は大いに失望したのである。これは恰も新らしい革袋に古い濁り酒を盛つたやうなものであると言つて歎息したのである。その原因に就ては總選擧の直後に種々の揣摩臆測が行はれたのであるが、何れも眞相にふれてゐないやうに思はれる。著者の解釋はこうである。今回の總選擧ほど朝野兩黨の軍資金が豐富であつたことは我が國の選擧史上未だ嘗て見たことがない、眞に空前の現象であることは、選擧通の間に於ける一致した見解である。偖て解散の後ちを受けた總選擧であるから政黨が前代議士を公認するは勿論、或る場合にはそれほどに氣乘りがしてゐなかつた前代議士までを勸めて立候補せしめたといふやうな氣味さへあつた。そうして豐富なる軍資金が主として公認候補者の間にばら播かれたのである。勿論そう多くあつたのではないが、政友會からも又民政黨からも雙方から軍資金を鹵獲した候補者があつたことは、如何に與黨野黨供に軍資金にことを缺かなかつた側面を物語るものである。そうして前代議士の再選出が豫想よりも多かつた、その主たる原因は此の豐富なる軍資金にありとするのが著者の見解である。從來の總選擧に於ては前代議士の再選出率は三割と四割との間を往來してゐたのであるから、今回の五割三分は非常に珍らしいことである。

斯くの如く豐富なる軍資金といふが如き變體的事象の爲めに選擧界に於ける自然の歸趨が挫折せしめられたのではあるが、仔細に選擧の統計を吟味するときは、そこには將來の選擧を考察する上に於て大いに參考となるかと思はれる事實が發見せらるるのである。前代議士元代數士にして其の得票數が法定得票數の附近を彷徨し若しくはそれ以下に低落した候補者の數が三十人餘に達してゐる。其の中には前代議士にして如何にも哀れな票數しか贏ち得なかつた人もあれば、甚だしきに至つては、福岡縣には元代議士にして供託金を沒收せられた人が二人までもある。これは確かに注目に値する現象である。今回の選擧の結果は豊富なる軍資金といふ浮雲によつて覆はれた變則的のものである、その雲間をもるる朧月の如く、普選は新人を要求するものであることを暗示するのである。

今回の選擧の結果が舊態依然、一向に變りばへがしないといつて痛く失望する人もあれど、假令へ豊富なる軍資金といふが如き變則的のことが無かつたとしても、大衆は決して急激な跳躍をしないものである。旗を一振りふりさへすれば大衆はすぐにも踊り出すやうに意識する氣の早い思想家が好むと好まざるとには無頓着に、大衆は巨象の如くゆつたりゆつくりと歩むのである。無産派中にあつても、その主張が最も穩健であるといふ印象を與へた社會民衆黨の當選率の高かつたといふ事實に接しては大衆の巨象式歩みを垣間ごしに見るやうな心もちがする。然しこういふ觀察を下だすと同時に、世の中の推移は恰も地球の廻はるが如く瞬時も靜止するものでないことを吾人は寤寐忘れてはならない。

地方的色彩の減退

沖繩縣に於ける輸入候補者は特殊の事情の下に出現したものであるから、暫く之を除外するのであるが、全國を通じて觀察すれば今回ほど所謂る輸入候補者若しくは準輸入候補者が多かつたことは嘗て無い、そうして其の當選率も五割以上を示してゐる。我が國の總選擧に於て最初の二、三回は當選者の地方的色彩は非常に濃厚であつた。第十二回の總選擧に於て雙方共に輸入候補者であつた竹越與三郎氏と大隈信常氏とが前橋市に於て世人の血を沸かした激烈な競爭をせられたことは、こういふことに趣味を有する人の記憶に殘つてゐる。そういふやうな例もあつたが、何れの總選擧に於ても今回のやうに輸入候補者の多かつたことはないのである。

その昔ブリストル選擧區から國會議員に選出せられたエドマンド・バルクは當選の曉に選擧民に對して大膽卒直に所信を披瀝して曰く『バルクは諸君の推擧によつて國會議員となつた。然し一旦當選したからにはバルクの眼中唯英帝國の利害あるのみ、ブリストル市の地方的利害問題の如きはバルクの關知するところでない』と、そういふ思ひ切つたことをいつたことが長く後世に傳つてゐる。然し英國に於てもバルクの理想は中々に行はれないのであるが、議會政治の極致は人間的に可能なる最大限度に於て此の理想に近寄るにあると言はれてゐる。普選總選擧の第一回に於ける地方的色彩の減退は喜ばしい現象である。此の旨趣からいふも小選擧區へ逆戻り說の如きは徹底的に排斥すべきである。

先づ無産黨側から觀察すれば、麻生久、杉山元治郎、大山郁夫、上村進、高橋龜吉等の諸氏は各その立候補地に於ける農民組合の勢力を賴りに打つて出で、いづれも落選し、鈴木文治、龜井貫一郎二氏の如きは矢張り輸入候補者ではあつたが勞働組合の勢力を基礎とし、それに加ふるに一般市民の投票を贏ち得て當選したのである。尙ほ純輸入候補者中其の約半數が無産黨側の候補者であることは注目に値する現象である。

立候補した選擧區内に現に住居する候補者は勿論多い、候補者總數の過半數がそれである、そうしてその當選率は大約四割五分である。立候補した選擧區は出生の地ではあるが、今日までの生涯の大部分は他所に於てすごした、いはば半輸入候補者とでも稱すべき人は候補者總數の約三分の一、その當選率は大約五割七分である。純輸入候補者は候補者總數の一割以内、その當選率は二割乃至三割である。勿論正確なる統計は到底得られなかつたが、從來の總選擧の結果と對照して地方的色彩が著るしく減退したやうに觀察したのである、そうして此の傾向は大いに奬勵すべきであると信ずるのである。

豫想を裏切つた舊本黨系の當選率

民政黨の候補者三百四十七名の中舊本黨系の候補者は七十三人であつて、其の内どのくらゐの當選者をみるべきかといふことは多大の興味を以て凝眺されてゐた。一方には選擧干渉の主力は此の方面に向つてゐたやうな氣味があつた、或は舊本黨系の議員は二三十名に激減させて見せるとか、或は二十七名以上は斷じて當選せしめないとか豪語して、政友會側は全力を盡くして壓迫を加へた。他方民政黨側に於ては舊本黨系の當選成績の如何は天下勝敗のわかるところであるとみて極力防戰に努めたのである。利害關係のない第三者の觀測は當選率五割の三十六、七名、多くも四十二、三名を越ゆることなからんと豫想せられてゐたのであるが、蓋をあけてみれば、意外にも約七割の當選率を實現したのである。

選擧の結果青森、岩手、佐賀の諸縣に於ては舊本黨系は全滅したが、北海道一、宮城一、秋田二、山形一、福島一、千葉三、新潟一、福井二、靜岡一、愛知一、三重一、大阪四、兵庫一、奈良三、和歌山一、島根二、岡山一、德島二、愛媛一、長崎五、熊本二、大分二、宮崎四、鹿兒島九、合計五十四名の當選を見たのである。

大正十三年五月の總選擧の直後には百十二人、其の後二、三の入黨者があつて第四十九議會に於ては百十五人を抱擁してゐた舊本黨、それが段々減じて第五十四議會解散當時の舊本黨系は六十一名となつてゐたのである。それにしても今回五十四名の當選を見たことは豫想外の好成績である。舊本黨系は大いに面目を施したと言はれてゐる。其の原因に就ては種々の說が行はれてゐるが、言はば度々選拔試驗を經た受驗生のやうな氣味もあり、又四圍の環境豫じめ板挾みの苦痛を前へにして敢然立候補した勇氣と自信とに富める七十三人の候補者の素質が此の好結果を齎らしたものであると思はれる。

衆議院議員の年齡に關する硏究

世の中は段々複雜になり、一國の首相の職務は多々益〻繁劇を極はめるのであるから、元氣旺盛の比較的に若い人でなくては到底完全には勤まらないといふのが、特り我が國のみならず世界に於ける大勢である。且又首相となつてからも假すに少くも數年の歲月を以てするにあらざれば本當の仕事はできないのであるから、甫めて首相となるのは最大限度の讓步に於て六十歲未滿でなくてはならないといふことになるのは決して遠き將來のことではないと思はれる。こういふやうな話がでるときは世人は屢〻原敬氏のことを回想するのである。如何にも原氏が大正七年に甫めて首相となられたのは氏が數ぞへ歳で六十三歳のときである、そうしてそれから三年後の六十六歳のときに東京驛頭の露と消へられた、其の頃でも精力絶倫立派に首相の劇務に堪へられてゐたのである。然し原氏がもつと早く首相になつてゐられたならば、我が國の立憲政治は必ずや一段長足の進歩をなしたことであると思はれる。且又今後の首相の職務は原氏在世の當時に比して更に一層繁劇を加ふるを豫期しなくてはならない。又こういふ場合に屢〻引合ひにでるのは千八百九十二年に、その當時八十三歳のグラッドストーン翁が四度目に英國の首相となつたことであるが、それは全く一種の惰力によつてそういふことになつたのであつて、閣員は最早や昔日のグラッドストーンにあらざる首相をもてあましたといふことが傳つてゐる。そういふ例は必ずしも之を遠き外國に求むるを要せず、或は家光の故智を學んでそれが時代錯誤なるを覺らざるが如き、或は晏如として他人の傀儡たるに甘んじ恬として虚無に耽けるが如き、世人をして所謂矍鑠たる耄齡の惡戯に顰蹙せしめたやうなことさへあつたのである。

重もなる政黨の首領は心身ともに壯健にして何時でも首相となつて大政爕理の任を完全に遂行するに堪ゆるの資格を具備せざるべからず。此の間黨内の事情といふが如き私情を挾む餘地は少しもない。他の一面には向後の政黨の首領は必ずや席を衆議院に有さなくてはならないことになると思はれるが故に、衆議院議員の年齢に關する研究には深い意義がある。

そういふ譯で明治二十三年七月の第一回總選擧から、今回の第十六回總選擧に至る、總選擧の直後に於ける當選者の年齢別調を考査研究したのである。爰に比較對照上不便なるは、議員の總數が三〇〇、三七六、三七九、三八一、四六四、四六六といふやうに次第に殖へてきたことである。依つて先づ第一に總ての場合を總數四六六の基礎に換算した。例へば第一回の總選擧の當選者年齢別は總數三〇〇、三十歲以上四十歲未滿一五四、四十歲以上五十歲未滿一〇五、五十歲以上六十歲未滿三〇、六十歲以上一一であつて、此の割合に四六六を案分すれば二三九、一六三、四七、一七となる。箇樣にして作つたのが次頁に揭げた表である。

此の表が明かに示すが如く、官僚的大勢力と拮抗して惡戰苦鬪するほどの元氣があつた明治三十一年頃までは、我が衆議院は概觀して比較的に若かつたのである。それからは年齢增加の傾向が總選擧毎に疊積して遂に大正九年、大正十三年の如き老いたる衆議院を出現し、少壯議員といつても其の人に孫のあるのはまだしも、そういふことを一向に怪しまないといふほどに年齢に對する考が鈍感に墮落し、同じ人でも若いときの方が働けるといふ天然自然の原則を無視するやうになつたのである。

普選に對する一つの希望は衆議院が段々老いてゆく傾向を頓挫せしめ、生氣潑剌たる新天地を出現せしむるにあつたが、此の希望は無慙にも裏切られた。今回の普選の成績に對して失望すべきものがあつたならば、此の點は確かに失望に値する。普選は從前に比して更に一層老いたる衆議院を出現せしめた、特に三十歲以上四十歲未滿の激減、六十歲以上の目に餘まる激增が注目を惹く。此の悲むべき現象の源因はどこにあるかと問へば、少くもその主もなる源因は、選擧が莫大の費用を要し、比較的少壯の候補者は概して選擧費の調達に便宜を缺き、不如意であつたからであると思はれる。

最初からの總選擧直後の議員年齢調

年次	三十歳以上四十歳未滿	四十歳以上五十歳未滿	五十歳以上六十歳未滿	六十歳以上
明治二三年 七 月	239	163	47	17
明治二五年 二 月	208	174	64	20
明治二七年 三 月	197	190	62	17
〃 九 月	186	191	70	19
明治三一年 三 月	163	219	70	14
〃 八 月	152	233	67	14
明治三五年 八 月	124	234	92	16
明治三六年 三 月	110	232	103	21
明治三七年 三 月	92	228	119	27
明治四一年 五 月	75	216	159	16
明治四五年 五 月	67	213	154	32
大正 四 年 三 月	51	197	168	50
大正 六 年 四 月	50	180	185	51
大正 九 年 五 月	60	151	192	63
大正十三年 五 月	66	176	178	46
昭和 三 年 二 月	37	180	162	87

その昔は官僚内の閥とか杓子定規的の順序とかいふやうなものを非難もし嗤笑もした政黨者流も、年ふるに従がひ、物は古くなれば黴が生へる天然の理法に背くべきよすがもなく、いつしか政黨そのものの中に經歴とか當選回數とかいつたやうな閥や杓子定規ができて、少壯有爲の新進者の擡頭を壓迫するやうになつたのが今日の實狀である。若し此の傾向が益〻增長して極端に達するが如きことあらんか、或は恐る。老閥排斥といふが如き忌はしき氣運の醞釀するが如きことなきを。然し何事を措いても我が國古來の美風である敬老の精神を毀損してはならない。されば此の場合老人連が機先を制し、自ら勇退して、新進者中眞に力量ある人々に驥足を伸ばす餘地を提供しなくてはならない。最後の御奉公に次ぐ最後の御奉公といふやうなことでいつまでも惰性的に優勝の地位に蟠踞し、我れ知らず後進の尊敬を强要するが如き形ちに陷ゐることは、先づ第一に老人その人の本意にあらざるべし。

老齡とか停年制とかを論ずる場合に、世の中には老いて益〻盛な人もゐるではないかといふやうな話しがでる。如何にも活働が長く續くやうな體質の人が此の世の中にあるのは事實である。然し統計的に觀察してそういふ人は決して多くは無いことも事實である。それはそれとして、敢て問ふ。そういふ人達には二十代三十代が無かつたか。明治維新に際し大帝の御稜威の下に、其の當時の二十代三十代の人達の活躍の爲めに新日本が建設せられたのではないか。今の若い者は駄目だといふが如き十把一括の下に、今日の二十代三十代の人の中に人物無しとするは。日本國民が自暴自棄するに陷ゐるものである。近時頻繁に起る疑獄事件、斯くの如き不祥事の半面はそろそろ子孫の爲めに美田を買ふやうなことを考へなくてはならないやうな年齡世に活躍することができない世相の餘殃である。國家順境の惰性より生じた桎梏から、現在の二十代三十代の人を解放するは、今尙ほ矍鑠として精力元氣を保持する老人連が、最後の御奉公として、國家に盡すべき道である。

保守黨に壓倒的勝利を與へた千九百二十四年十月二十九日の英國總選擧は年少者の勝利であつたといふ點に於て吾人に有益なる教訓を與ふるものである。保守黨內に於ける老人閥に對する長い間の非難に顧みて保守黨の幹部は年少者の立候補を奬勵し、そうして多數の年少者が當選したのである。保守黨だけで三十歲未滿が二十五人、三十歲以上三十五歲未滿が二十七人、三十五歲以上四十歲未滿が十八人、即ち四十歲未滿が合計七十人の多きに達したのである。勞働黨の活氣に對抗するが爲めにはどうしても年少氣鋭の士を議院へ送らなくてはならないといふ、よいところに保守黨の幹部が氣付いたのである。我が國今回の總選擧に於て年少者は僅か許りしかない無產黨の中にある、無產黨將來の活氣が豫想せらるるのである。我が既成政黨も早く此の點に着眼し、黨閥とか黨內の順序とかいふものは恭しく神棚にあげて少壯者の躍進を極力奬勵するにあらざれば、他日必ず臍を噬むべきは火を睹るよりも明かである。

ボールドヴヰン首相の意中には成るべく早く少壯新進の人達を責任の地位に据へて彼れ等の天稟力量を發揮せしめてみたいといふ希望のあることが傳へられてゐる、流石がに頑强なる身體の持主である現外相チャンバルレン氏も寄る年波と、想像するだに無理と思はれる劇務の爲めに痛く健康を害し今や轉地療養中である。海相ブリッヂマン氏も健康勝れざるが爲めに次の總選擧には起たざることを早く既に選擧區に豫告してゐる。又印度事務大臣ビルケンヘッド卿が近く辭任せらるるといふ噂がある。偖て何時か現在の英國内閣が改造せらるる場合に此れ等著名の人々に代つて入閣する人達は、まだ我が國などでは一向に名が知られてゐない新進の少壯政治家であると思はれる。エッチ・ビイ・ベッタルトン氏（五十六歳）、エイ・ダフ・クーパー氏（三十八歳）、ダブリユ・イヰ・エリヲット少佐（四十歳）、アール・ヂー・シイ・グリン少佐（四十三歳）、エム・エーチ・マックミラン氏（三十四歳）、ジエ・チイ・オーコンナー大尉（三十七歳）、それから我が旅順のことの想ひださるるゼーブルグの閉塞隊に加はつて片腕を失つたサー・エドワルド・ヒルトン・ヨング氏（三十九歳）といつたやうな連中の中に、近き將來に忽焉世界的大政治家として吾人の目睫にちらつくやうな人があるかも知れないのである。偖てそういふことがあつた場合に我が國の老政治家が之を雲烟過眼しせず、他山の石として自省の參考材料とせられんことを今から希望して置くのである。

棄權率が少かつた原因

今回の總選擧に於て棄權率が全國平均一割九分七厘に過ぎなかつたといふことは、皮相的にみれば非常に好成績であるが、一度其の裏面を窺へば、百鬼夜行、恐るべく醜い買收行爲が臆面もなく行はれたが爲めであることが領づかれるのである。

丁度總選擧の前後に我が國に漫遊にきた外國人の中には、此の一割九分餘といふ棄權率を見て非常に驚歎し、彼れ等の本國でも棄權率は遙かに多いのであるのに、日本で最初の普通選擧に於てこの世界的の記錄を得たことは日本國民の政治思想が我れ等外國人よりも遙かに進んでゐることを示すものであると言ふて、稱讃の美辭を浴びせかけられた吾人は實に穴にでも這りたいやうな心もちがしたのである。

東京市内に於ては流石が場所がらだけあつて、際立つた買收も行はれなかつたやうであるが、東京附近の或る縣では某金權候補者が殆んど緣故のない選擧區へ乘り込んで、而かも立候補締切期限の眞際に立候補して、落選はしたが、鞄の重味の威光で一萬餘票を鹵獲したといふ事實がある。勿論正確なることは解るべき筈がないが、全國に均らして今回の總選擧ほどに買收が盛に行はれたことは未だ嘗てないと言はれてゐる。これといふのも矢張り軍資金が豐富であつたが爲めであると思はれる。

間接の買收は選擧運動が始まるとすぐに行はれたのであるが、直接露骨の買收は勿論投票の前夜か、その一二日前に行はれたのである。『某々の候補者危しもう何萬圓送れ』といつたやうな所謂る怪文書中の電報の文句は此の邊の消息を物語るものである。或る場合には投票場への入場證を買つて替へ玉をして投票せしめたのである。相場は一票最低五十錢から一圓、五圓、十圓といふ邊りであつたと傳へられてゐる。選擧期日の眞際に何千圓何萬圓と大都市の銀行へ一圓紙幣を兩替にくる地方人が多かつたといふ話もある。兎に角に一票の買收價格は平均して今回は制限選擧時代に比べて著るしく低下した。そうして廣汎なる範圍に滿遍なく行はれたといはれてゐる。

小作爭議の深刻なるを以て全國的に知られてゐる地方などでは、階級的意識が盛んであつて、大地主や有産階級の候補者は非常に難儀するであらうと豫想せられてゐたが、實際は豫想を裏切つて、農民の大部分は買收の前には反感も對抗もけろりと忘れてしまうものであることを示したといはれてゐる。總じて農民勞働者等の選擧人を賴りに立候補した無產派候補者の血を吐くやうな述懷談は、所謂る實彈戰の前へには何等施すべき術がなかつたといふ點に於て一致してゐる。

全國に於て棄權率の最低は鳥取縣の八分五厘である。それは悲痛の述懷に値する買收の競爭が猛烈であつたからである。雙方から買收せられた者は何人に投票するといふことは暫く措き、兎に角に投票はしなくてはならなかつたのである。鳥取縣に次いでは秋田縣の一割一分弱である。此の二縣に於ける政治思想が他の府縣に比して特に發達してゐるとは、どうしても考へられないことに想到すれば、必ずや思半ばに過ぐるものあらん。棄權率の最高は沖繩縣の約三割三分、それに次いでは鹿兒島縣、宮崎縣の各々三割强である。若し自然の成行に委かせたならば全國平均の棄權率は三割見當であらうかと思はれる。此の見積りにたいした誤りがないとすれば、一割餘即ち百萬人以上の有權者が特に買收の爲めに狩り出され、尙ほ其の上に買收の爲めに意志が左右せられた人がどれだけあるか判からないといふのであるから、如何に人間共通の弱點とはいふものの、金錢の誘惑が振ふ暴威に戰慄せざるを得ないのである。

以上は府縣別に觀察したのであるが、一地方としては新潟縣下の佐渡郡の棄權率が全國で一番低いのである、それは六分餘り七分には足らないのである。棄權率なるものは政治思想の發達とは沒交涉に、大體に於て買收の多寡を暗示する標準であるとすれば、その昔し『佐渡のかなやま』とか、『佐渡は四十九里波の上』とか歌はれた佐渡が島に於て買收が最も盛んに行はれたといふ結論を生ずるのである。

東京市役所の統計課でできた『誰が棄權したか』と題した東京市内に於ける棄權の狀況を明細に記述した調査書がある。其の中には各區の棄權者總數、棄權者年齡別、棄權者教育程度別、棄權者職業別が載つてゐる。東京市内に於ては買收が行はれたとしても、目に立つほどのことはなかつたのであるから、此の調査書は棄權に關する有益なる參考材料たるを失はない。或は棄權率が一番低くはないかと豫想せられた本所深川の第四區の棄權率が略ぼ全市の平均二割に等しいことは人意を强ふするに足る。

二月の二十日といへばまだうら寒き頃である。北海道や東北地方などにはまだ雪の殘つてゐるところもある。若し當日の天候が惡るかつたならば、その爲めに棄權が殖へないかといふことが掛念されてゐたのであるが、幸にして當日は勿論前日も全國を通じて概して好天氣であつた。然し好天氣であつたが故に前夜からの出漁の爲めに殆んど全村擧つて投票をしなかつたところもある。このことは机上の考へには兎角脫漏があり勝ちである好適例である。

衆議院議員總選擧の結果諸表

總選擧のある毎に選擧の結果に關する種々の統計表が内務省警保局に於てできるのである。大正十三年の總選擧の折りには

候補者及び當選者黨派別調

當選者及び前議員黨派別比較表

當選者市部、郡部別調
當選者職業別調
當選者年齢別調
當選者敎育(學歴)調
當選者新、前、元別調
黨派別得票調
事務所及び運動者數調
候補者選擧費調
集會度數調、集會種類別調、集會處分別調

そういふ調ができたのである。勿論これは第十五回總選擧に限らず、總選擧行事とでもいつたやうに總選擧の度び毎に大同小異の調ができたのである。

此のところにて一言して置きたいと思ふことは輸入候補者調である。現に選擧區内に住居してゐる、いはば地元の候補者、出生地であるとか又は類似の因縁關係はあるが重もに他の場所に住居し廣く世間に活働してゐる半輸入候補者、それから純粹の輸入候補者、そういふ調をするには地方廳は最も便宜を有し、且又概略のことを知るのはそれほど六つかしいとも思はれざるが故に、將來は内務省が此の方面の調査をもせられんことを希望する。

今回の總選擧に於ては普選法の成立に伴ひ選擧費調が削除され、供託金不還付候補者調が新たに加つたといふやうに多少の增減はあつたが、大體同じやうな調ができたのである。尤も黨派別に關するものに就ては所謂舊內務省の調査は當てにならないが、その他の調は有益なる統計資料である。それは總選擧の直後に世にでた東京朝日新聞社の『普選總選擧大觀』などに載てゐる。

第五節　黨派別得票數に案分すれば

比例代表に關する著者の考は何時か詳しく之を述べてみたいと思つてゐるが、それは別箇の著述に讓り、ここでは其の涓滴を略叙するに止める。

今回の總選擧の直後に比例代表に關する言論說明等がここかしこに現はれたが、其の中には、誤りといつては酷に過ぎるかも知れないが、比例代表の本質を理會せざるより起る、うわ滑りの議論もあつたのである。由來比例代表法の根本義とするところのもの、其の根據に就てもよく考へてみれば疑がないことはないのである。外國の書物などには、代議政治は國民の自由意思をありのままに其の分量に應じて數的に議會に反映することになつて甫めて代議政治の眞價が發揮される。議會は國民の自由意思の分布の縮圖でなくてはならない。そうして比例代表法は此の目的を達するが爲めの手段である。先づそういふやうなことが書いてあるが、此れは俗に所謂る眉唾の說である。幾千萬人より成る國民の自由意思、そのありのままの縮圖、それは霏々紛々混沌朦朧漠々たる雲霧の如きものである。數千萬人の合成寫眞の如く得體の知れぬ鵺式のものである。代表者といふ、その代表といふ考そのものの中に被代表者が小異を捨て大同につき、心理的乖異を節制調和し、之を濾過し、之を結晶せしむるといふ意義が含まれゐるのである。そういふ作用が適當の順序に行はれそうして調節せらるると同時に洗練せられたる國民の意志が衆議院の院議として現はれる、そこに代議政治の極致がある。そうしてそこに達する途中の道程に於て無理があつてはならないといふ邊りに比例代表法の根據があるのである。俗に落選の得票を死票と稱するのであるが、それは全く役に立たないものではない、少くも生きた方の投票の調節的意義を强よめただけの效果はある。黨派別得票數が當選者の數に比例するといふことが數字的に唯物的に杓子定現的にきちんと行はれなくてはならないといふやうな理屈はどこにもない、唯種々考慮せられざるべからざる要件によつて限界せられた範圍内に於て黨派別得票數と當選者の數との間に概略の案分關係があればよいのである。今回の總選擧の直後に現はれた比例代表に關する多くの論説中に此の點に觸れたるものを見ずして痛く失望したが、唯一つ東京朝日新聞の記事中に

『机の上での紙と鉛筆とでデッチあげた數學的の正確さを持つ方法が是非とも必要であるかどうか、更に又いはゆる死票といふものに果してこれを更生せしむる現實の必要があるかどうかは實際政治の問題として多少疑問の餘地があらう』

とあつたのをみて、此の記事が或る人の筆になれるものではなからうかといふ推想が浮ぶと同時に其の人の卓見に敬服したのである。

比例代表に關する著述は多くは比例代表の妄信者ならざるまでも禮讃者の書いたものであるから、恰も比例代表法が萬能膏ででもあるかのやうな誤つた印象を與ふる上に於て餘程戒心して讀まなくてはならない。丁度我が國では普選法が成立した年として記念せらるべき大正十四年にジョヂ・ホルウォルといふ人が書いた

『比例代表、其の危險及び缺陷』と題した本が倫動で發行された、その日本譯は原書がでると間もなく大日本文明協會から出版せられた。其の中には比例代表の危險と缺陷とが激烈に指摘せられてゐる。

比例代表の種類

比例代表の實際的方法は澤山ある。普通世に知られてゐるものだけでも、三百餘種類あると言はれてゐる。然し大別すれば、名簿式と單記移讓式との二つしかないとせられてゐたのであるが、歐洲大戰後にもう一つ殖へたのである、それは獨逸式である。獨逸式は徹底的比例代表法とでも評すべきものであつて、勿論名簿式の一種類には相違ないが、在來の名簿式とは餘程趣を異にしてゐるから、之を別種のものとするか、或は名簿式を二大別して普通のものと獨逸式とに分つのが比例代表に關する議論の歸趣を明瞭にする上に於て便宜であると思はれる。

獨逸式は本來なればバーデン式と稱すべきものである。其の源はバーデン國新憲法の中にある、その第二十二條にかういふことがある。それは各選擧區に於て黨派の名簿に對する投票數一萬毎に選出議員一人を割當て、さうして殘つた端數は全國を通じて合算し、又々一萬票毎に一人の議員を其の黨に割當て、其の又殘數が七千五百以下なれば切捨て、以上なれば繰上げて一萬と看做すのである。

千九百二十年四月發布の獨逸國現行選擧法は、其の範をバーデン式に採つたものである。全國を三十五個の選擧區に分け、原則として六萬票に一人の割で議員を出すことになつてゐる。選擧人は候補者に投票するにあらずして、各政黨が作つた、候補者の名が連記せられてある名簿に投票するのである。各選擧區に於ては名簿に對する六萬票毎に其の名簿からして一人の當選者を出す、これが第一次の當選である。

次に隣接した數個の選擧區を集めたものを聯合選擧區と稱し、原選擧區に於ける六萬票未滿三萬票以上の端數を聯合選擧區へ移し、聯合選擧區には別に聯合選擧區の名簿があつて端數集積の得票六萬票毎にその名簿から一人の當選者を出す、これが第二次の當選である。

次に原選擧區に於ける三萬票未滿の端數及び聯合選擧區に於ける端數を悉く國の中央へ移す。中央には中央の名簿があつて端數集積の得票六萬票毎に一人の當選者を出す、これが第三次の當選である。

同一の人名が以上三種の名簿中にあつても差支ないのであるから、或る黨派に於て是非とも當選させなくてはならない重要人物は三種の名簿の何れにも載せて置けばよいのである。現に本年の總選擧に於て人民黨の現外相ストレセマン氏は原選擧區に於ては當選しなかつたが第三次の中央に於て當選したのである。地方的の情實緣故に累せられない大人物を議院へ送る上に於て第三次の中央當選は名案だと言はれてゐる、要するに獨逸式は全國を一選擧區とする比例代表制度の實現を理想とし、手續の實際に於ける可能性の許す限り、成るべく此の理想に近づかんことを試みたものである。こういふ譯で獨逸では議員の總數が定まつてゐないのである。尤も定まつてゐないといつても、六萬票に付一人といふ目安で大體はきまつてゐるのである。

我が國にても普選法立案の前後に、その當時內務省地方局に居られた阪事務官の立案を堀切善次郎氏が修正せられた獨逸式模倣の比例選擧法私案といふものが公けにせられたことがあつた。

普通の名簿式は矢張り人に投票するにあらずして黨派に投票するのであるが、凡ての事が一選擧區限りに處分せられてしまうのである。結局り一選擧區內の黨派別得票數に案分して黨派別當選者を出すのである、それには端數が餘り影響を生じないやうにするが爲めに、一選擧區を成るべく大きくしなくてはならないのである。

我が國今回の總選擧に於て、一選擧區內で、政民兩黨の得票數が一番接近した場合は、福島縣第三區の政二八、六二三票、民二八、〇五三票であつた。若し定員が四人であつたとしたならば兩黨各々二人宛で寔に都合がよいのであるが、如何せん、實際の定員は三人であるから、黨派別得票數に案分すれば政二民一となる。實際政二民一が當選してゐる。此れに似たやうな定員三人の選擧區は富山縣第一區、同第二區、石川縣第二區、長野縣第四區、愛知縣第二區、德島縣第二區である。定員四人、五人の區にはそういふやうなところは無いといつてもよいのであるが、それでも唯一つある。定員五人の長崎縣第一區の政民黨派別得票數は、政四四、六六九票、民四三、六八九票、黨派別得票數に案分すれば政三民二となるが、實際は政二民三が當選してゐる。

選擧區の大きいといふことは、言ふまでもなく、定員の多いことを意味するのである。さて選擧區は成るべく大きいのがよいといつても、實際の問題としては、そこには自ら限界がある。著者の知れる限りは、白耳義現行法のブレッセル市選擧區定員二十六人、戰後の獨逸に於けるワイマル憲法會議構成の爲めに作つた暫定的選擧法の中にある定員十七人の第三十一選擧區などが實際には一番大きな選擧區である。又千九百十年の英國選擧法調査委員會の報告中には一選擧區の定員數が十五人を越ゆることは考へものであるといふことが載つてゐる。大選擧區時代に於ける我が國で一番大きな選擧區は新潟縣郡部の十二人、それに次いで東京市、兵庫縣郡部、愛知縣郡部の各々十一人、それから千葉縣全縣、廣島縣郡部、福岡縣郡部の各々十人である。

選擧區が相應に大きくても黨派が澤山に分かれてゐるところでは投票の端數が矢張りものをいふのであつて、其の爲めに罕には意外の結果を生ずることがある。例へば白耳義國で比例代表制の下に行はれた千九百年及び千九百二年の總選擧に於ては得票數の少數の黨派から多數の當選者を出したといふやうなことがあつたが、此れは勿論非常に稀有の現象である。因みに記す。今回の總選擧に於て政、民、革新、實同、中立、社民、他無、その總ての候補者が現はれた選擧區は全國中に唯一しか無かつた、それは東京府第四區である。

單記委讓式に就ては餘り簡單な說明を試みるときは、誤解を生ずる恐れがある、實際單記委讓式に關しては間違つた考が可なり廣く我が國に流布されてゐるやうに考へられるが故に、その說明は此の處ではいつそ全く略することとし、詳しいことは本書の續編を公けにするが如きことがあつた折りに讓る。惜むらく今は廢絕となつた雜誌太陽の大正十六年一月號に載つてゐる『普選に對する感想』と題した著者の論說中に『單記委讓式早解り』と題した一節があるから、一通りの說明はそれに讓る。

名簿式を徹底的に排斥すべき理由

昔し英國に於て入港税などの爲めに船舶の容積噸數を算定する一種の算式が法律を以て定められたことがある。船舶の形ちは不規則であつて、その容積は到底幾何學的には測定することができないから、どうしても何か杓子定規的の算式が必要である。それから幾星霜を經てからあとのことである、難破船が非常に殖へてきたといふ統計的事實が現はれた。そこで段々深く其の源因を取調べてみたところが、成るべく入港税を少くしたいといふ意識が船舶の設計の上に知らず知らずに影響するやうになつて、結局りは算式が惡かつたが爲めに、船舶の安坐性即ち海難に抵抗し得る力が弱くなつたが爲めであることが明かになつた。そこで急いで算式を改めたのであるが、その時既に英國は、物質上の損害は暫く措くも、英國の誇りである勇敢なる海員の人命上莫大な損失をしてゐたのである。同様に我が選擧法中に萬が一にも名簿式といふやうな不都合なものが採用せらるるが如きことあらんか、それは丁度今いつた惡算式のやうなものであつて、知らず覺らざるいつのまにか議員の素質が段々惡くなつて、船舶どころではない、國家が難船する危險があるのである。

如何にも名簿式は歐洲大陸諸國に於て可なり廣く用ゐられてゐる。何が故に然るか其の理由を深くもきはめることをなさず、兎角物事を皮相的に考へるやうな人々の氣に入り易い所に名簿式採用の危險が蟄伏してゐる。黨派根性が極度に增長するときは名簿式が唯わけもなくよいやうに意識せらるるやうなことも考へられる。單記委讓式の禮讃者も黨爭に浸潤するときは、浸潤のいたすところ金をも鑠かして、名簿式でも構はないといふやうなことが氣ざす危險がある。さういふやうな種々の危險に對して取越し苦勞をするときは眞に身も世もあられないやうな心もちがする。

名簿式は人に投票するにあらずして黨派に投票するのである。さうして各選擧區の被選擧人候補者名簿は通例地方的情實因緣の淵叢である、其の黨派の地方支部が作ることになる。支部は選擧費を本部に要求する、本部は中々に支部の勝手我儘なる要求に應ずることはできない。さういふ弱みもあるが故に本部の權威は思ふやうに支部へ行渡らない。場合によつてはあべこべに本部が支部から威壓せらるるやうなことも絶無ではない、人間に弱點といふものがあらん限りは政黨の地方支部が祭り上げる被選擧人候補者が人材人物であることを要求するのは木に緣つて魚を求むるよりも六づかしい。又此れは我が國に限らないのであるが、選擧權の擴張ある毎に賢愚の差別撤廢、荒唐無稽の平等論などが、間違つたことではあるが、擡頭するが如きことのあるのは歴史が示してゐる。惟ふに代議政治の向上進歩といふことは國家總動員的に人物人材を索めて之を政治の中心たる衆議院へ送ることを前提とするものである。普選の直接の目的は勿論國民の總てに參政權を與ふにある。それと同時に間接には、人物人材は社會の如何なる階級にゐるかわからない、卽ち有りとあらゆる階級から國民總動員的に人物人材を狩出さんとするところに、深い意義があるのである。

代議政治は實際に於てどうしても政黨に依らなくてはならないから、代議政治の進歩といふことは結局り政黨の向上發達に待たなければならぬ。偖て凡ては人にある。政黨の向上發達の爲めには政黨が人物人材を吸收する作用が間斷なく行はれなくてはならない。そうしてそれは主として善良なる選擧法によらなくてはならない。此の意味からいふも固定停滯せる政黨觀念を根柢とする名簿式の如きものは斷然排斥すべきである。人に投票するのであれば、人物人材に投票が集積するは自然の理である、卽ち人物人材を候補者に推すことは政黨そのものの選擧上に於けるの利益である。斯くて人物人材が政黨に集つて政黨そのものが不斷に改善せられなくてはならない。故に人に投票するといふことは代議政治の根本義をなすものである。

名簿式なるものは議員の素質を劣惡にするものであるが故に、名簿式の採用といふが如き議が萬が一にも起るが如き場合を豫想し、機先を制して早く既に之を排斥しておくことは我が憲政の健全なる發達を庶幾する所以なるを確認し、此の信念の下に十年一日の如く微力を盡してきたのであるが、假りに一歩を讓り名簿式を採用するとしても、名簿式なるものは黨派に投票するのであるから、それはその黨派なるものが多少の恒久性を有することを先決問題とするものである。現在の我が國の政黨の如く離合集散の恒ならずして如何にも浮動性に富みたるものに就ては黨派に投票すると言ふが如きは、全く意味をなさないのである。

今回の總選擧に於て岩手縣第一區の熊谷巖氏が反對派の柏田氏を落選せしめんが爲めに自個の得票をさいて同志同名の鈴木氏に讓られたといふことである。又岐阜縣第三區の古屋慶隆氏が自個の得票を渡邊德助氏に割愛せられたが爲めに渡邊氏は當選せられたれど古屋氏が却つて落選せられ、そこで渡邊氏は當選を辭退して次點者の古屋氏の當選を圖らんとせられたが、古屋氏はそれを肯ぜられずして沙汰やみとなつたと傳へられてゐる。どこまでが事實なるかは判然しないが、そういふことが今回の總選擧中に於ける美談の一つとして世に傳つてゐる。そういふやうな得票の割讓といふが如き例が罕にはあつたが、他の一面には石川縣第一區の永井柳太郎氏が自個の得票の一部を同じ民政派の人に讓ることを試みられたが選擧人は頑として之に應ぜず、選擧人は曰く『我れ等は永井氏を敬慕すればこそ永井氏に投票するのである。何人か他の人に投票するといふが如きは我れ等の信念に背く、設へそれが永井氏自身の希望であつたとしても、我れ等はそんな話を聞く耳を持たない』。そういふ趣旨からして永井氏の懇請を選擧人が凛乎としてはねつけたといふ、秋霜烈日の美談が傳へられてゐる。選擧人が投票の割讓を肯じなかつた場合は此の外にも幾つもある。今回の總選擧に於て最多數の投票を得られた東京府第五區の高木正年氏、高木氏の得票を割讓したらばといふやうな話を聞くことがあるが、殆んど宗教的に高木氏を信仰してゐる選擧民は恐らくそんな打算的のことを肯ぜざるべし。此の意氣、その打算的ならざるところに我が國民性中の尊きものがある。此の意氣に胚胎する選擧民の自由意志、それを枉ぐることを强要すべき何等の理由もない。此の意氣を善用してこそ寸時も停滝滋滯を許さざる政黨そのものの改善を圖ることができるのである。投票は必ず個人に對して行ふ、從つて個人の個性は投票を得る上に於ける死活問題である。故に政黨が候補者を選ぶにはそこに重心を置く。個々の場合に就ては買收の爲めに金權候補者を擔ぐといふが如きことも免れないのであるが、大局から觀察して、候補者の人物材幹に重きを置く歸趨傾向を彌が上にも促進せしむるにあらざれば議員の素質を向上せしむることはできないのである。名簿式なるものは選擧民を餘りに器械視し、その自由意志を拘束して政黨そのものの改善を退步的傾向に置くものである。

何故に歐洲大陸諸國では名簿式が行はれてゐるか

歐洲大陸諸國には所謂「マイノリチー」即ち少數民族の問題といふものがある。特に新興諸國に於ては少數民族の問題の惱みは深刻である。此の問題を根本的に吟味するときは、何が故にそれ等の諸國に於ては名簿式が已むなく行はれてゐることがわかるのである。此れ等の諸國には人種、言語、宗教等が違つてゐる人人が彪然として雜居してゐる。あちら立てればこちらが立たぬ、雙方立てれば國が立たぬ。されば不平不服不滿はどうしてみやうもないのである。感情の激するところ、先き頃ユーゴースラヴィア國の議院内に於て双傷沙汰を生じ、世界的に惜まれたラテック氏の不慮の死を見るやうなことさへあつたのである。さればこういふ國々に於ては何事も杓子定規的に多數決による、その又多數決なるものは杓子定規的に議員の數が黨派別得票數にきつかり比例してゐる議院に於ける多數決によるの外に途がない。それ故に名簿式は議員の素質を惡くするものであるといふやうなことを考慮するの餘裕がない、此の場合名簿式の採用は加何にしても除去することのできない不平不滿を何んとかして我慢せしめんが爲めの方便に過ぎないのである。

佛國に於ける選擧法の變遷、それは何時か他の機會に於て其の詳細を述べてみたいと思ふのであるが、ここでは略する。著者の知人で元は數學者であつて、戰後原氏がまだ存命中に我が國に來られたこともあるパンルヴェー氏、同氏は嘗て比例代表に關する研究を公にせられたことがあり、それが端緒となつて政界入りをせられたのである。其の頃は佛國に於ても比例代表贊成說が可なり盛んであつて遂に採用せられたのである。佛國に於ては選擧法が殆んど年中行事のやうに頻繁に改正せらることは事實である、然し此れは佛國固有の特別なる事情によるものであつて、佛國でそうであるから、我が國でも選擧法を朝令暮改してもよいといふ理由にはならない。

昨年七月にできた佛國新選擧法は全國を、一選擧區の有權者數を約十萬人とした、六百十二選擧區に分ち、各選擧區に於て諸黨派は各々一人の候補者を推し、絕對多數を得た一人が當選する。絕對多數を得たる者なきときは、八日以內に再選擧を行ひ、その時に比較多數を得たものが當選するのである。同國に於ては可なり以前に比例代表法が採用されたのであるが、それから後選擧法の改正がある每に比例代表の影が薄らいで來たのである。それでも新選擧法の一つ前の選擧法には比例代表の痕跡が殘つてゐたが、新選擧法の成ると同時に佛國に於ける比例代表制は終焉を告げたのである。元來佛國に於ては、特にまだアルサス、ローレーン州がはいらなかつた戰前の佛國に於ては、少數民族といつたやうな事情はなかつたのであるから、名簿式比例代表法などの必要はなかつたのである。今回それが跡を絕つに至つたのは寧ろ當然のことであるといつてもよいのである。

名簿式比例代表法が比較的に都合よく行はれてゐるのは瑞西國である。これは同國が大國の間に介在し大國の好意に浴する安樂境であり、政治的知識が平等に國民の間に普及されてゐるといふやうな特別の事情によるものである。白耳義の國情は幾多の點に於て瑞西國に似てゐるが、名簿式採用の結果は瑞西國の如く都合よく行はれてゐない。加之のみならず最近同國の政治界はその爲めに屢〻行詰りを生じ何んとか選擧法を改正しなくてはならないといふ氣運が醞釀されつつある。其の概要は國家學會雜誌の昭和三年六月號に載つてゐる。『白耳義に於ける千九百二十五年の內閣組織難と加那陀に於ける千九百二十六年の複雜なる政變』と題した著者の論說中に載つてゐる。尙ほ丁度政變の直後に同國を訪問せられた水野練太郎氏からは、それに就て尙ほ詳しいことを記述せられたものを著者の手元に送り越されたのである。

白耳義國に於ては早くから比例代表制が採用せられ、且又同國にはドンド敎授の如き熱心なる比例代表法の研究者があつて、選擧法も幾度びか改正せられたのであるが、どうも甘く行かないのである。白耳義國にはフラマン及びワロンの二民族が大體同勢力を以て拮抗し、ブラッセル市を境界として大體北方に位するフラマン地方は農業國にして住民は多くは舊敎信者なるに反し、南方は主として工業國にして社會主義を持し、其の間の調和が六づかしいのである。然し同國の選擧は研究材料としては非常に面白いものである。且又それに就ては手元に安達大使から幣原外相宛大正十五年二月附にて報告せられた貴重なる材料もあるが故に、本書の續編を公にするが如き場合に詳しいことを敍述して見たいと思つてゐる。唯一つここで述べて置きたいと思ふことは、白耳義では矢張り名簿式を用ゐてゐるのではあるが、如何に黨派に投票するのであるからとはいひながら、候補者名簿中の候補者の配列順までもを押しつけることは餘りに選擧人の自由意思を束縛するものでありとし、順位だけは選擧人が勝手に定めてよいことになつてゐる。其の爲めに名簿式の單純なる特色が失はれ、近年同國に於て一般民衆が代議政治に冷淡ならんとする傾向があるのは選擧の結果の計算方法が複雜微妙に過ぐるが爲めにあらざるかと識者の間に憂慮されつつあるのである。

戰後の獨逸が何が故にあれほどに徹底的な名簿式を採用したか、そこには國情の懊惱が偲ばるるのである。戰後の獨逸が未曾有の難局に際會して居ることは言ふまでもない。元來獨逸は聯邦組織の國であつて、獨逸の政黨にはバヴァリア人民黨、ハンノーバー黨といふやうに明かに地方の名を冠らせた黨派がある上に、其の然らざるものの中にも地方的色彩の濃厚なるものがある。まかりまちがへば聯邦性的調和に龜裂が入る恐れがあるから、已むを得ずあれほどに徹底した獨逸式比例代表法を採用しなくてはならなかつたのである。然し各選擧區に於ける殘餘の端數得票を全部聯合選擧區へ移さず、三萬票未滿のものは中央へ送り、聯合選擧區より移し來れる端數票數と合せて中央に於ける集積票數が成るべく多くなることを努め、そうして地方的色彩を缺ける大人物を成るべく多數に議會へ送ることを圖りたる邊りには、他國人には味ふことのできない慘澹たる苦心の跡が偲ばるるのである。

他年一日所謂内地延長主義が採用せらるることになつて、朝鮮臺灣からも議員を永田町の丘陵へ送るやうになつた曉はいざ知らず、現在の我が國や、既に南愛蘭が分離せる英國、アルサス、ローレンが新たに加はつたとはいふものの、尙ほ佛國などに於ては、議員の素質を劣惡にする傾向を有する名簿式を、何を苦んでか、採用しなくてはならないといふやうな、必要は微塵もないのである。

選擧法などに就て物知りとして認められた人の中には、一つの黨派から選出せらるる當選者の數はその黨派の得票數に嚴重に、寸分違はず、きちんと、比例しなくてはならないやうに唯わけもなく意識する人があるが、投票といふことそのものの本質及び實際に照らしてそんなことはないのである。唯餘り懸け離れた不均衡があつてはならない。結局り黨派別得票數と當選者の數との割合が大見當合つてゐればそれでよいのである。又そういふ物知りの中には歐洲大陸の諸國は大抵は比例代表制を採用してゐる。ただ英國だけが例の舊習自慢の保守的漸進的の氣風から依然として採用しかねてゐるといふ風に如何にも無造作に片付けてしまう人があるが、それは病的に比例代表に心醉するの餘りに出でた輕卒な觀察である。それは餘りに英國を見くびりすぎ、英國に對する理解の緻密ならざるを示すものである。

昭和三年四月五日の夜東京ステーションホテルに於て新渡戸稻造、近衞文麿、美濃部達吉外數氏の肝煎で今回の總選擧の結果を話題の中心として催された座談會に於て、前田多門氏が言はれたのである。『自分(前田氏)がジュネヴァ市に居たときに歐洲大陸諸國の人達から聞いたのである。此れ等の國々に於ては多くは比例代表制が行はれてゐるが、その結果が甚だ面白くないから何んとか改めなくてはならない。そういふ話を屢〻聞いたのであるから、我が國でも比例代表制を採用するに就てはよくその利害得失を考究しなくてはならない』と曰はれ、此のことに就て暗に著者の一言するを促されたことがあつた。

佛國では全く比例代表の痕跡を絶ち、白耳義では比例代表の爲めに困まりぬゐてゐることは既に述べてある。著者の知れる限りは比例代表法が先づ無難に行はれてゐるのは瑞西國と、それから丁度本書の此の邊を書いてゐた頃に總選擧があつた瑞典國である。丁抹國でも比例代表法が圓滑に行はれてゐるが同國の方式は名簿式でもなく單記委讓式でもない一種獨特のものである。其のことに就て他日詳しいことを述べる機會のあらんことを希望するにとどめる。其の他の國々に於て比例代表制は決して思ふやうには行はれてゐないのである。獨逸に於ても大戰の瘡痍未だ癒えざるうちは現行の獨逸式が先づ障りなく行はれるであらうが、一旦國力が完全に回復し聯邦性に罅裂のいる憂が全く無くなつた曉には、それは我れ等の孫子の時代になることと思はれるが、そのときには比例代表制が恰も今日の佛國の如く無くなるかも知れない。尤も現在に於ても獨逸に於て選擧改正の議は可なり盛んに行はれてゐる、然し比例代表法の根本を變更するやうなことは可なり永い當分の間は萬々なからうと信ずるのである。

英國に於ける比例代表論の趨勢

英國に於ても古いところではヘーア、ドルーブ、單記委讓式の熱心なる共鳴謳歌者であつたジョン・スチュアルト・ミルの如き、それから比例代表協會の發起人であり、その最初の會頭であつたエーヴェリー卿（サー・ジョン・ラボック）の如きは何れも熱心なる比例代表の賛成者である。又千九百十年の選擧法調査委員會の報告、それは僅かに六十三頁の小冊子ではあるが、此の小冊子の中に於て比例代表に就て述べてあるものほど簡にして要領の得た記述は外にはないかと思はれる。現在の政治家では自由黨のブルンネル氏、マックレアン氏、シモン氏、勞働黨のクラインス氏、スミリー氏、スノーデン氏、保守黨のアメリー氏、ビルケンヘッド卿、セシル卿、セルボルン卿、モンド氏、嘗ては世界隨一の名文部大臣といはれたフヰッシャ氏等の熱誠なる翼賛歸依を享けてゐる比例代表法がまだ英國に於て行はれてゐないことに就ては深い理由がある。唯一口に英國は保守的だからと言つて片づけてしまうのは、その人の英國の事物に對する眞の理會の缺如を意味するものである。

國民のあらゆる階級に通じて總動員的に人物人材を索めて、之を衆議院へ送ることは英國民の傳統的精神であり、良習慣である。そこに英國代議政治の優秀なる最大原因が伏在してゐる。されば政黨の地方支部、周旋屋氣質の黨員、地方的の「コーカス」の專横の爲めに、議員の素質が知らず識らず惡くなる傾向を有する名簿式の如きは無論大禁物である。政黨の訓練が行屆き政黨の恒久性が比較的に確實であつて黨に對して投票するといふことが最も合理的に行はれ得るにも拘はらず、名簿式を採用するといふが如きは英國人の眼中には全然ないのである、英國は宗教的信念を以て飽くまでも人に投票することを固守してゐる。そこで殘るは現在のところでは單記委讓式であるが、それは單記委讓式禮讃者が誇張するほどに簡單なものではない、彌〻實際に採用するといふ段になれば、そこに困難がある。序ながら附記するのである。名簿式も全然選擧人の自由意思を無視した單純のものなれば、計算は簡單であるが、現行白耳義選擧法の場合などに於ては、物知りが町村役場の吏員は比例代表の計算すら分らぬ程度の無知蒙昧の輩ではないと放言して得々たるを裏書し得るほどに簡單ではないのである。

千九百十八年の英國選擧法改正に際しては單記委讓式の採用が可なり熱心に主張せられたのである。そこでいづ國も同じ秋の夕暮ならぬ互讓妥協、單記委讓式論者の顏をたてるといふやうな氣味で、刺身のつまといつた鹽梅に、先づ大學選擧區だけに單記委讓式を採用することとなつたのである。

一番最初に單記委讓式を採用したのは濠洲のタスマニア島であるが、これは極めて小規模の選擧であるから、たいした參考にはならない。千九百二十二年南愛蘭が英本國から分離したときに、國情の然らしむるところ、どうしても比例代表制を採用しなくてはならなかつたのである。これが相當大規模に單記委讓式が用ゐられた始めである。それ故に南愛蘭の選擧法其の他選擧に關することを詳しく調べてみたいといふことを多年心掛けてゐたのである。丁度本書の執筆最中に在英國佐分利代理大使の厚意により南愛蘭の選擧に關する書類を細大漏さず入手したのである、これは自分一個の私すべきものでないから、議院の建築成るを待つて衆議院の圖書室へ寄贈する積りである。その書類中選擧の汚濁に對する制裁を規定した「アクト」は此の種の法律中最もよくできてゐるかと思はれるが故に、本書の續編を公にするが如き機會があつたならば其の概要を載せたいと思つてゐる。

比例代表法を採用するとなれば單記委讓式であるが、先づ南愛蘭に於ける實績を充分に見屆てからといふのが比例代表に對する英國國民の潛翳的意識であるかと思はれる。然しそれよりも著者はこれから略叙する補正式と稱する新案を英國國民へ推奬したいのである。尙ほ南愛蘭自由國に於ても選擧法改正の議がぽつぽつ擡頭し、單記委讓式採用の繼續も少くも問題となる可能性のあることが極めて最近に傳はつてゐる。

補正式比例代表法

概略現在行はれてゐる普通の選擧の方法を襲踏し、各黨派の當選議員數がその黨派の得票總數に略ぼ比例するといふ比例代表の眼目主旨が大體貫徹するやうな、何か旨い獨創的の新案もないかと思つて、多年種々研究もし工夫もしてゐたのである。丁度大正大地震の年として永く後世に記念せらるべき、大正十二年にあとで補正式と命名することにした考案が胸に浮んだのである。そこで同年十二月と翌年の一月との二回帝國學士院に於て、又大正十三年一月三十一日、忘れもやらぬ偶然淸浦變體内閣が亂暴にも議會を解散した日であつた。其の晩に日本倶樂部に於て催された法理研究會に於て、此の案を豫備的に發表して批評を請ふたのである。其の後も種々熟考研究の結果として、此の考案には誤謬も缺陷もないといふ自信ができたが故に、昨年六月他の用向で英國へ行く機會に、同國に於て此の案の決定的發表をしたいと思つてゐたのであるが、乘船まできめた後ちに、少しの障礙の爲めに英國行を中止したるが故にまだ素志を果さないのである。

普選法立案中或るときに比例代表のことが問題となつたのである。三派側の調査委員會中の小委員は政友會の故石井謹吾氏、憲政會の八並武治氏、それから革新倶樂部の松本君平氏の三人であつた。此の案に黨派的色彩がつくことは好ましからないが、三派協調の場合であるからさういふ懸念もない、そこで委員會に出席して此の考案を説明してみたいと、著者の方から進んで申込んだのである。さうこうしてゐる間に比例代表の話が沙汰やみになつて、此の申込も自然消滅したのであるが、其の當時に石井氏は著者を鎌倉の立退き先きに尋ねられたのである。元來補正式なるものは極めて簡單明瞭なるものであつて、明敏なる石井氏は直ちに其の要領を得られたのである。何時か補正式の採用を提唱するときに同氏の熱心なる助勢を期待してゐたるに、少壯有爲の石井氏は逝いて影なく、頽齡病弱の著者が借年を貪つてゐる。實にわからないものは人の壽命である。

補正式は實際投票をするときには少しも普通の場合と異るところはない、唯普通の議席の外に一割内外の補正議席といふものが設けてある。普通の場合と全く同じやうにして普通議席に對する當落がきまつたところで、黨派別得票數と對照して、そこに黨派別得票數と黨派別當選者の數との割合に不均衡が發見せられたときに、その不均衡を訂正するやうに補正議席を割當てるのである。それ故に見方によつては何んとなく獨逸式に於ける第三次の中央當選に似てゐるやうな氣味がある。

如何にして補正議席に對する當選を定めるかといへば、その爲めには、補正率といふものを算出する、それは次點者の首位の得票數を當選者の末位の得票數で割つたものである。例へば大正十三年の總選擧に於て大阪府第三區の當選末位は淸瀨一郎氏の二、一〇五票、落選者の首位は中橋德五郎氏の二、〇九六票である。故に今基準を千とすれば中橋氏の補正率は九九〇となる。それから黨派別に補正率の順に列べた落選者の表を作る。

大正十三年の總選擧に於ては定員四六四、黨派別の當選數は憲政會一五一、本黨一一六、政友會一〇一、革新倶樂部三〇、實業同志會八、中立五八であつた。今假りに補正議席の數を約一割の四六とすれば、議席の總數は合計五一〇となる。それから此の五一〇の議席を黨派別得票數（數字は略す）に案分すれば

憲政會	一四八
本　黨	一三二（一三一に訂正）
政友會	一〇九（一〇八に訂正）
革新倶樂部	三一
實業同志會	八

中　立　　八二（八一に訂正）

そこで憲政會から三人減らすことができれば寔に都合がよいのであるが、それはできないのであるから、その三人を殘餘の黨派に案分して、本黨、政友會、中立から各一人宛減じて、本黨一三一、政友會一〇八、中立八一と定める。それから四六の補正議席を本黨に一六、政友會に七、革新俱樂部に一、中立に二三を割當てる、卽ち補正率順の表により各黨派からそれだけ宛の當選者を出すのである。設しそういふことになつてゐたならば、本黨では中橋、中西、一宮、田邊、添田等の諸氏、政友會では胎中、森（恪）、坂本等の諸氏、中立では根本、平山（訴訟の結果あとで當選）、横山（助成）等の諸氏が浮んだのである。そうして今回の石川縣第一區に於けるが如き紛糾は起らなかつたかも知れないのである。補正式の一つの功能は險惡なる狙ひ打ちを少くして選擧場裏に於けるさなきだに熱狂し易き群集心理を寬和するところにある。偖て大體は此れだけで解ると思はれるが、尙ほ著者の手元には我が國に於ける大正九年及び大正十三年、英國の千九百二十四年の總選擧の場合に就て精算したものがあるから、本書の續編を公けにするが如きことがあつたならば、そのときに詳しいことを述べたいと思つてゐる。

上の例に於ては成るべく說明を簡單にするが爲めに、定員四六四の外に假りに補選議席四六を設けたのであるが、總議席數を四六四見當にするには、元來四六四といふ數は人口十二萬人に付議員一人の割を目安としたのであるから、人口十四、五萬人に付議員一人の割を目安として別表を作れば、普通議席數三九〇乃至四一〇といふ數が出てくる、それと四六四との開きを補正議席數とすればよいのである。或は斯くするときは補正當選が偶然當つた選擧區の代表上の割がよすぎることになつて、そこに不均衡が生ずるといふ非難があるかも知れないのであるが、補正當選なるものは籤を抽くやうな性質のものであるのみならず、今回の總選擧の結果に就て見るも、例へば東京府第四區（本所區、深川區）の如き舊に比して一人增しの定員四人となつてゐるが選擧の結果の計數からみれば矢張り舊の三人が至當であることが明らかにわかるのである。そうしてそういふ例は全國方々にある、又法定得票數が如何に全國まちまちになつてゐるかを見ても、補正當選によつて生ずることもあるべき程度の不均衡は行政區劃と選擧區劃との調和上到底避くることはできないのである。且又選擧區が多きくなればなるほど其の影響が少くなるのは明かである。

人口と代表者との割合の權衡が非常に惡い例は英國である、イングランド、ウエールスの割合にすれば蘇格蘭は六十七人の議員を出すべきであるのに實際の議員數は七十一人、北愛蘭は十七人の議員を出すべきであるに實際は僅かに十二人しか出してゐない、尤も英國にても早晩此の不釣合を何んとかしなくてはならないといふ議論はあるのである。

黨派別得票數に案分すればの決算

全國百二十二の選擧區の內黨派別得票數に案分した結果と現實とが一致してゐる所が八十四區、その然らざるものが殘りの三十八區である。北海道は第一區に於ては現實は政二民二、案分は政一民三、之に反し第二區に於ては現實は矢張り政二民二、案分は政三民一であつて、結局り兩區を一緒にすれば現實と案分とが一致するのであるから、北海道を現實と案分とが違はない方へ算入すれば、全國四十七道府縣の內現實と案分とが一致するものは二十一、その然らざるものは二十六ある。

現實と案分とが違つてゐるのは、一區三人の定員の選擧區五十三區の內十五區、一區定員四人の選擧區三十八區の內十四區、一區五人の定員の選擧區三十一區の內九區である。政民兩派の得票數が接近してゐる選擧區は定員三人の區の內には幾つもあるが、定員四人の區には一つも無く、定員五人の區には唯一つあることは既に前へに述べておいたのであるが、此の邊に何か面白い統計的の現象がないかと思つていろいろ考へてみたが、何等發見するところはなかつたのである。强ひて何かそれでもといへば、唯如何なる譯か、一區定員四人の所に現實と案分との違つてゐる場合が比較的に多く、政民兩派の得票が接近してゐる場合が一つも無いことに氣付いたのである。

黨派別得票數に案分した場合に於ける增減は次の通りである。

政友會は神奈川縣、千葉縣、茨木縣、愛知縣、岐阜縣、宮城縣、山口縣、新潟縣、徳島縣、長崎縣に各〻一人、山形縣、和歌山縣に各〻二人を增し、京都府、靜岡縣、石川縣、廣島縣、愛媛縣、佐賀縣に各〻一人、兵庫縣に二人を減じ、差引六人の增しとなる。

民政黨は靜岡縣、石川縣、島根縣、愛媛縣、福岡縣、佐賀縣、鹿兒島縣に各〻一人、京都府に二人、兵庫縣に四人を增し、神奈川縣、茨木縣、奈良縣、宮城縣、福島縣、山口縣、和歌山縣、徳島縣、長崎縣に各〻一人、山形縣、新潟縣に各〻二人を減じ、差引增減なし。

中立は京都府、大阪府、奈良縣、福島縣、廣島縣に各〻一人を增し、愛知縣（椎尾氏）、島根縣（沖島氏）、和歌山縣（田淵氏）、鹿兒島縣に各〻一人を減じ、差引一人を增す。

革新派は京都府（田崎氏）、兵庫縣（淸瀨氏）各〻一人を減ず。

實業同志會は大阪府（武藤氏）、千葉縣（千葉氏）、岐阜縣（河崎氏）各〻一人を減ず。結局りあとからではあるが、實業同志會を脫して民政黨に入られた福井縣の松井氏だけが殘り、實業同志會全滅の姿になる。

社會民衆黨は福岡縣（龜井氏）に一人を減ず。

社會民衆黨以外の無產派は新潟縣（須貝氏）に一人を增し、京都府（水谷氏）、兵庫縣（河上氏）各〻一人を減じ、差引一人を減ず。

民政黨の差引增減なしといふことは同黨の選擧上の作戰が大體に於て當を得てゐたことを示し、政友會は差引六人を增す計算になつたことは、人間的には到底六つかしいことではあるが、黨に殉ずる誠心誠意が個人的野心を抑へることができたならば、政友會の當選者が六人以內を增す可能性があつたと讀んだのである。然しはつきりした判斷を下すが爲めには勿論根據が薄弱に過ぎるのである。

此の案分計算の總決算は政友二二四、民政二一六、中立一八、革新一、實同一、社民三、他無三となるが、黨派別得票數と當選數との調和上甚だ面白くないのである。これは結局り定員三人乃至五人の所謂中選擧區制なるものは、此の調和の爲めには小いさすぎることを示すものである。又現行の區劃割は偶然僅かばかり政友會に都合のよいことを示すものである。此れは民政黨の方が二萬票許り多いのに當選者の數は政友會の方が二名だけ多い譯を説明してゐると思はれる。

假想大選擧區案分の決算

そこで假想的に大體府縣を單位とした大選擧區制を考へてみた。尤も一選擧區の定員を十五人以下となさんが爲めに、大きなところに限つて甲乙の二區に分けた。即ち

北海道の第一、二、三區を甲、其の餘を乙。

東京府の第一、二、五區を甲、其の餘を乙。

愛知縣の第一、二區を甲、其の餘を乙。

大阪府の第一、二、三區を甲、其の餘を乙。

兵庫縣の第一、二區を甲、其の餘を乙。

福岡縣の第一、二區を甲、其の餘を乙。

としたのである。そうすると一選擧區に相當するものは何れも定員數が十五人以下となる、唯一つの例外は東京府乙の定員十六人であるが、其の中には本來なれば定員三人の筈であるべき第四區本所深川の定員四人がはいつてゐる。箇樣にして黨派別得票數に案分してだした結果が次に掲ぐる表の中に載つてゐる。

此の結果は黨派別得票數と當選者數との調和が豫期以上によいのである。今比較の爲めに現在の選擧區毎に案分した結果を甲種、假想大選擧區毎に案分した結果を乙種、全國を一選擧區と看做して案分せるもの、

府縣名	假想大選擧區黨派別當選者數													
	政友		民政		中立		革新		實同		社民		他無	
	現實	案分	現實	案分	現實	案分	現實	案分	現實	案分	現實	案分	現實	案分
北海道 甲	6	6	5	5										
北海道 乙	4	5	4	4	1									
青森縣	4	4	2	2										
岩手縣	6	5	1	2										
宮城縣	2	4	5	4	1									
秋田縣	4	3	3	4										
山形縣	4	5	4	3										
福島縣	6	5	5	5		1								
茨城縣	6	7	5	4										
栃木縣	4	5	5	4										
群馬縣	4	4	5	5										
埼玉縣	5	5	4	4	2	2								
千葉縣	6	7	4	4					1					
東京府 甲	5	4	9	9		1					1	1		
東京府 乙	9	7	7	8										1
神奈川縣	5	5	6	5								1		
新潟縣	6	7	7	6	1	1	1							1
富山縣	2	3	4	3										
石川縣	3	3	3	3										
福井縣	2	2	2	2					1	1				
山梨縣	4	4	1	1										
長野縣	6	6	6	6	1	1								
岐阜縣	5	5	3	4					1					
靜岡縣	8	7	5	6										
愛知縣 甲	2	3	5	5	1									
愛知縣 乙	3	3	5	5	1	1								
三重縣	4	4	3	4	2	1								

續く

府縣名	續き													
	政友		民政		中立		革新		實同		社民		他無	
	現實	案分	現實	案分	現實	案分	現實	案分	現實	案分	現實	案分	現實	案分
滋賀縣	3	3	2	2										
京都府	4	4	4	5		1	1						2	1
大阪府 甲	2	2	6	6					1	1	1	1		
大阪府 乙	3	2	7	6		1					1	1		1
兵庫縣 甲	3	2	3	5	2	2	1						1	
兵庫縣 乙	5	4	4	5		1								
奈良縣	2	2	3	2		1								
和歌山縣	2	3	3	3	1									
鳥取縣	2	2	2	2										
島根縣	1	1	4	5	1	1								
岡山縣	7	6	2	3	1	1								
廣島縣	7	6	6	6										
山口縣	7	7	2	2										
德島縣	3	3	3	3										
香川縣	3	3	3	2										1
愛媛縣	7	6	2	3										
高知縣	2	2	4	4										
福岡縣 甲	4	4	3	4	1									1
福岡縣 乙	5	5	3	3		1								
佐賀縣	3	3	3	3										
長崎縣	3	3	6	5		1								
熊本縣	5	5	5	5										
大分縣	4	4	3	3										
宮崎縣	1	1	4	4										
鹿兒島縣	2	2	9	9	1	1								
沖繩縣	3	3	2	2										
合計	218	216	216	219	17	19	3	0	4	2	4	4	4	6

即ち黨派別得票總數に案分した當選者數を丙種として、左に對照表を掲ぐ。

黨派名	現實	甲種案分	乙種案分	丙種案分
政友	二一八	二二四	二一六	二〇一
民政	二一六	二一六	二一九	二〇二
中立	一七	一八	一九	二九
革新	三	一	〇	四
實同	四	一	二	八
社民	四	三	四	六
他無	四	三	六	一六
合計	四六六	四六六	四六六	四六六

廣い世の中には唯わけもなく丙種案分が選擧の理想であるかの如くに考へる人があるが、選擧なるものの本質からみてそうではない。既に前へに述べたやうに唯大體に於て黨派別得票總數と當選者總數との間に調和均衡がとれてゐればよい、然し此の誤解は特り我が國に限らず、廣く世界に於て非常に多い誤解である。そのことを簡單に説明せんと試みるときは、誤解の上に更に誤解を生ずる恐れがあるから略することとし、唯水清ければ魚棲まずといふ格言の寓意の中には味ふべく掬すべき微妙なる何ものかがあることを附記するにとどめる。それはそれとして乙種案分の結果が良好なるは多くの人の認めらるるところならんと思ふ。現

行の所謂中選擧區制、よし改めるにしても少くももう一、二回試みてからのことにするが事物の順序である、然し是非とも變へるといふことならば、大選擧區の方へ一歩でも進むのが本筋である。

第六節　選擧干渉の統計的研究

選擧干渉といへば世人は直ちに明治二十五年、その當時の內務次官白根專一氏を參謀長として品川彌次郎內相の下に行はれた選擧干渉を想起するのであるが、品川氏は誠心誠意の人であるの外に、長い間の胃病であつたが故に家人が成るべく馅ものから遠ざからしむるが爲めに慘澹たる苦心をしてゐたのである。そこで品川氏は妙計を案じ、來客を口實に頻りに蒸菓子のをかわりを命じて家人に之を拒む餘地を與へなかつたといふやうな無邪氣の人であつた。白根氏は一旦死に瀕して授爵の恩命に接してから生き延びたからとて謹愼の中に餘命を送つたといふやうな人であつた。その餘命を預つてゐたのが著者の無二の友人であつた故青山胤通博士、博士も嘗て黑死病研究の爲めに香港へ行つて、そこで自ら黑死病に罹り一旦死して叙位の恩命に浴し、それから蘇生した人である。さういふやうな話からして白根氏と博士とは晩識ではあるが肝膽相ひ照らす間柄となり、博士は醫者ではあつたが政治家肌の人であり、白根氏が豫後の徒然に選擧干渉の懷舊談などをせられたのを博士は面白く聞かれ、その話を著者が又聞きしたこともある。そんなことを回顧しつつ、今回の選擧大干渉を觀察して、その時の干渉は今回のものとは全然其の性質を異にするものであるといふことを感じたのである。

大正十三年五月の最終の制限總選擧に於ては、選擧干渉が行はれたとしても、それは効果が無かつたことは既に前へに述べて置いたのである。時の政府を支持した本黨が最も力瘤をいれた岩手縣第一區盛岡市に於て、魚心水心的に可なりの干渉が行はれたことが、その當時世に傳はつてゐたが、それさへも無効に了はつたことは選擧の結果が示してゐる。それ故に此の時の總選擧の結果を參考材料とする上に於て選擧干渉がなかつたものと看做して大過なからんと信ずるのである。

昭和三年の有効投票總數九、八六六、一九八、大正十三年の有効投票總數二、九九九、一六八、前者は後者の約三・三倍に當る。勿論制限選擧と普選とは選擧人の資格に著るしい相違があるが、極めて概略の見積りには此の三・三といふ比率は全く無用ではないと思ふ。これは一米突は三尺三寸なることと聯想すれば、極めて記憶し易い數である。以下を之を單に「比率」と略稱する。

爰に一つ困つたことは選擧區區劃の喰違ひである。若し舊選擧區の二つなり三つなりを集めたものが新選擧區であつたならば、比較上都合がよいのであるが、それはそうでなく、種々交錯齟齬してゐる。又舊區制では市が獨立選擧區であつたのが、新區制に於てはそれが全く廢されたのである。その邊のことも考へなくてはならないが故に凡て個々の場合に就て比較對照を取捨することにした。

もう一つ比較研究上困つたことは、本黨の消滅である。大正十三年に於ける本黨の當選者は百十六人、其の内の約半數弱は政友會に復歸し、其の殘餘は憲政會と合して民政黨となつたのである。此の點は勿論個々の場合に就てそれぞれに考慮を加へたのである。

普選總選擧の第一回を汚濁した、今回の選擧干渉、それは選擧干渉の歷史上罕に見る激烈のものであつたが、府縣によつて其の程度が異つてゐた。又激烈ではあつたが極めて拙劣であつて、従つて効果が薄弱であつたことは勿怪の幸である。設し選擧の名人にでもやらせたら、もつと巧妙に、遙かに有効に干渉が行はれたであらうといふやうな、よからぬ假想を世人に唆つたのである。

東京府の如く監視の目が多くして到底きわだつた干渉ができなかつたところもあり、元もと政府黨の固い地盤であつて干渉をする必要がなかつたところもある。又赤穗の義士と同人數の四十七人の地方長官中豈一人の義人なからんや、如何に澆季の世の中とはいへ、一身の浮沈を眼中に置かず、飽くまでも職責に忠實に、設へ上官の命と雖も不正なことは行はない人が一人もないといふが如きは抑も我が日本民族を侮辱するものである。又宮崎縣の如く、前年の秋の縣會議員選擧の折りに古宇田知事が餘りにひどいことをしたが爲めに司法權の發動を促がした、其の惡夢のまだ醒めやらぬところもあり、其の原因には種々あるのであるが、兎にも角にも、干渉が行はれたとしても、際だつた干渉はなかつたと思はれる府縣もある。そういふ府縣は本節の研究範圍から除外したのである。

明治の初年頃には地方官に對する訓示などの中に管子のいはゆる「牧民」といふ辭が用ゐられた。然し牧民など言ふは餘りに民衆を馬か羊のやうに卑下するものであるといふところからして、明治二十年前後のことであつたと記憶する、時の內相山縣公の地方官會議に於ける訓示中に「親民」といふ辭が甫めて用ゐられた。これは公の秘書官であつた秋月新太郎といふ漢籍通の思付きである。此の秋月といふ人は後ちに御茶の水の女子師範學校長となつて失敗した人である。內務省にあつては能吏、性格も女子教育などには相應しい人のやうに山縣公あたりでも思はれてゐたにも拘はらず、矢張り餅は餅屋、畑違ひの處へ行つては河童が陸にあがつたやうなものであるといふ實例を示したのである。偖て「牧民」が「親民」となり、それが段々と下落して「浮草稼業」となり、遂に知事公選論を生むに至つたのである。

始めから選擧第一主義を標榜して立てる選擧干渉の中樞は地方長官の大々的更迭を行ひ、永田秀次郎氏が貴族院の壇上で叫ばれた辭を用ゐれば、所謂札付浪人を拾ひ上げて選擧干渉の第一陣を布いたのである。其の中には猛獸と渾名され、道路目を欹だてしむるの恐怖を惹起せしめたものもあれば、又自分は知事である前に、先天的に何々黨員であるといふやうなことを部下に對する訓示中に公言して憚らざるほどに沒常識的に勇敢な人もあつたといふことが世に傳つてゐる。

北海道

北海道からは政友一〇、政賛一、民政九が當選したのである。即ち今回の總選擧によつて出現した北海道の政治的分野は政友一一、民政九である。此の結果の中に選擧干渉の効果が認めらるるや否やといふのが問題である。爰に注意すべきことは政友側には同士打ちの痕跡がないが、民政側の方には第一區及び第四區に於て同士打ちの氣味があつたことである。

得票數は政友會一五六、一二五、政賛七、九五八、此の合計一六四、〇八三、民政黨一五〇、九一四である。即ち大體に於て得票數と選出議員數との間に釣合ひがとれてゐる。又干渉の効果があつたとしても、それは政友に一人を増し民政に一人を減ずるの範圍を越へざることは常識的に明かであるから、政友系の得票の中干渉に負ふところの部分が一人の増減を生ずるほどであつたか否やといふことに問題は歸着するのである。

これから大正十三年の總選擧の結果を一應吟味せんとするのであるが、その時の定員は十六人であつて、今回は二十人なるが故に、結局り四人増したのである。これは道府縣の中で一番多く增した場合である。偖て大正十三年には、定員十六人の中、憲政會七人、政友會五人、本黨二人、中立二人、得票數は、憲政會一九、五七七、政友會一二、二〇八、本黨七、二三一、中立一〇、四七四であつた。本黨二人は丸山浪彌氏と栗林五朔氏とである。栗林氏は今回は立候補せず、後に政友會に入られた丸山氏は今回は落選せられたのである。此の場合比較上本黨の二人を政友會の中に算入するのが適當であると考へたのである。

またこういふことも考へてみたのである、舊第八區に於て憲政會の淺川浩氏が一九七二點を以て當選し本黨の中西六三郎氏が一九三一點といふきわどいところで次點者となられたのである。假設として中西氏が當選せられ淺川氏が次點であつたならば憲政會六、政友會五、本黨三といふことになり、本黨の三の中二は政友會へ一は民政黨へ入れても結果は同じことになる。

中立の二人は後に政友會に入られた佐々本平次郎氏と今回は民政黨として立たれた坂東幸太郎氏とであるから、勿論中立の二人は、一人は政友會に、一人は民政黨に入れて勘定するのが至當である。又大正十三年より昭和三年に至る間には、憲政會全盛の時代の方が長かつたのであるが、政友會は現在の政府黨であるが故に、時勢の變遷上に於ける其の邊の影響は略ぼ相殺するものとして前陳の如き考から推算してみれば、昭和三年に於ける政友民政の勢力の割合は次の數字にて表はすことを得べし。

政友會　二四、八一四

民政黨　二四、六六六

即ち五分五分であつたと見て大過なからんと思はれる。されば選擧干渉の効果があつたならば、それは精々定員二十人の中政友會に一人を増し民政黨に一人を減ずるの範圍を超へないといふことだけは言ひ得ると判斷したのである。

所謂第二怪文書の北海道のところには、第一區の岡田伊太郎氏(政)の援助のことが載つてゐるが、岡田氏の當選は寧ろ澤田、一柳の兩民政候補者の間接の同士討に負ふものであると見るのが至當である。第二區に於て選擧干渉の庇護の下にあつた近藤豐吉氏(政)は落選し、第五區に於ける干渉の方針は前田駒次氏(政)を斷念せしめ、氏の得票を合せて東條貞氏(政)を當選せしめんとするにあつたのであるが、前田氏が斷念せずして兩氏は共倒れしたやうな形ちになつたのである。そういふやうな譯で北海道全體を綜合して考へれば、現實の政友一〇、政賛一、民政九あたりが、干渉の有無に拘はらざる丁度よいところかと思はれるのである。

青森縣

此の縣の舊定員は七人であつて、大正十三年の總選擧に於ては本黨五人、中立二人が當選したのである。今回の定員は一人減りの六人であつて、政友五人、民政一人が當選したのである。第一區は次點者が唯一人

しかない選擧區であつて、當選の最低位と次點者の得票數は

工藤鐵男(民)　一四、三一七　北山一郎(民)　一四、三〇八

である。今回の總選擧に於て票數が最も接近した場合の一つであるが、そこに少しの差違が起つたとしても、それは工藤氏と北山氏とが入れ換はるだけに止まり、第一區の當選者が政二、民一なることには變はりはない。尙ほ二名の政友當選者の得票數に對照すれば此の區に於ては選擧干涉があつても無くても結果は現實と變はらざることが首肯せられるのである。

第二區の定員三人は政友會に獨占せられたのである。當選の最低位と次點者の得票數は

當選　長内則昭(政)　一〇、二〇〇

次點　菊池良一(民)　七、七六八

次點　乗田秀雄(民)　六、二八八

であつて、勢力相匹敵する民政の二氏が同士討をしたやうな形ちになつた結果である。故に干涉の有無に拘はらず、同士討が到底避けられなかつたとすれば、結果は現實の外に出でない。されば靑森縣に於ては相當の干涉が行はれたと傳へられてはゐるが、設へ干涉があつても其の効果は當落の結果の上には現はれてゐないのである。

岩手縣

岩手縣は選擧干渉が烈しかつたのみならず、その効驗が比較的にあつたといはるるところである。定員七人の内六人までが政友、殘る唯一人だけ民政の當選をみたのである。大正十三年には同じ定員七人の内政友五、憲政一、本黨一が選出せられた。此の本黨の一人は今日では民政黨の柏田忠一氏であるから憲政一、本黨一は民政二と看做すべきものである。

前回に盛岡市から本黨として、然し今回は政友會として立候補された田子一民氏、氏は前回に於て落選せられたとは言ふものの、殆んど當選者の壘を摩する票數を得られたのである。然し盛岡市はその當時獨立選擧區であつたが故に、氏が得られた票數八一〇は一向に參考にはならないのである。鈴木巖氏は元代議士ではあるが大正十三年には立候補せられず、小野寺章氏は今回新たに出馬せられたのであるから、以上三人は省くこととし、殘る熊谷巖氏(政)、志賀和多利氏(政)、廣瀬爲久氏(政)、柵瀬軍之佐氏(民)、外に第一區の唯一の次點者柏田忠一氏(民)はいづれも前回は郡部より立つて當選せられたのであるから、今試みに此れ等五氏が前回に得られた票數に前に述べた比率三・三を乗じて得べき票數と今回の得票數とを對照すれば

	前回の得票數に三・三を乗じた數	今回の得票數
熊谷巖(政)	九、四四八	一六、六二七
志賀和多利(政)	一一、七九八	二三、一一三
廣瀬爲久(政)	一七、一九三	一七、〇〇四
柵瀬軍之佐(民)	一七、九一九	一六、九五〇

柏田忠一(民)　九、五二五　七、八六七

熊谷、志賀兩氏の場合に於て今回の得票數が著しく增してゐるやうな感じがするのである。廣瀨氏の場合には偶然の暗合とはいふものの、推算と實際とが餘りによく一致してゐるのに驚いたのである。柵瀨氏の場合に於ても略ぼ合つてゐる。最後の柏田氏の場合に於ては今回の方が得票が可なり增してゐるのである。

外には何等參考とすべきものがないから、已むを得ず上の如き推算を試みたのではあるが、推算によつて得た數字は此の場合餘り價値のあるものでないことは言ふまでもない。飜つて現實の選擧統計を凝視するに、第二區に行ては票數は別として當落の結果に就ては、現實と異なるものは如何にしても想像することはできない。所謂第二怪文書中の岩手縣のところには第一區の候補者鈴木氏は微力であるが、同區の田子、熊谷兩氏が得票を割譲すれば當選の見込あり、第二區に於ては小野寺氏は樂觀を許さず、廣瀨氏の得票割譲を希望するやうなことが書いてある。實際廣瀨氏が若干の地盤を讓られたるや否や、其の邊は判然しないが、兎に角小野寺氏の得票と次點者との得票との間には約七千票の開きがあるから、選擧干渉に天變地異的の作用が無い限りは小野寺氏の當選を干渉の効果に歸せしむることはできない、第一區の鈴木氏の場合は次點柏田氏との間に僅かに千票許りの開きがあるに過ぎない。又怪文書の辭を借りて言へば、干渉は多少柏田氏の進出を防止したかも知れないが、何んといつても鈴木氏を當選せしめた原因は熊谷氏が二千票からの得票を鈴木氏に讓られたが爲めである。そうして熊谷氏が得票を讓られたといふことは選擧干渉ではない。斯く分析解剖してみれば、さしもの選擧干渉も當落關係には影響がなかつたのである。尤も鈴木氏の選擧事務長として大仕掛の買收を行ひ盛岡檢事局から逮捕狀を發せられてゐた盛岡市の素封家大矢馬太郎氏が選擧の直後から姿を晦らまし、それから程經て十月二日に自首してでられたといふ事實がある。若し買收費が干涉筋からでてゐたとすれば、その點は一應考慮しなくてはならないかも知れないが、今回の總選擧に於ては資金の出所如何に拘はらず、與黨野黨の雙方が全國的に觀れば負けず劣らず買收をやつてゐるのであるから、買收の當落上に於ける効果は全國的に相殺するものとしたのである。選擧の直後に世に傳つた熊谷、鈴木兩氏の得票は熊谷氏一四、一二二、鈴木氏一二、九〇五であつた。本當は熊谷氏一六、七二七、鈴木氏一〇、四〇〇である。爰に不思議なことは二氏の合計得票は誤傳のものと本當のものとが全く一致してゐることである。此れは變だと思ひ町村別得票數などいろいろ調査詮議をしてゐる間に熊谷氏が約二千票を鈴木氏に割愛せられたことが判かつたのである。

宮城縣

宮城縣に於ける選擧干涉は、隣縣の岩手に比すれば比較的緩かであつたが、それにしても相應の干涉はあつた、流石に仙臺市は帝大の所在地であり、選擧干涉といふが如き不都合千萬の行爲に對する知識階級の反感は仙臺市を源泉として全縣下に滲入したるが如き氣味もあつた、そうして干涉は庶幾の目的とは反對の結果を生じたるが如き觀を呈した。第一區に於ける結果は何れにしても現實の外に出でないが、第二區に於ては、選擧干涉に對する反感と四人の政友會落選候補者の同士討とは相待つて、民政黨をして漁夫の利を占め、三人の定員全部を獨占せしめた。選擧干渉がなく、又同志討が皆無ならざるまでも或る程度まで制裁せられたならば、三人の中一人の政友の當選は確かであると思はれる。

秋田縣

秋田縣の定員は舊に比して一人減りの七人である。此の縣に於ても相應の選擧干渉が行はれたが、何れにしても古るつわ者の町田忠治氏(民)、田中隆三氏(民)、榊田淸兵衞氏(民)、又當選僅かに二回ではあるが井出繁三郎氏(政)及び新顔ではあるが池內廣正氏(政)の當選は確實であると看做され、又今回の中選擧區制の賜ものとして番狂はせといふやうなことは非常に罕にしかないのであるから、問題は自然第一區に於ける當選の最低位鈴木安孝氏(政)と、落選の最高位信太儀右衞門氏(民)、第二區に於ける當選の最低位池田龜治氏(政)と落選の最高位鹽田團平氏(民)との當落關係に限定されるのである。

鈴木安孝氏(政)は大正十三年には秋田市に於て田中隆三氏と競爭して五四二票を得られたのであるが、これは獨立選擧區の票數なるが故に少しも參考にはならない。强ひて求むれば其のときに田中氏が八九七票を得て當選せられ、同氏は今回は一七、二二一票を得られたのであるから、同じ割合が當嵌まるものとすれば、鈴木氏の假設的得票は一〇、三三三となる。

信太儀右衞門氏(民)は大正十三年には當選せられたのである。其の時の得票は二、〇〇七であり、之れに比率三・三を乘ずれば六、六二三となり、鈴木氏の假設的得票數との開きは三、七一〇となる。今回の選擧に於ける兩氏の得票の差は三、一一六であるから、上の推算の根本が極めて薄弱なるにも拘はらず偶然にも開きが餘り違はないことに無邪氣の興味を感じた。さういふやうな種々の觀察を綜合して此の場合設へ干渉が無くても鈴木氏對信太氏の當落關係には變はりはないと判斷した。

池田龜治氏(政、その當時は本黨)、鹽田團平氏(民、その當時は憲政會)は大正十三年には兩氏とも舊第七區即ち平鹿、雄勝の二郡より當選せられたのである。その時の兩氏の得票數に比率三・三を乘じたものと今回の得票とを對比すれば

	大正十三年	昭和三年
池田龜治(政)	七、七九八	一七、四五六
鹽田團平(民)	一〇、七八四	一六、一三四

されば、若し選擧干渉がなかつたならば、池田氏と鹽田氏が當落その位置を換へ、從つて秋田縣全體に通じて民政に一を增し政友に一を減ずる結果になつたかも圖り難い。そうして其の可能性は七分三分ぐらゐに見積つたのである。

山形縣

山形縣の定員は舊に比して一人減りの八人である。第一區第二區共に定員は四人であつて、各區に於て政友二民政二が當選したのである。黨派別得票數に案分すれば兩區とも政友三民政一が當選すべき筈である。

且又政友側に於てきわだつた同志打もなかつたのであるから、若し選擧干渉に何等かの效驗があつたとすればそれは寧ろ野黨を利したものである。少くも選擧干渉が當落上に何等の影響をも及ぼさなかつたことは確實である。

福島縣

福島縣の定員は舊に比して增減なしの十一人である。第一區の定員三人中栗山博氏(民)及び堀切善兵衞氏(政)の當選は何れにしても動かぬところである。當選者中の末尾管野善右衞門氏(政)の得票と落選者の筆頭川淵洽馬氏(民)の得票との間には可なりの開きがあるから、第一區から政友二、民政一をだしたことは選擧干渉の有無には拘はらない。

第二區の定員は五人であつて、當選者の五番目の林平馬氏（民）は新たに出馬せられたのである。落選者の筆頭は中野寅吉氏である。中野氏は今回は中立として立たれたが、前回には憲政會を標榜して舊第七區の北會津、南會津、大沼の三郡に於て當選せられたのである。その時の得票數に比率三・三を乘じたものは一四、九三六である。林氏の今回の得票一四、八七〇と接近してゐる。又中野氏の今回の得票數は一〇、一九八である。されば林氏と中野氏との當落の交換といふが如きは可能性が全くないには限らざれど、それは何れにしても民政と中立とが入れ換はるに過ぎないのであるから、干渉の目的から觀れば何れにしても馬耳東風と聞流してもよいことである。

殘る問題は第三區の當選者の末尾の松本孫右衛門氏(政)と落選者の筆頭の氏家清氏(民)との當落關係である。氏家氏は新參であるが故に參考材料なきも、松本氏の方は大正十三年に舊第十區の相馬、雙葉の二郡より立候補し、落選はせられたが、可なりの票數を得られたのである。此の票數に比率の三・三を乘じたるものは一五、九〇三、今回の得票數一三、二八四よりも多いのである。又次點氏家氏との間の票數の開きも少いながら千票以上はあるから、松本氏の當選は先づ動かないところであるといふのは必ずしも荒唐無稽の想像ではない。要するに選擧干渉の效果は福島縣に於ける當落關係の上には少しも現はれてゐないと言つてもよいと思はれる。

栃木縣

栃木縣は第一區第二區ともに當落關係は現實の外に出でず、選擧干渉の效果はなかつたのである。さるにても此縣に於ける干渉は相應に烈しかつたやうに傳へられてゐるのであるから、後に記する岡山縣の場合の如く、或は干渉に對する反感が強く、干渉が却つて消極的の効驗をもたらして野黨を利したやうな氣もするのである。第一區に於ける當選尻の齋藤太兵衛氏(民)と落選頭の森山邦雄氏(政)との票數は極めて接近してゐる。有効なる干渉が行はれることが可能であつたならば、此の兩氏をして悲喜を交換せしむることも不可能ではなかつたのではなからうかと思はれる。然し干渉に對する反感なるものは干渉をすればするほど激しくなるのであるから、此場合如何ともしがたかつたのではないかといふやうな感じがしたのである。第二區の當選尻栗原氏と落選頭阿由葉氏とは共に民政なるが故に、何れが當選するも與黨野黨の關係には響かないのである。栃木縣舊七區の鹽谷、那須の兩郡は定員二人、大正十三年には横田千之助(政)、高田耘平（民、その當時は憲政會）の兩雄が得票の高點を爭はれた古戰場である。そのときの得票數は、横田氏五、七六〇、高田氏五、二四三であつた。大正十四年二月横田氏死去の後ちを承けた補缺選擧に於ては、森恪氏が六、八五〇票を以て當選せられたのであるが、此の時の競爭者鈴木延吉氏は得票の上からみるも有力の人ではなかつたのであるから、森氏の此の得票は目安にならない。されば森氏と高田氏とが駢立した假想的の場合に於て森氏が横田氏の票數を襲得したものと看做すことは、寧ろ森氏を贔負目に見るものであると考へたのである。そこで比率三・三を乘じ、今回の得票數と對照すれば

	大正十三年	昭和三年
森　恪(政)	一九、〇〇八	一六、四三二
高田耘平(民)	一七、三〇二	一六、〇七二

此の數字をみながら、横田氏と同氏の地盤との關係を回顧し、横田氏と森氏との比較といふやうなたわいもない迷想に耽りつつある間に髣髴としてそこに湧出づる感想は、栃木縣に於ける干渉は庶幾の目的とは反對に、反感の惹起に効驗があつたのではなからうかといふことである。

選擧干渉といふが如き考そのものが不埒である。それに對する反感は先天的に我が國民性中に存在してゐる。そこが我が國民性の賴もしいところである。今回の總選擧に際してそういふ反感の發露に遭遇する毎に

吾人は眞に喜びに堪へず、此の反感の氣分を鼓舞奬勵するは我が立憲政治の健全なる發達に寄與する所以なるを信ずるものである。然し干渉を敢てするやうな沒常識の時代錯誤者流の爲めには干渉はよくないことであるといつた許りでは何んの役にも立たない。干渉は反感を惹起し庶幾の目的とは反對の効驗を生ずるものであるといふことを會得せしむるのが、彼れ等の迷信を醒まし彼れ等を濟度する唯一の方便である。此の點に就ては非常に面白い懷舊談、懷舊談といつてもそれほど舊くない想ひで話しが胸に浮んだのであるが、それは自ら求めたのではないが、偶然他人の私語を聽ゐたのであるから、これは深く胸底に埋めて置くのが著者の德義であると自覺し、沈默を守る。

千葉縣

千葉縣は東京附近では割合ひに選擧干渉が行はれたやうに傳へられてゐるが、當落上の影響は少なかつたやうに思はれる。第一區に於ては當選尻と落選頭との得票數は接近してゐるが雙方共に民政なるが故に、何れが當選しても政界の分野に變はりはない。第二區は前に述べた如く無投票當選に最も近い場合であつて當落は始めから極まつてゐた。第三區の當選尻と落選頭とは雙方共に政友なるが故に、これ又何れが當選しても政界の分野に變りはない。第三區の當選尻の横堀治三郎氏(政)は元來鵜澤總明博士の地盤を讓り受けて立候補したのである。博士は横堀氏の應援演說中暴漢の爲めに襲はれて微傷を負はれた、そのときの博士の流血は横堀氏の得票を多少增したと思はれる。然し何んといつても、五六千票の得票が豫想せられてゐた小高長三郎氏(政)が如何なる譯か、選擧期日の二、三日前に突然候補を辭退し、そうして第三區に於ける當落關係は、小高氏の豫想得票が最後まで殘つた候補者の間に如何に分配せられたかといふことに歸着するのである。一說に小高氏の豫想得票の大部分は實同の千葉氏のものとなつたと云ふ。それはそれとして千葉縣全體を綜合的に觀察して、選擧干涉の爲めに與黨が增したといふ形跡は少しもないのである。

新潟縣

新潟縣は選擧干涉が最も甚しかつたと傳へられた四縣の內の一つであるが、當落の上に於ける干涉の效果は無かつたと思はれる。第一區は全國中に於て買收が最も盛かんであつたと噂せらるる所の一つである。山本梯二郎氏、田邊熊一氏の兩政友の得票合計と安倍邦太郎氏、野澤卯市氏の兩民政の得票合計の差約七千五百票、その內のどれだけが自然的であり、どれだけが買收の多寡に起因し、どれだけが選擧干涉に負ふものであるかは勿論解からないが、兎に角に落選者の野澤民政が當選者の山本政友、田邊政友の何れか一方と當落を交換するやうな可能性は先づなかつたといつてもよいかと思はれる。

第二區に於ては黨派別得票數に案分すれば、政二、民一、無產一の當選を見る筈であるが、實際は政二、民二の當選を見たのである。そういふ結果を見たのは無產派の二候補者須貝快天氏(日農)、布施辰治氏(勞農)の間に折合ひ調和がつかなかつたからである。假設として無產派二氏の間に同士討がなかつたとしたならば無產派一人は當選した筈である。そうすると定員四人の殘りの三人は政友二、民政一か或は政友一、民政二となる。偖て高橋公威(政)、加藤知正(政)二氏の得票合計は三〇、四〇三、佐藤與一(民)、石塚三郎(民)兩氏の得票合計は二九、〇三九であつて、其の差は僅かに一、三六四に過ぎない。此のくらゐの差は選擧干渉のよく左右し得るものであるが故に、選擧干渉がその威力を逞しうすることができたかも知れないのである。そういふやうに觀察すれば、結局り無產派の同士討が選擧干渉の効驗を生ずる餘地なからしめたのである。

第三區、第四區共に落選者の筆頭の得票數と當選尻の得票數との差は極めて少く、第三區に於ては僅かに一六六票、第四區に於ては更にそれよりも少い五一票である。雙方の場合に於て當選尻は民政なるに、最高點の落選者は民政ならずして皮肉にも政友である。尤もこういう結果を生じたことは選擧干渉に對する反感といふよりも、選擧はきわものである、そのきわものの偶然が然らしめたのである。然し選擧干渉といふことと其のことを蛇蝎視し極端に忌嫌する志士義人の中には天の配劑亦妙ならずやと叫んで狂喜した人があつたかも知れない。斯くの如く新潟縣下全體を一眸して、選擧干渉は激烈ではあつたかも知れないが選擧干渉の當落上に於ける効驗は皆無であつたと斷言することができる。

第三區に於て當選を危ぶまれた革新派の大竹貫一氏が最高點で當選せられたといふ電報が開票の直後に世人を驚かしたのである。然しこれは誤傳であつたが、同氏は當選者五人の內の丁度眞中の三番目で當選せられたのである。大竹氏といへば今回と併せて十二回議員に當選せられた、此の道の古强者ではあるが、大正十三年には出馬せられなかつた。今回立候補せらるるや大抵の人はその當選を危ぶみ、氏の友人の中には氏に候補斷念を慫慂した人さへあつたのである。大竹氏は選擧演說に於て『自分は多年政治界に馳驅し、其の間に資産を蕩盡して餘すところなく、寄る歳波は堰くる由もなく、今年とつて六十九歳、一生の思ひでに今回立候補したのである。自分の死後には、諸君の同情の溫かき、必ずや一本の線香を惠まれることと思ふ。その一本の線香の代りに、生前に淸き一票を賜はらんことを懇請するのである。』と曰ふて、蒲原、岩船兩郡の選擧人の心意氣に訴へられたといふことである。我が政界に於て比較的に淸き歴史を有する革新派、その革新派の名士の衷情に集まれる義俠心と選擧干渉に對する反感とは相待つて、大竹氏の見事な當選を實現したのである。斯くの如きは實に我が國民性の賴もしきところを發揮したものである。

所謂第二怪文書中、新潟縣のところでは、其の主要なる部分は第三區の候補者松本弘氏(政)、第四區の候補者大竹謙治氏(政)の爲めに軍資金を送れといふにあるが、兩氏ともに落選せられたのであるから、干渉の効果が無かつたことの最も明かな場合である。

石川縣

石川縣第一區に於ける干渉は前へに『無投票當選』と題したところで述べたやうな事情の爲めに、一種の特色を帶びてゐた。民政黨の公認候補者中谷宇平氏は二月十八日突如候補辭退の新聞廣告をなし、民政黨の石川縣支部は翌十九日即ち總選擧の前日にその辭退の取消廣告を出したのであるが、此の取消が徹底する時間の餘裕がなかつたが爲めに、中谷氏の得票が著しく減少したのは事實である。されば若しこんなことがなかつたならば、箸本氏の代りに中谷氏が當選せられたであらうといふのが消息通の間に行はれてゐる觀察である。此の不思議と選擧干涉との間に聯絡があつたならば、此の場合干涉は有効であつたのである。然し此の不思議は寧ろ第一區を無投票當選區となさんが爲めに行はれた努力の餘沫ではないかと猜はるる節もある。尤も前へに述べたやうに此の努力の中心と干涉の中樞との間には意見の扞格があつたのではあるが、如何に意志が扞格しても結局は同穴の狸に歸納すべき運命を否むことはできないのであるから、煎じ詰めれば矢張り干涉である。されど又民政派の中谷氏と竹田氏との間には同士打の氣味もあり、箸本氏の同志が大正十三年の不覺に怖氣づかず、箸本氏に餘分の得票を割愛するくらゐの襟度を示したならば、箸本氏の得票がもう少しは殖へてゐたかも知れないといふやうなことも考へられ、如何にも事情が錯雜してはゐるが、大體に於て第一區に於ける干涉の效果は民政に一人を減じ政友に一人を增したかも知れないといふくらゐが適當であると判斷した。第二區に於ける民二、政一の當選は全然干涉の有無に拘はらないのである。

長野縣

長野縣は由來全國中に於て敎育が一番發達したところであるとせられてゐるから、選擧干涉といふが如き惡事に對する反感が强かるべき筈であるといふ豫想の下に、大正十三年にも、又今回も立候補せられた人を索め、前回の得票數に比率三・三を乘じたものと今回の得票數とを對照すれば

	大正十三年	昭和三年
松本忠雄(民)	一四、九三〇	二三、八六三

小坂順造(民)	二二、七〇四	一二、六一六
樋口秀雄(民)	一七、九三四	一六、一八〇
小川平吉(政)	一七、四五二	一三、八一四
戸田由美(民)	一四、五二六	一七、一二四
降旗元太郎(民)	一五、〇一五	一五、二二〇
植原悦二郎(政)	一三、四〇八	一四、一九七

小坂氏は大正十三年には落選せられたのである。植原氏はその當時は革新派として立たれたのである。小川氏は大正十三年には丸茂藤平氏と激烈なる競爭をして、小川氏四、一八六、丸茂氏四、〇二〇といふ際どいところで當選せられたのであるから、小川氏の大正十三年の推計票數は過少と看るべきである。降旗氏の兩數字がよく合つてゐることは偶然の暗合とはいひながら、そこに無意味の面白みがある。

第一區の民政二、政友一はどうしてもさうなくてはならない地盤關係である。第二區に於ては非常なる信望勢力ある此の地方の有力者小山邦太郎氏(中立)が立たれたからには此の人の當選は確かである。定員三人の中殘る二人は政友一、民政一となるは極めて自然の成行きである。第三區は元來政友民政の地盤關係が略ぼ相ひ半ばしてゐるところであるから、そこから政友二、民政二が當選したことには少しも不思議はない。されば第一區第二區第三區の關する限りは當落關係は全然選擧干涉とは沒交涉である。唯所謂第二怪文書が示すが如く、長野縣の干涉掛があれほどまでに心配もし、力瘤をいれた第二區の篠原和市氏(政)と第四區の上條信氏(政)が各々その區の最高點を以て當選せられた邊りには選擧干渉の效果があつたかも知れない。又松本、小坂の兩民の得票が著るしく多いところには干渉に對する反感の片鱗が認められるかも知れないが、そんなことは凡て當落には關係がないのである。

唯第四區に於ては當選尻の植原悅二郎氏(政)の得票と落選頭の百瀨渡氏(民)の得票とが非常に接近し、其の差が僅かに一一五に過ぎないのが目につく。植原氏は大正六年、九年、十三年の總選擧に於て繼續して當選してゐられるのであるから、同氏の地盤は、たとへ革新から政友へ鞍替へせられたとはいふものの、相當に固いものと思はれる。さうすると前に掲げた數字に就てみれば同氏の今回の得票は少なすぎるとも多すぎるやうなことはない。設し選擧干渉の效果があつたとしたらば、それは干渉が百瀨氏の得票を一一六以上減らしたといふことになる。如何に拙劣の選擧干渉でも、そのくらゐのことはできたかも知れないのであるが、所謂第二怪文書中には植原氏の名も百瀨氏の名も見へない。要するに新顏の百瀨氏が奮戰努力の結果植原氏の壘を摩するに至つた。その先きは運賦天賦であつたと看做すのが、此の場合適當であると思はれたのであるが、成るべく贔負目にみて、若し干渉がなかつたならば植原氏と百瀨氏とが當落その地を換へる確率即ち「プロバビリチー」は半々の二分の一くらゐとしたのである。

三　重　縣

所謂第二怪文書中三重縣のところには、『第一區井口、第二區安保の運動拙劣にして形勢振はず』とあるが、安保氏は落選したのであるから問題はない。井口延次郎氏は一六、二五五票を以て當選されたのであつて、次點者民政の宮村隆治氏の得票は約半分の八、四六四に過ぎないから、得票數の多寡は暫く措き、選擧干渉は當落上には影響がなかつたのである。

第二區の池田敬八氏(民)に對しては選擧干渉の鋭鋒が向けられるのではないかといふやうな節もあつたのであるが、設へそんなことがあつたとしても、始めての立候補ではあるが、池田氏の地盤は貧乏搖きだにしない、牢乎たるものであつて、そこには效果ある干渉の餘地が全然無かつたのである。

大阪府

由來大阪市及び其の附近は、特に普選時代になつては、選擧干渉などの效驗の薄いところである。若し干渉があつたとしたらば、それは干渉する人の沒常識なるを示すに過ぎない、同時に干渉に對する反感といふやうなことも想像せられないのである。第一、二、三、四、五、六の全六區に通じて當落の境のところには何等注意を惹くやうなことはないが、唯第二區に於て次點者中の最高點山本芳治氏(政)の得票が法定得票數に滿たないのは全國中に於ける唯一の場合である。

第一區に於ては當選者は勿論次點者の最高までが全部新顏であつて、前代議士は三人立候補せられたが、それが悉く落選せられた。斯くの如きは全國に於て罕に見るの例である。一面には都會氣質の政治上に賴りないものであることを示してゐるかと思はれる。此の三人は板野友造氏(政)、筒井民次郎氏(民)、羽室庸之助氏(實同)である、此の内羽室氏は大正十三年には落選せられたのであるが、紫安新九郎氏當選無效の後を承け、舊第一區(西區、定員三人)に於ける補缺選擧に於て當選せられたのである。それ故に羽室氏の場合には落選得票數と補缺當選得票數とを合したるものを折半したのである。又大阪市の場合に於ては全國平均の比率三・三を用ゐるのは少し强すぎるかとも思つたのではあるが、他に據るべきものがないから假りに此の比率を用ゐたのである。今三人の得票數及び推計得票數を對照すれば

	大正十三年	昭和三年
羽室庸之助(實同)	一六、四九三	三、六九六
筒井民次郎(民)	一〇、七七八	四、七一九
板野友造(政)	一〇、八〇八	六、二二四

此れ等の數字の中には干涉の效驗も又干涉に對する反感も認められない。唯大正十五年八月の補缺選擧に於て八、一二二票、比率三・三を乘ずれば二六、七九九票を得られた羽室氏が、如何に實業同志會が不人氣であつたとは言ふものの、それから僅かに一年半後の昭和三年二月に、同じ地盤に於て僅かに三、六九六票を得られたのを見て、坐ろに浪花心と秋の空ら、浮世の常とはいひながら有爲轉變の激しさに驚いたのである。

今回は第二區に於て僅かに九、七四八票で當選せられた實業同志會長武藤山治氏は、大正十三年には矢張り定員三人の舊第三區に於て、きわだつた最高點を以て當選せられたのである。そのときの第三區の當選者及び最高次點者の得票數に比率三・三を乘じたものは左の如し。

武藤山治	(實同)	當選	一六、九六五
沼田嘉一郎	(本黨)	當選	一〇、六八二
山本芳治	(革新)	當選	九、二五〇
紫安新九郎	(憲政)	落選	八、五三七

此の記錄を今回の成績

紫安新九郎	(民)	當選	二一、六一三
武藤山治	(實同)	當選	九、七四八
沼田嘉一郎	(民)	當選	七、〇五四
山本芳治	(政)	落選	六、三四九(法定得票數未滿)

と對照し、且又此の選擧區には武藤氏の外には實業同志會の候補者は無かつたことに思ひ合はせて、武藤氏の得票が、選擧は際もの水ものといふ範圍を超越して、過少なるやうな感じがするのである。黨派別得票數に案分すれば此の區の當選者は民政三人となり、武藤氏は落選せらるることになるのである。

實業同志會の候補者數は三十一人、當選者四人、其の內一人は總選擧後間もなく脫會したのであるから、既成政黨の中では同志會の當選率が一番惡い。特に犬養氏無き後ちの革新派の殘黨でさへ十六人の候補者中三人の當選者を出せるに對して著るしく遜色のあることが目立つのである。又それに就て想ひださるるは、總選擧の當時東京府第二區に於て實同を標榜して立候補せられた松野喜內氏(落選)、その松野氏のポスターを二人連れの學生風の青年が見て憤慨してゐたのを目撃したことがある。そういふやうなことを彼れ此れ綜合して考ふれば、實業同志會に對する不人氣は、一時的の雲ゆきにあらずして、社會的心理狀態の中に深き根據を有するものではないかといふ疑念を一掃することができないのである。

兵庫縣

次點者昇格に關する提案

兵庫縣、特に第一區の神戶市は全國中での激戰地と目されたのである。著者は二月十五日には神戶に居たのであるが、野田、砂田の兩氏の當選は確實性を有するが、定員五人中の殘りの三人に就ては全く見當がつかないといふことを聞いた。偖て選擧の蓋をあけてみれば、其の結果は土地の人には可なり意外であつたであらうと推察せらるるのである。

第一區に於ける黨派別得票數に案分すれば、政一、民三、中立一となる。實際は政二、民一、中立一、他無一であつて、民政黨は非常に割りが惡いやうに見へるが、それは約そ三人分の票數が野田文一郞氏(民)に集注したるに、搗てて加へて同士打ちがあつたが爲めであつて、選擧干涉とは沒交涉の結果である。又無產黨は混戰の賜ものである偶然の廻合せで漁夫の利を占めたのである。干涉の效驗に就ては、當選の末尾と落選の首位

中　井　一　夫(政)　當選　七、四七七

中亥歳　男(民)　落選　　　　四、七九〇(法定得票數未滿)

を見るに、此の場合干渉による當落の交換は到底有り得ないのである。されば第一區に於ては選擧干渉の當落關係に及ぼせる影響は全然無かつたと斷言することができる。

第二區に於ては稀有の場合が起つたのである。それは當選者の末位山邑太三郎氏(中立)が二月二十八日午後死亡したのである。偖て同氏は既に當選承諾書を提出し、地方長官からは當選證書を交付されてゐたから、死亡したときには既に立派な議員であつた。それ故に普選法第七十五條第二項に當選人とあるは、選擧の結果當選はしたが、まだ確定的に代議士となつたものではない、そういふ當選人即ち當選證書交付前の當選人を意味するのであるから、第七十五條の規定は當嵌まらぬ、故に第七十九條の規定により闕員のままとして置くべしといふ説もあつたのではあるが、他の一面には山邑氏の死去は承諾期限の二十日以內に起つた出來事であるから普選法第六十九條第四項により、次點者に法定得票數以上の得票者があれば、その人が當選するのが當然である。そういふ説もあつて、法規の文面上は前説の方が正しいかも知れないが、實際は後説が採用せられ、次點者蔭山貞吉氏(政)が當選したのである。望むらくは、此れが先例となり、此の先例を襲用しても法規上も差支ないやうに、法文を訂正して、以て法規をして常識と一致せしめんことを。

著者は百尺竿頭更に一歩を進めて、總選擧の日より六箇月以內、少くとも三箇月以內に議員に死亡者ありたるとき、法定得票數以上得票の次點者がある場合には、その次點者を昇格することを提唱せんとするものである。尤も次點の效力を長く保存するときは、次點者が末位の當選者を何んとかして陷穽せんとするが如き傾向を生ずることは從來の苦い經驗に照らして明かであつたが故に、普選法の立案に於ては次點の效力保存期間をできるだけ短縮したのである。然しその點を餘りに重要視したるが爲めに、補缺選擧の困難を輕視し過ぎたのである。且又これは總選擧の場合に限る、補缺選擧によつて當選したるものの死亡した場合には他に種々考慮すべき點があるが故に、別に定むるところがなくてはならない。此れ等の諸點に就ては補缺選擧のことを論ずる折りに詳述したいと思つてゐる。

本書の研究はどこまでも總選擧の當日を基調とするものであるから、山邑氏を當選者、蔭山氏を次點者として觀察するに、兩氏の得票數は

山 邑 太 三 郎(中立)　　一〇、一二〇

蔭　山　貞　吉(政)　　一〇、〇四〇

であつて、極めて接近した場合ではあるが、次點者が政友會であるから、選擧干渉の考察上に於ては全然問題はないのである。

第三區に於ては黨派別得票數に案分すれば、政一、民二、實際は政二、民一が當選したのである。此れは民政派の得票が三宅利平氏(民)に集注し、同氏が略ぼ二人分の票數を得られたからである。唯問題は當選の末位と落選の首位

山　本　唯　次(政)　當選　一〇、九三五

吉　田　賢　一(日勞)　落選　八、六八九

の當落關係であるが、假りに山本氏に千票を減じ、吉田氏に千票を増しても、當落關係は動かないのであるから、當落關係上に於ける選擧干渉の影響は先づなかつたと看做してもよいかと思ふのである。

第二區に於ては當選の末の方の二名と落選の首位とを考査する必要があると思はれる、それは

土井權大	(政)	當選	一二、八三三
清瀬一郎	(革新)	當選	一二、一五〇
田中武雄	(民)	落選	一二、〇一六

であつて三人ともに前代議士ではあるが、清瀬氏は前回は大阪市の第三區(北區)に於て僅か九票の差で强敵中橋德五郎氏に對して奇勝を博せられたのである。今回は選擧區が全然違つてゐる。田中氏は前回は姫路市の獨立選擧區から當選せられたのであるから、今回は惰性的には不利の境遇にあられたのである。土井氏は大正十三年には革新派として舊第十一區(揖保、赤穗、佐用、宍粟の四郡)より當選せられたのであつて、舊選擧區は全部今回の第四區の中に含まれてゐるから惰性的には有利の地位にあられたのである。前回は定員二人の舊第十一區より土井氏と原惣兵衞氏とが當選せられたのである。そのときの得票數に比率三・三を乘じたものと今回の得票數とを對照すれば

	大正十三年	昭和三年
原　惣兵衞(政)	一六、〇七四	一五、二九二
土井權夫(政)	一八、〇五一	一二、八三三

であつて、原氏の得票數が略ぼ合つてゐるのに、土井氏の方は著るしく減つてゐるやうな氣味がある。然し此の間に歳月もたち、世の中も變はつてゐるのであるから、此れ等の數字には餘り價値はないが、兎に角土井氏今回の得票數が選擧干渉の爲めにきわだつて殖へたとは思はれない。然し何んと言つても今回の土井、清瀬、田中の三氏の得票は非常に接近してゐるから、そこに多少の問題が殘つてゐる。

清瀬氏と田中氏とが當落上入れ換はることは選擧干渉の目的から觀れば大なる意味はないから、段々煎じ詰めれば、土井氏と田中氏との當落關係が交換さるる可能性があつたか、そうして此の可能性が選擧干渉の爲めに土井氏の方に軍配があがるやうな經過になつたのであるかといふことに、問題は歸着するのである。著者は現實の結果は矢張り運命の祕戯であつて選擧干渉の結果ではないと考ふるのであるが、此の考を否認すべき餘地が全く無いとまでは斷言しない方が穩當であると思ふ。

第五區に於ける當落が何れにしても現實の外に出でないことは明かである。特に尾崎勇治郎氏(政)の得票數が辛ふじて當選末位の得票數の半分にしか達してゐないところには、選擧干渉に對する反感が朦朧げながら現はれてゐるやうに感ずる。又齋藤隆夫氏(民)の得票數が大正十三年の折りの割合から見れば非常に殖へてゐることは更に此の感を增すものである。

要するに、兵庫縣全體を通じて觀察すれば、選擧干渉が當落關係上に及ぼせる效果は無かつた。設し强いてあつたとしても、それは民政であるべき筈の一人が政友になつたかも知れないといふ、極めて薄弱なる可能性の範圍を出でないと思はれる。所謂第二怪文書中の兵庫縣のところには、山本、土井、尾崎、若宮、橋本といふ名前が見へてゐるが、若宮氏の當選は問題でなく、尾崎、橋本の二氏は落選し、殘るは山本、土井の二氏に過ぎない。此の二氏の當選に就ては前へに述べたことを再考する餘地はない。

鳥取縣

所謂第二怪文書中鳥取縣のところには、『三好(民)、豊田(政)は安全にして谷口(民)これに次ぎ山桝(民)、矢野(政)兩人の中いづれか落選の様に觀測せらる』とあつて、此の觀察は全然的中したのである。豊田氏は新顏とはいふものの、大正十三年には四千餘票の中の僅かに百餘票といふきわどいところで落選せられたのである。政友側の本當の新顏は矢野氏一人である。矢野氏の得票一萬八千餘の中には干渉に負ふものがあつたでもあらうが、此の區の黨派別得票數政友三萬八千、民政四萬七千から見て定員四人の内政友民政各々二人の當選は干渉の效果とは沒交渉であると思はれる。鳥取縣は棄權率が全國中で一番低い、即ち買收が最も盛んに行はれたところである。三人の民政候補者中いづれの一人が落選するかといふことは、買收資金の多寡が決したものと見て誤りなからん。

岡山縣

選擧干渉の効驗よりも反感の方が强かつた場合

既に前節に於て述べた如く、比例代表の名簿式なるものは議員の素質を劣悪にするものである。名簿式の採用といふが如き議が我が國に起る前に、機先を制して事前に排斥して置くが我が憲政の爲めに盡す所以なるを確信し、其の事を思ひ立つたのははや十數年前の昔である。本書の研究の如きも此の確信から發足してゐる。さればいつかは選擧の實際を視察して參考にしたいと思ひ立つたのも今日此頃のことではない。

昭和三年二月八、九日頃であつたと記憶する。鶴見祐輔氏は岡山縣第一區に於て選擧干渉の爲めに惱まされ、惡戰苦闘してゐる、どうか應援に來てもらひたいといふ依頼に接した。鶴見氏は曇なき過去を有し、世界の大勢に通じ、特に我が國の爲めには最も大切な米國の事情に精通した人である。斯くの如き人を我が衆議院へ送ることは衆議院の素質をよくするものであると信じ、快諾した。二月十二日の夜行で東京を發し翌十三日午後岡山市着．直ちに輕便鐵道に乘換へ、夕刻美作國落合町着、同夜落合町及び久世町の二箇所に於て、臍の緒切つて以來始めての選擧應援演説といふものを試みた。どういふことを演説したか、其の概要は記憶を辿つて記述し、他日本書の續編を書くやうなことがあつた場合に其の中に收めたいと思つてゐる。

十三日の晩に極めて悲觀的の情報に接した。それは岡山市に於ては鶴見氏の得票は精々七百を越ゆることなからんと言ふのであつた。此の報に接したときには連日連夜の奮戰に疲れ切つた鶴見氏の顔上には稍〻昂奮の氣合ひが漂つてゐたかのやうに記憶する。そこで目算したのである。第一區の有權者の數は約十四萬、其の中の棄權無效等を四萬と見積り有效投票數を十萬と概算した（實際は十一萬、誤差の一萬は主として買收の結果かと思はれる）。偖て定員五人、候補者は倍數の十人、當選者五人の中の最高の得票數を二萬、落選者五人の合計得票數を三萬と見積り、殘餘の五萬を四人の當選者に等分すれば一萬二千五百票となる。そこで一萬二千五百票あれば當選するものと判斷した。鶴見氏の根據地眞庭郡に於ける得票數はどのくらゐあらうかと尋ねたところが、內輪に見積つて七、八千はあらうといふことであつたから、岡山市に於て四、五千の得票があれば當選は先づ大丈夫であると考へた。そこで翌十四日の午前には勝山町にて演說し、すぐさま岡山市へ引返へし、此の夜同市に於て一世一代の大應援演說を試みる豫定にて、岡山市へ歸へる輕便鐵道の中でも其の腹案を練るに忙はしかつたのである。夕刻岡山市に着いてみれば、矢張り干涉の餘波でもあらうかと思はれる、會場の使用に邪魔が入り、一世一代の大演說は遂に天日を見ることができなかつたのではあるが、その當時の目算を既定の現實と對照して概略合つてゐるところに興味が湧く。唯鶴見氏が約二萬五千票の最高點で當選せらるるといふが如きことはその當時夢想だにしなかつた。然し此の二萬五千票中、判然どれだけといふことはできないが、確かに一部分は干涉に對する反感から生れたものである。さういふ判斷を下だすに就ては幾多面白い根據もあるが、餘り鶴見氏のこと許り述べすぎる嫌ひがあるから省略する。

第一區の候補者十人の中五人までは政友である。その五人を當選せしむるといふのが干涉の目的であつた。殘りの五人の候補者の中少しうわすべりの氣味はあつたが、何んといつても一番の人氣役者は鶴見氏であつた。されば干涉の主力を鶴見氏に集注したことは至極適當の干涉軍略であつた。然し岡山縣人の氣質に照らし極端の干涉は却つて反感を起すものであるといふことを察し得なかつたのである。尤もそこまで透視洞見し得るほどに明敏の人であつたならば、極端な干涉は始めからしなかつたであらうと思はれる。

鶴見氏の市郡別得票數は次の表に示すが如し。

鶴見祐輔	
岡山市	6,210
御津郡	1,158
赤磐郡	708
和氣郡	749
邑久郡	256
上道郡	918
眞庭郡	6,333
苫田郡	3,081
勝田郡	1,523
英田郡	1,032
久米郡	2,680
合計	24,648

大正十三年には鶴見氏は舊第七區即ち眞庭、久米の二郡より立候補し、此のときは落選した。その折りの同氏の得票數に比率三・三を乘じたるものは、眞庭郡六、七三二、久米郡五、三三九。之を今回の得票數に比すれば、眞庭郡の方は大體合つてゐる、久米郡の方は著るしく減つてゐる。ここでは局部的に選擧干渉が幾分か效驗があつたかのやうに觀察せらる、然し久米郡に於て失つたものは他郡に於て優に償つて餘りあつたのである。元來理想をいへば、成るべく大きな選擧區に於けるここかしこの得票を集めて當選を見るのが好ましいのである。斯くの如くして甫めて一國の代議士が地方的一小區域的の情實因緣の羈絆から解放せられ、眞に國政を議する本分を盡すことができるのである。まだそこまでには至らないにしても鶴見氏の得票が選擧區全體に亙つて散布されてあることは寔に賴もしい現象である。鶴見氏は又大正十四年十二月同選擧區に於ける補缺選擧にも出馬して際どいところで落選せられたのである。その時の郡別得票數をも參考して判斷

を下だしたのであるが詳しいことは繁を避けて略する。

要するに第一區に於ける猛烈なる選擧干渉『久山、鶴見の人氣に押され形勢急迫、軍資金乏し、十五日を待たず一萬圓送れ、久山をして同一地盤の鶴見を衝かしむるは結局り政友五名の當選を可能ならしむ』とある、電文に現はれた選擧干渉、その效果は敵味方の雙方から最も惜まれた難波淸人(政)氏の落選を誘致するに了はつたのである。

第二區の定員は矢張り五人であつて、候補者七人の内四人の政友があつた。その四人を一人殘らず當選せしめたいといふのが選擧干渉の目的であつた。そこで反對派の有力なる候補者は民政の小川鄕太郎氏と西村丹治郎氏であつたから、二人の內の一人を射落すといふのが干渉の作戰計畫であつた。此の計畫は一見して至極適當であるやうではあつたが、義を見て爲さざるは勇なきなり。その勇氣に滿ち多年孤軍奮鬪の革新派を庇護した岡山人士の氣質を輕視したところに破綻を暴露したのである。由來岡山縣は全國中で政治思想の最も發達したところの一つである。多年淸節を操持し政界の淸凉劑を以て自他ともに許した革新派の金城湯池は岡山縣であつた。此れは勿論犬養氏の聲望に負ふところ少なからなかつたのであるが、犬養氏の聲望そのものは岡山縣人の義氣の中に培養せられたものである。其の根柢を岡山人士の剛毅性の中に扶植したものである。偖て小川、西村二氏の中の一人とはいふものの、干渉の主力は西村氏に向つてゐたのである。

旣に政界隱退後の犬養氏には今回は立候補の意志はなかつたと傳へられてゐる。干渉の參謀本部が西村氏を落選せしめんが爲めに無理やりに犬養氏を立たしめたと云はれてゐる。その眞僞は判然しないが多年革新の孤城を守り、喜憂を分ち、籠城の辛酸を共にした當年の同志西村氏を落選せしめんが爲めに、如何に今日は境遇が異り、又如何に頼まれたからとて、その爲めに立たるるとは先生もひどいと、何人かが話してゐたのを、岡山市から落合町に行くときに輕便鐵道の中で聞いた。實際總選擧期日の直前には西村氏の運命は可なり悲觀されてゐた、然し選擧の結果は全然此の豫想を裏切つて、岡山氣質の末頼もしいところを充分に發揮した。

果然小川氏が最高點、第二位が西村氏、そうして意外にも犬養氏が最低位で當選せられた。小川、西村二氏の郡別得票數はここに示すが如し。

	小川郷太郎	西村丹次郎
兒島郡	4,374	2,662
都窪郡	2,905	3,524
淺口郡	8,655	2,328
小田郡	5,990	933
後月郡	3,282	604
吉備郡	634	5,237
上房郡	124	4,170
川上郡	322	2,010
阿哲郡	242	2,250
合計	26,528	23,718

大正十三年には犬養氏は舊第四區の都窪、吉備の二郡から無競爭で、又西村氏は舊第六區の阿哲、上房、川上の三郡から、共に革新派として當選せられた。其の折りの得票數に比率三・三を乘じたものと今回の得票數と對照すれば

	昭和三年	大正十三年
犬養毅	一三、六八〇	二六、七三三
西村丹次郎	二三、七一八	一六、八一七

斯くの如く犬養氏と西村氏とが恰もその處を交換したやうな趣きがあるのは一つの奇觀である。そこには人情の機微が閃いてゐるかのやうにも見られる。序ながら、矢張り大正十三年の西村氏の郡別得票數に、比率三・三を乘じたものを掲ぐれば

西村丹次郎	川上郡	上房郡	阿哲郡	合計
昭和三年	二、〇一〇	四、一七〇	二、二五〇	八、四三〇
大正十三年	五、八六一	六、九二〇	四、〇三六	一六、八一七

であつて、西村氏は、大正十三年には犬養氏の選擧區であつた都窪、吉備の二郡に於て、今回は合計八、七六一票を得られたのであるから、西村氏は自分の舊選擧區に於て失つた票數を、犬養氏の舊選擧區に於て丁度埋合せたといふことを數字が物語つてゐる。吉備郡の或る村では從前は犬養氏以外の人には嘗て投票したことはなかつたが、今回は大多數西村氏に投票したといふことが總選擧直後の岡山の新聞にでてゐた。その村は

秦村(犬養氏得票一九、西村氏得票三八四)か山田村(犬養氏得票一七、西村氏得票一五二)かの中ならんかと推測するのであるが、之を確めるが爲めに必要なる參考材料を手元に有せざるを遺憾とす。又第二區の次點者陸軍參與官高草美代藏氏(政)、此の人が大正十三年には無競爭で當選されたことに思ひ合はせて今回の得票が如何にも少なすぎるやうに思はれ、そこにも干涉に對する反感が偲ばれる。

第一區第二區に通じて觀察するに、何れにしても當落關係は現實の外に出でないのは明かであるが、選擧干涉はその目的とするところとは反對の結果を生じ、干涉に對する反感反撥は著るしく政友會の得票を減じ、それだけ他派の得票が增したことははつきり言へる。

序ながら記すのである。犬養氏は政友會に入らるると同時に、大正十四年の六月に議員を辭された、それにも拘はらず選擧民は翌月同氏を再選した。此の事はその當時餘り世人の注意を惹かなかつたが、これには極めて重要な意義がある。又我が國に於ては破天荒の政治的現象であつたのである。甲黨の議員が自己の信念の示指に從がひ乙黨へ鞍替へをすることは一向に差支はない、唯選擧人は甲黨としての彼れを選出したのであるから、一旦は辭任して更に選擧人の意志に問ふのは當然すぎるほど當然である。此の際不圖胸に浮びたるは、最近『海洋の自由』と題した名著によつて世に親みある、英國のケンヴォルシイ海軍少佐のことである。少佐は自由黨員としてハル選擧區から議員に選出せられたのであるが、昭和元年に勞働黨へ鞍替をすると同時に、一旦議員を辭任し、更に同一選擧區から再選せられた。言ふまでもなくそういふ例は英國には澤山ある。又是非ともそうしなくてはならないといふ不文律がある。我が國に於ても是非ともそういふ慣例ができなくてはならないのであるから、犬養氏の場合はさういふ慣例の先驅として特筆すべき價値がある。されどこれは犬養氏の場合に限るのであつて、最近の脫黨騷ぎの場合には適用されないのである、そのことは後に論ずる。

廣島縣

第一區の當選末位森祐昌氏も落選の首位荒川五郎氏も共に民政なるが故に、此の二氏の入れ替りは此の場合無意味である。されば問題は荒川氏が政友當選者中の末位名川侃市氏と入れ換はる可能性の有無に歸するのである。

藤田若水氏(民)は昭和二年十二月普選前の最終の補缺選に於て、又名川侃市氏(政)はその前月の十一月に最終の一つ前の補缺選擧によつて出られた前代議士である。藤田氏は定員一人の舊第六區に於て二、九八二票を得られ、名川氏は定員二人の舊第七區(荒川氏と同區)に於て八、五二九票を得られたのである。名川氏の場合には定員二人のところの補缺選擧なるが故に、比較參考には之を折半すべきかとも考へたが、それは少し酷に過ぎるかも知れず、寧ろ名川氏の前任者吉田眞策氏の得票を襲用すべきかなどと、いろいろ迷つたのである。大正十三年には、比率三・三を乘ずれば、荒川氏(民)は一八、七二一、名川氏の前任者(政)は一八、七〇一といふ、非常に接近した票數で二人とも當選せられたのである。

飜つて考ふるに、今回の第一區は舊の第一區、第六區、第七區の三つを合せたるものと全然合致するが故に、大正十三年の黨派別得票數に比率三・三を乘じたものを作つてみれば

民(舊憲政)	六一、〇三四	政	二五、五五四	中立	七、四五一

大正十三年の當時は憲政會の重鎭故早速整爾氏が存命中であつたとは言ふものの、之を今回の黨派別得票數

民	三七、三一二	政	二五、四八八	中立	一九、〇八八

と對照すれば民政の地盤が餘りに縮小したかのやうな感じがする。廣島の荒川氏といへば七回も衆議院議員に當選した人である。その人の落選は中選擧區制には珍らしい所謂番狂はせである。又岡山縣の如き極端に激烈な干涉は却つて反感を生ずるものなれど、それよりも稍〻緩慢なる干涉は却つて効果があるかも知れないといふやうなことをも考へてみたのではあるが、何んといつても荒川氏と名川氏の票數の差は一、二七〇だけあるから、若し選擧干涉がなかつたならば、荒川氏が當選圈内に入る極めて薄弱なる可能性があつたかも知れないといふくらゐの判斷が適當であると思はれる。

第二區は舊第二、五、八、九區を合併したものである。大正十三年には、その當時は本黨であつた肥田琢司氏を政友に數ほれば、且つ比率三・三を乘ずれば、政友の得票數は三二、一〇九、民政(其の當時の憲政)三一、九一四、即ち政友民政五分五分の地盤であつた。されば時勢の消長といふこともあるが、今回は定員四人の内政友二人、民政二人の當選を見たのは選擧干涉とは沒交涉の現象である。

第三區は舊第三、四、十、十一、十二の五區を合併したものである。大正十三年に於ける地盤關係は可なり複雜であつたが、今回の當落關係上選擧干涉の効果は認められない。

愛媛縣

愛媛縣は總選擧の當時、選擧干渉が激烈であつたといふので、其の名が天下に轟いた縣である。第一區に於ては定員の三人が三人ながら政友が當選した、偖てそれが果して干渉の爲めであるかといへば、必ずしもそうではない。次點者中の最高二人は共に民政であつて、其の得票數は極めて接近してゐるからそこには同士討が認めらる。此の同士討がなかつたならば、此の內一人の民政が當選して政友の當選者が一人減ずることは確かであるが、假令同志打があつても當選の末位と落選の首位との得票數の差は僅かに九六四に過ぎないから、その可能性が全くないことはないが、最後の判斷を下だす爲めには第二區をも合せて考ふるのがよいかと思ふのである。

第二區に於ては當選の末位と落選の首位とは共に民政なるが故に、此の場合は政友の當選者中の最低得票數と落選の首位の得票數とを對照比較しなくてはならない。そうして其の差は僅かに三三二に過ぎない。今第一區、第二區に通じて考ふるに、定員六人の中實際は五人までが政友、唯一人の民政が當選したのであるが、此の場合選擧干渉がなかつたならば政友四人民政二人の當選を見る可能性は多分にあると判斷したのである。第三區に於ては落選者は唯一人、それが政友であるから問題は全然ない。

香川縣

香川縣はその第二區に於ける勞農候補者に對する一騎打的の干渉が可なり激烈であつたといふことで、その當時新聞紙上を賑はしたのであるが、全體に通じて觀察すれば、干渉はあつたとしても、たいしたことではなかつたのである。第一區には當落に移動を生ずべき餘地は全然ない。第二區定員三人の中二番目の當選者山下谷次氏(政)、末尾の當選者松田三德氏(民)の得票數は極めて相接近し、其つ差は僅かに八〇に過ぎない。そうして烈しき干渉が加へられたと稱せられる次點者の首位大山郁夫氏(勞農)の得票は前二者の約半分に過ぎないから、大山氏が山下、松田二氏の中の何れかと當落を交換する可能性は無かつたと判斷したのである。

熊本縣

熊本縣は選擧干渉の歴史に名高い安場知事の古戰場である。此の縣の政黨的地盤なるものは、其の强固なる點に於て全國有數の土地柄である。加ふるに選擧といへばすぐに其の名が聯想され、此の人の腦中は選擧と頭數とで滿ち滿ちしてゐるやうな感情を刺激する安達氏、その人の金城鐵壁である。又淸浦内閣、それが如何に蚊細い變體内閣であつたとはいふものの、大正十三年に總選擧が此の内閣の下に行はれたときに參謀格を勤められた小橋氏が今度は野黨側に居られたのであるから、今回干渉をするにしても、それが非常にやり惡くかつたらうと想像される。干渉の程度を數字で表はすことは六づかしいが、干渉が最も激烈であつたと傳へられてゐる愛媛、岡山、新潟、岩手の諸縣の干渉程度を一〇とすれば、熊本の干渉程度は四乃至五あたりを彷徨するものと判斷した。然し干渉の効驗は少しもなかつたのである。第一區第二區を通じて定員十人の中政友五、民政五の當選を見たのは全然地盤の割合に相當する。假りに選擧干渉に何等かの効果があつたとしたならば、それは第一區第二區各々一人の落選候補者の得票數を少し許り增したかもしれないといふに過ぎない。

尙ほ爰に一言するの價値あるかと思はるるは、第二區に於ける無効投票總數三、〇一四は全國中にて一番多いことである。之に次ぐは沖繩縣の二、三二〇であるが これは同縣に於ける特殊の事情に基づくこと明かなるが故に、熊本縣第二區の無効投票總數は比類なき高率を示してゐる。此の中には總選擧の直後に問題となつた池田泰親氏の天草郡に於ける無効投票一、九三四票がある。然し之を假りに有効とするも尙ほ此の區の當選末位の中山貞雄氏の得票との間には四五八票の開きがあるから、中山氏と池田氏とが當落を交換する可能性は先づないといふてもよいかと思はれる。

沖繩縣

沖繩縣に於ける選擧干渉は一種特異の光彩を放つてゐる。全縣一區定員五人の中、最高點で當選せられた漢那憲和少將(民)、沖繩縣に此の人ありと知られた少將の當選は當然すぎるほど當然である。第二位の當選者伊禮肇氏(民)の當選も始めから豫期せられてゐたのである。又中立一人、勞農一人の候補者は微力にして到底當選圏内に入る望みの無かつたことは、此れ又始めから判かつてゐた。殘る六人の候補者は何れも政友であつたが故に、普通の場合なれば選擧干渉の目的そのものが既に消滅してゐたのである。爰に奇怪なることは六人の中には、干渉の中樞に近邇せるが如くに想像された所謂輸入候補者が人目を避けんが爲めでもあるか、遠き琉球に現はれたといふやうな氣味があつて、そういふ輸入候補者を庇護せんが爲めに行はれた、言はば同士討的の干渉であつた。そうして此の珍無類の干渉は土着の政友當選者花城永渡氏を驅つて憤懣の餘り總選擧の直後政友會を脫して民政黨に入らしめたのである。

鳥瞰的觀察

本來なればもう一つ考へなくてはならないことは、選擧期日の眞際になつて候補を辭退した人のことである。そういふやうな人の豫想得票が如何に最後まで殘つた候補者に分配されたか、そこに選擧干渉の魔手が働かなかつたか。此れはどうしても調べることはできなかつたのであるが、北海道第五區の前田氏が候補斷念を肯ぜられなかつたことや、千葉縣第三區の斷念候補者小高氏の豫想得票が意外にも實同の千葉三郎氏へ行つたであらうといふ推測が行はれてゐることなどに參酌し、且又斯くの如きことは與黨野黨の別に拘はらず、金權候補者が往々用ゐる常套手段であるから、選擧干渉の効果を觀察する上に於ては考の外に置いてもよいかと思ふのである。

以上列擧せるものの外にも相應の選擧干渉が行はれたかと思はるる府縣はまだまだあるが、可なり烈しかつたやうに思はれたところでさへ干渉の効果は殆んど無かつたのであるから、それ等の府縣に就ても一應は考査研究してみたが、其の敍述は略するのである。

選擧干渉のことを論ずるには今回の干渉のみに着眼するは徹底を缺くの恐れがある。昭和二年の秋の地方議員の選擧の折りに既に豫備伏線が設けられてゐる。そういふ觀察をする人もあるから、一應は昭和二年の秋に地方議員の選擧のあつた所と然らざる處との比較考査をも試みたが、そこには此の説を肯定すべき何ものをも發見しなかつた。宮崎縣の如きは、昭和二年の秋の地方議員の選擧に際して極端な選擧干渉が行はれた、其の餘波として古宇田知事が國法に問はれたのに怖氣づいたが爲めでもあるかと思はれる、今回は當落關係は無論現實の外に出でないのであるが、政友の得票數が稍〻少な過ぎるやうに思はれるのである。

有力なる反對黨の候補者に何等かの壓迫を加へて候補を斷念せしむるが如きは最も有効なる選擧干渉の方法である。又岡山縣のところで述べて置いたやうに、世評にいはゆる西村氏を斃さんが爲めに犬養氏を立たしめたるが如き、無投票當選のことを論ずる折りに石川縣第一區の場合に就て述べたるが如き、選擧干渉の方法樣式は多岐多般であつて、其の中には選擧の結果である票數の上に現はれてゐないものもある。そういふ點に就ても疑はしい場合に於ては、できるだけ調査詮議したのであるが、その叙述は繁を避けて省略し、唯これから選擧干渉の効果に就て下さんとする判斷はそういふ點をも充分に考慮したものであることを豫じめ斷はつて置くにとどめる。

個々の場合に於ける著者の判斷は極めて曖昧にして不得要領的ではあるが、此の場合何人かがはつきりした判斷を下したならば、それは根據のない妄斷である。然し此れ等の個々の場合を一眸の下に收め之を鳥瞰すれば、そこには、はつきりとしたことが言へるものがある。それは選擧干渉は全然無効であつたといふことである。個々の場合に於ける分析解剖を綜合すれば選擧干渉の爲めでもあるかと思はれるものは精々二、三人の増減に過ぎない。四百六十六人中二、三人の黨派別増減は、選擧は際もの水もゝのである、其の偶然的振幅内を往來するに過ぎず、設へそういふことがあつたとしても尙ほ選擧干渉の效果は無かつたと言つても差支ないのである。

唯何んとなしに選擧干渉の效果が多少あつたかのやうに意識するのは世に有勝ちの誤解である。尤も今回の選擧干渉のやり方が如何にも拙劣であつたことは衆目の視るところである。例へば地方鐵道の敷設を餌として選擧民の歡心を買はんとするは大正九年の總選擧の折りにその效能を發揮した原氏の故智である。然し今日は時勢が變はつてゐる、そういふやうな所には大抵は乘合自働車がある、そうして乘合自働車の持主は比較的進步した活氣ある人達である、多くは其の土地の口ききである。そういふ人達の爲めには鐵道の敷設は何よりの脅威である、叉干渉の手先きとなつて働く下僚の中にも、反抗氣分があつたやうな場合も少くない。知事が何か非常識な命令を下だす、その命令が徹底的に行はると思ふのは時勢を解せざるものである。

そこで今回の選擧干渉の遣り方は拙劣であつた。若しそれがもつと巧妙に行はれたならばといふやうな疑念が起るかも知れないが、時勢は駸々として日に月に進步してやまない。昔しは駟馬も及ばずと言つたのが、今日では飛行機も及ばないと言はなければならないほどに進んでゐる、巧妙なる選擧干渉なるものそれ自身が官尊民卑の時代にあつてこそ行はれたのである。巧妙の限界は時勢の進步に伴つて次第に狹められつつある。今回の選擧干渉には今一段工夫を凝らす餘地が充分あつたが、そうした選擧干渉と雖も、將來の選擧に其の效果を夢みるが如きは、抑も又時代錯誤の官僚的思想に過ぎないのである。

選擧干渉を敢てするやうな人。郵便料金の値上に因る國民の普遍的苦痛に鈍感冷淡なるやうな人。そういふやうな人に選擧干渉は惡いことであると言つても、又その人と雖も心の中では知つてゐても、それをやめないのがそういふやうな無慈悲な性格の持主の特徴である、今回の選擧干渉を極力攻撃した野黨側にもそういふ性格の持主はゐないことはない。惡いことであるが、それが間接的であり、集注的ならずして普遍的なる場合に、そういふ惡いことをするのが人間的の弱みである。然し惡いことであるが上に無駄である、勞して功なし、俗に所謂骨折損の草臥儲であることが、炳として火を睹るよりも明かになれば、そういふ惡いことは自然に罷むのである。

野黨側の人、並に野黨側に同情する人達が選擧干渉の效果を誇大に意識するのは、人間が感情の動物である限りは避け難い。然しそれは凡て我田引水の見地から出てゐる僻見である。話は横途へそれるが。與黨側に於ては人格第一人者と世に認められてゐる某氏に、その人の選擧區のことを尋ねたのである。某氏は自分の選擧區からもう一人政友會の當選者を出す可能性があつたといはれた。そこで此の選擧區のことを可なり念入りに調べてみたが、どうしてもこの可能性を發見することができなかつた。されば斯くの如き人格者でも矢張り我田引水的の考から蟬脱することはできない。そういふやうな浮世風呂式の哲理に感與が唆られたのである。

立憲政治の根本である選擧の神聖を汚濁紊亂するものは、干渉と買收とである。買收の方は干渉に比して桁違ひの難問題である。買收の方を殆んど不治の病に比すれば、干渉の方は一寸した風邪か齒痛のやうなものに過ぎない。普選法が選擧費の制限によつて買收の制裁に一指を染めんとしたが、それは全然失敗に了つた。偖て買收のことは別に論ずることとし、兎に角に干渉は今後は無效であることを明かにして、以てその根絶を期し、それだけでも選擧の弊害問題を簡單化するに努めたのである。

本節を結ぶに際して、尚一言附記したいことがある。それは今回の總選擧に當つて出現した選擧革正會のことに就てである。天下は廻はり持ち、いつかは民政黨政府の下に總選擧が行はるる場合に於て、その時の野黨政友會が今度こそは我が黨の番だといふので、選擧革正會を作るといふやうなことは有り勝ちのことである。凡てこんなことは度び重なるに從つて、輪に輪をかけて增長して行くのが事物自然の成行である。多年一日宛も時の政府の外に政府然たるものができて、相對抗するといふが如き現象を露出せんか、それこそ由々敷大事であつて、選擧干渉も惡いが、それにも增さるとも劣らざる惡いことである。さういふやうな夢想に刺激せられて、今回の選擧革正會の出現を非常に遺憾に思ふのである。凡て國家の爲めには先きの先きまで考へて、惡い方向に延びる危險性のある雜草は芽生へのうちに早く已に芟鋤することを心掛けなくてはならない。然し選擧干渉が無くなれば選擧革正會も自然無くなるのである。

第七節　我が代議政治の進趨

二大政黨の妖夢

明治の青年期に於ては藩閥の餘勢及び官僚方面に於ては我が代議政治の發達をして戰前の獨逸、特に普漏西國と同じやうな傾向を辿らしめんとする熱心なる希望があつて、その爲めに絕大の努力が拂はれたのである。他の一面には民間の政客の希望に映し、夢幻の間に往來しつつあつたのは英國政治界の狀況である。要するに其の當時の紛糾は斯くの如き相ひ異れる思潮の衝突であつて、その爲めに議會が可なり頻繁に解散せられたのである。此の間何んとかして調和を圖るの途もないかといふ最初の試みは明治三十三年九月伊藤博文公の下野、公を最初の總裁とせる立憲政友會の組織である。月日のたつは早いもので、吾人は近き將來に此の試みの滿三十年を迎へんとするのである。

此の約三十年間の經過を概觀すれば、何事にも英國の例が我れ知らず目につく意識的傾向が年一年と濃厚になつてきたやうに思はれる。普選法中の無投票當選や供託金制の設けられたことなども矢張り英國を眞似たものである。倩て英國を模倣することもよいかも知れないが、爰に一つ非常に困ることがある、それは所謂二大政黨の夢である、二大政黨の對峙といふが如きは英國に於ても現在は勿論向後もそんなことは萬々出現することはなからんと思はれる、即ちヂスレリー、グラッドストーン時代の二大政黨對立の夢である。折り惡しくも丁度我が國に於ける最初の普通總選擧が行はれんとする、其の直前に我が國にても、ボールドウヰン氏の所謂不思議の偶然の疊積によつて宛も二大政黨對立のやうな政治界を出現したのである。不思議の偶然の疊積とはいふものの、よく煎じ詰めてみれば、底知れぬ政權慾の我利我利式發展に過ぎない。全然永續性のない二大政黨對立の現象、それは晝寢の夢と見流すべきものであつたにも拘はらず、それが多くの論客にはそう見へなかつたのは、ヂスレリー、グラッドストーン時代の英國の夢がまだ醒めやらぬ、その餘殃である。

四月五日の座談會

ここで著者が去る四月五日の夜東京ステーションホテルに於て新渡戸稲造、近衞文麿、岡實外數氏の肝煎にて第一回普通總選擧の結果を話題の中心として催された座談會に於て述べたことを引用したいのである。

我が國に於ける政治的觀察を誤らしむる重もなる原因は二大政黨對立の幻想である。多少の恒久性を有する二大政黨の對立といふことが實際に於て有り得たならば、それは議會政治の爲めに寔に都合のよいことである。されば二大政黨の對立を希望するのは無理ならぬことなれど、希望は現實を否定することはできない。二大政黨といへばすぐに想ひださるる英國に於てさへも、それは既に過去の夢と過ぎ去つたのである。千九百二十四年の總選擧で激減した英國の自由黨、來年の總選擧には五百人の候補者を擁立すると放言してゐる自由黨。五百人の候補者を立たせる、それもよからう、供託金の沒收は折柄不如意の國庫の好財源であるといふやうな嘲弄を、保守黨中の皮肉屋が揶揄ひ半分に浴びせかけるにも拘はらず、あの歴史的の自由黨が此のまゝ消滅して行くものとはどうしても思はれない、又今を時めく保守黨内にも今日は失意の境遇にある勞働黨内にも將來の推移の中には分裂の可能性が充分にある。特に將に將たるの器としては方今第一人者たるの定評あるボールドウヰン氏退隱後の保守黨にはその可能性が多分にある。必ずしも小黨分裂とは言はないにしても、少くも二つよりも多くの黨派に分かれることは英國を始めとして世界的の趨勢であつて、我が國も此の趨勢には洩れないのである。

我が國現在（本年四、五月頃）の二大政黨の對立、それは變態的の違例に過ぎない、一時的過渡的の現象である。一年前の我が國の政界、及び其の後ち恰も二大政黨對立の觀を呈するに至つた徑路を仔細に吟味したならば、必ずや思ひ半ばに過ぐるものあらん。偖て此の現象がどれだけの恒久性を有するものなるか、判然としたことは神ならぬ何人にも解かるべき筈がないのであるが、余はその恒久性の極めて微弱なるを意識するを禁ずることができない。

我が國に於て政黨の腐敗墮落を痛歎するの聲は可なり喧しいが、余はそれほどに悲觀する必要を認めない。されど又我が國現在の政黨には重大なる缺陷がある。改善淨化の餘地が十二分に存在することを認識するものである。先達ての總選擧、第一回の普選の結果に就ては、廣い世の中には失望の歎を發する人もあるが、それは餘りに目先きの幻影に捕はれ過ぎ、その日その日の現實に拘泥し過ぎるより起る謬見に過ぎない。否、今回の總選擧の結果即ち相ひ對抗する二大政黨の勢力が伯仲の間にあるといふことは、天が我が瑞穗國に降し給へる幸福である。弘安四年の秋の頃、あのときの神風にも比すべきものである。假設として幾多の缺陷を包藏する我が國現在の政黨、その孰れかが絕對多數を制して氣隨氣儘のことをしてもどうすることもできないといふやうな場合を想像するだに、吾人は邦家の爲めに寒心に堪へないのである。然るに普選の首途、總選擧の結果が大政黨をして自制せざるを得ざるに至らしめたことは我が國憲政の永日觀上大いに祝福してもよいのである。

以上は本年四月中旬の記述であるが、其の後の民政黨の分烈騷ぎは此の豫想を現實にしたものである。他の一面に政友會の政權によつてくられた結束、天下は廻り持ち、一旦政權を離れ逆境に浮沈するときに此の結束がどういふことになるか、今日得意の絕頂にある當事者の豫想に餘るものあらん。

政黨の浮動性

總選擧の直後に於ける衆議院議員の黨派別、それを第一回から調べてみたのである。分類の一番多かつたのは明治三十一年三月の第五回總選擧の直後である。その時には自由黨、進步黨、國民協會、山下俱樂部、同志俱樂部、淮進步黨、淮自由黨、實業、中立の十分類を數ぞへたのである。歐洲大陸諸國、例へば佛國政治界に於ける黨派別を見るときは吾人はその小黨分裂の甚しきに驚くのであるが、我が國第一回の總選擧以降政黨の離合集散の跡を吟味してみれば、それは決して驚くには足らない。さうしてさういふ經過を辿るといふことは或る程度までは其の根柢を國民性そのものの中に有するものである。今回の總選擧の直後に於ける全く一時的の二大政黨對立の現象、それが偶〻ユートピア式の希望に合したが爲めに狂喜の餘り言論界を錯誤せしめたのである。此の現象が夢のやうなものであることは半歳とたたぬ今日までの民政黨內の經過が明かに物語つてゐる。

よく人の言ふことである、我が國の政黨の主義主張には大差はない、且又その主義が實際に行はるるやうな望みは殆んど無いといつてもよい。他の一面に於て四十餘年といへば長い月日である、其の間には政黨そのものの中に情實因緣や杓子定規的の黨歷の外には全く無意味な黨閥なるものを生じ、或は其の器にあらざる者にして黨の要部を我がもの顏に獨占し、少壯有爲の士が黨內に出現するも、さういふ人達に驥足を伸ばす機會を與へないのが旣成政黨の現狀である。前に述べた衆議院議員の年齡に關する調査の結果は明かに此の邊の消息を傳ふるものである。千九百二十四年の英國總選擧、その折りに保守黨が勞働黨と對抗するが爲めにはどうしても若い人達を衆議院へ送らなくてはならないといふ、よいところに着眼して、少壯者の進出を極度に奬勵したのである。此の點は我が國旣成政黨の大いに學ぶべきところである。それにつけても被選擧人の年齡制限は一日も早く撤廢したいのである。勿論撤廢したからとて三十歲未滿の新代議士が澤山でるのを期待するのではない、成るべく少壯者の進出を鼓舞奬勵するところに眞の意義が伏在してゐるのは言ふまでもないことである。

吾人が普選に期待した一つは、無產黨方面は暫く措き、新らしい方面から新らしい人物の出づることであつた。どこまでも既成政黨のみを頼りにしなくてはならないといふことでは、吾人は我が政治界の前途の爲めに失望の限界を越へて絶望に陷ゐらなくてはならない。それにつけても想ひ起すのは、今回の總選擧の直前に於ける新聞紙上中立候補者排斥の極端な態度に就てである。なるほど所謂中立の中には曖昧無節操、甚しきに至つては賣らんかな售らんかなを言外に標榜するものがあるのは爭はれぬ事實である。然しそれは中ぶらと名づくべきものである。中ぶら議員に就て想ひ出るは、明治二十三年我が國の議會が開かれてから間もない頃に、英國の詩人キップリングが二度目の漫遊に我が國にきたことである。其の折りの彼れの旅行日記中に巧妙な言葉を以て我が國の中ぶら議員を評してゐる、それは『流れのまにまに動搖する水草の如く、風に揉まるる足のない幽靈のやうなものである』といつてゐる。

中立候補者

所謂中立候補者の多數は中ぶらであるが故に、新聞紙上の言論が中立を排斥したのは無理ならぬことである。中ぶら議員を排斥する熱心に於ては吾人も亦人後に落つるものではないが、さればとて嚴正の中立、如何にしても現在の既成政黨と苟合することのできない强固なる良心の所有者、克く凡ての誘惑に超越し純理に根柢して行動する眞の中立、それをしも中ぶらと一緒に十把一括に排斥することは如何にも刻薄であり、殘忍である。勿論さういふ人は此の世智辛い世の中に多くは無いのは當然である、然し多くないだけにそれだけ貴いのである、眞に國寶と謂つてもよいのである。さういふ人達こそ我が國現在の汚濁せる政界の清凉劑となり淨化劑となり、そういふ人達の純眞な活動、明治維新の志士の俤が浮ぶやうな行動こそ、我が憲政將來の健全なる發達に寄與するものである。さういふ人達をも中ぶらと一緒に排斥するが如き語氣語弊は、蓋し餘りに目先きの幻影に捉はれ、その日その日の浮雲に迷はされ、現在の政治界の狀況が恒久性を有するが如くに我れ知らず意識するより起る謬見を代表するものである。

設しそれそんな嚴正中立の人はないと言ふが如きは、抑も我が國民性を侮辱するものである。我が代議政治の將來を絕望に陷ゐらしむるものである。吾人は日本民族の素質に信賴して斷じてそんなことのないことを確信する。斯くの如きは決して架空の妄信ではない、或は理想とまでは行かなかつたかも知れないが、將さに消滅せんとしつつある革新派は確かに或る時代には我が政治界の清涼劑淨化劑であつた。それにつけても革新派の消滅せんとしつつあるは惜みても尙ほ餘りある、然し徒らに過去を惜むは詮なきことである。吾人は積極的に昭和革新派の一日も早く我が政治界に出現するを促進しなくてはならないのである。

黨籍變更に伴ふ選擧の仕直し

脫黨難に惱まされた民政黨の一部に於ては、英國あたりの例に倣ひ黨籍變更の場合には選擧の仕直ほしをしなくてはならないやうにしたいといふ話しがあるが、此れは一種の悲鳴に過ぎない。英國の例に就ては前へに既にケンウォルシイ少佐のことを述べておいたが、更に思ひついたのはゲスト氏の例である。千九百二十四年の總選擧の當選者中にはゲストといふ姓の人が三人ある。勞働黨中の大英帝國主義者ヘーデン・ゲスト博士は保守黨に走つたが爲めに昨年三月選擧の仕直しをした、選擧區は矢張り勞働黨の議員を當選せしめ、ゲスト博士は哀れみじめにも落選した、又選擧の遣り直しではないが似たやうなことであるから序ながら記す。もう一人のエフ・イキ・ゲスト大尉、此の人は自由黨の議員であるが、大尉が現保守黨政府に對して屢〻好意を表したからとて、去る八月自由黨員の會合に於て出席を忌避せられた。そこで大尉はこういふことを公表してゐる。それは『自分(大尉)は最近二十年間に八、九回自由黨の侯補者として當選した、その約半期間は黨の幹事長をも勤めた。自分は未だ嘗て自由黨の公認侯補者以外の資格に於て立侯補したことはない。此の頃は選擧區の保守黨員が自分に投票するのは保守黨自由黨共同の敵である勞働黨の侯補者を落選せしめんが爲めである』と、大尉はそういつてゐる。それは兎に角に如何にも英國に於ては黨籍變更の場合には選擧の仕直しをする、然しそれは英國の政黨なるものは强固であり、總ての點に於て整然としてゐるからそういふことができるのである。我が國の既成政黨がそれを眞似んとするが如きは鷹の眞似する鵜のやうなものである、矧んや英國の如き習慣を作ることは困難であるから寧ろ法律で規定するがよいといふが如きに至つては一種の血迷ひ沙汰である。

總選擧直後の言論界の錯覺

總選擧の直後に於ては、特り政黨者流の間に於てのみならず、廣く言論界に於て一種不可思議の錯覺が行はれてゐた。一時的ではあるが總選擧の前後に於ては二大政黨が事實對立してゐたのである、それが眞に一時的であることは冷靜なる第三者には略ぼ豫想し得られたのである。又其の後の經過は此の豫想を裏書してゐる、然しそれは全然別問題であつて、總擧選の當時に於ては正さに二大政黨が對立してゐたのである。選擧の結果はどうであつたかといへば、二大政黨の得票數も當選者數も略ぼ相ひ同じく、即ち選擧の結果は如實に實際の有樣を反映してゐるのであるから、中選擧區制の現行選擧法は理想的の好結果を生じたのである。二大政黨が互角の勢力を以て對立し少數の中間黨の爲めに飜弄せらるるは困つたことであるといふことは全然別問題である。二大政黨の勢力伯仲といふことは選擧法とは全然無關係の事實である。その事實を忠實に描寫しだした選擧法を賞賛こそすれ、それを非難すべき理由はどこにもない。抑も此の場合選擧法を云々するが如きは選擧法に何か作爲的の絡繰りを施こして、依て以て事實と相違せる政治界を捏造せんとするものである。斯くの如きは實に不埒なる考である。今回の總選擧に於て得票數の割合に當選者數が過少であつた中立、社民以外の無産派及び實同派には苦情をいふべき理由があるが、二大政黨が不平苦情をいふべき理由はどこにもない。一時的ではあつたが二大政黨の勢力伯仲といふ、選擧法の如何といふ問題に先だつて、存在してゐる事實を、恰も選擧法の爲めに起つたことでもあるかのやうに意識する、そういふ錯覺が今回の總選擧の直後に不思議に流行したのである。

惟ふに全國に於ける政黨の實勢力、それは總選擧に於ける黨派別得票數によつて判斷するの外に途がない。此れは勿論完全なる方法ではないが、其の外には目安とすべきものがない。偖て何かにつけて我が國の言論界に於てよく引合ひにださるる千九百二十四年十月の英國總擧選の結果は保守黨四一二、自由黨四〇、勞働

黨一五一、外に雜一二、合計六一五である。保守黨の得票總數は

實際記入の得票數	八、〇四一、〇四三
十六個の無投票選擧區の見積り票數	五〇六、三三一
合　計	八、五四七、三七四

主として勞働黨及び自由黨より成る反對黨側の得票總數は

實際記入の得票數	八、六〇一、七二五
十六個の無投票選擧區の見積り票數	五七一、三四八
合　計	九、一七三、〇七三

斯くの如く得票數は反對黨側の方が百萬餘も多いのであるに、議席は勞働黨と自由黨とを合はせて僅かに一九一、保守黨の方はその二倍以上の四一三といふのであるから、そういふ結果を生じたのは選擧法が惡いからであるといつて小言をいふのは無理ならぬことである。極く最近に(十月十五日)ロイド・ジョージ氏は自由黨の會合に於て『民衆政治の玩弄であり詐欺である、非違、不正、變挺なる現行選擧法は政治を賭博に墮落せしめた』と罵つてゐる。尤もこれは一面には選擧法の不備缺陷は失意の境遇にある政治家の感覺を特に鋭敏に刺激するはどこの國でも變はらない、その詐らざる告白である。それは兎に角に、英國に於て選擧法を非難するのは合理的であるが、我が國今回の總選擧の場合に於て、選擧法に就て彼れ此れ言ふのは全然見當違ひの無茶苦茶である。

今回の總選擧の結果政友會の議席數は二一八、民政黨の議席數は二一六、此の合計四三四。今假設として此合計を變へずに孰れか一方が二三四といふ絕對多數となり、他の一方が二〇〇となつたとすれば政界は安定するのであらうが、それは虛僞の安定である。設し總選擧の結果がそんなことであつたならば、そのときこそ選擧法に對して苦情を唱ふることが合理的である。

小選擧區還元の妄想

大正九年原内閣の下に於て行はれ、政友會が絕對多數を獲得した總選擧の結果は

	得票數	當選數	案分當選數
政友會	一、四七一、七二七	二七八	二六一
憲政會	七一九、六一八	一一〇	一二七
國民黨	一四〇、三九七	二九	二五
中立	二八八、二四〇	四七	五一

爰に案分當選數とあるは定員四六四を得票數に案分した假設當選者數である。政友會より十七人を減じ憲政會に十七人を增せば實際と案分の結果とが一致するのであるが、それはたいしたことではなく、又さうしても政友會の絕對多數には響かないのである。

大正十三年の總選擧の結果は次の如し。

	得票數	當選數	案分當選數
憲政會	八六一、〇六三	一五一	一三五
本黨	七六六、五九五	一一六	一二〇
政友會	六三三、五九三	一〇一	九九
革新派	一八〇、六一〇	三〇	二八
實同	四八、〇六一	八	八
中立	四七七、一三六	五八	七四

此のときは憲政會が少し許り割がよく、中立の割が惡かつたのであるが、其の他の黨派の當選數は大體に於て當を得てゐたのである。されば大正九年の總選擧、大正十三年の總選擧を通觀して得票數と當選者數との間には、千九百二十四年の英國總選擧の結果のやうな極端な不權衡は無かつた。然しそれは偶然そうであつたので、小選擧區制の場合には英國に於けるやうな不權衡が起り易いのである。

凡て往年の全盛時代は逆境の後年から回觀してみれば、それが非常によく見へるのが普通の人情である。本來前へに述べた錯覺と政友會の絕對多數時代の回顧とは全然關係がないのであるが、錯覺と昔し戀しやの想念とをごつたまぜに掻き廻はした混沌晦冥の中から湧き出たのが小選擧區還元の妄想である。

今回の總選擧の跡を概觀するに、與黨野黨の別を問はず、大約そ其の二割內外は中選擧區なるが故に當選し、若しくは少くも中選擧區の方が出易く、小選擧區になつたらば當選の可能性が減少する人達である。そうして比較的新進の人材が此の内にあるのではないかと思はれる。唯此れ等の人材は黨閥や因襲の爲めに抑へられて未だその才能を發揮する機會に接しないのである。無論政友會所屬の議員中にも二、三十人は此の種類の人があると思はれる。

十月四日赤坂の高橋邸に於ける政友會長老連の所謂隨筆的會合、その席で犬養長老は『政府や與黨で小選擧區制を採用したいなどいつてゐるが、今時そんなことをするのは白晝に妖怪が横行濶步するやうなもので時代錯誤の甚だしいものだ、どうせ改正するのならいつそ大選擧區制にして金を使ふ奴を嚴罰に處するが一番よい』と眞先きに反對せられたと云ふ。如何にもこういふ場合には廣い世の中から非常に頼もしく思はれる犬養氏の言はれそうなことである。政友會内には、嘗ては純理に生き政界の淸淨化を以て天職とせられた舊革新系諸氏の尙ほ健在なるあり、そういふ人達や新進の人材諸氏の努力により、小選擧區還元といふが如き鵺式の考が政友會の内部から破棄せられんことを希望して已まない。此の問題が黨爭的の色彩を帶びるが如きは甚だ好ましからぬことである。

歐羅巴中で一番愉快な倶樂部

千九百二十三年八月二十九日ミネアポリス市に於て開かれた米國辯護士協會の年會に於て英國のビルケンヘッド卿は『最近五十年間に於ける英國憲政の發達』と題した、極めて趣味深き名講演をされた。其の中で卿が言はれたのである。『天外の奇想ではあるが、英國の「デモクラシイ」が始末にゆかぬ凶暴に陥ゐつたとしたら、それを矯正し得るものは伊太利の「ファシズム」のやうなものの外には考へ得られない、されど我れ我れ英國人は終局に於ては「アングロサクソン」人種の常識と健全性、英國民の節制と衡平とに信頼して如何なる難局をも必ず突破し得る自信を有す』と。卿は又憲法に拘束（コントロルド）不拘束（アンコントルド）の二種あることを説明したる後、『不拘束憲法の我が英國は國の運命を二千二百萬の選擧人の鉛筆先きの動きに託して、泰然自若としてゐる』といつて大氣焔を吐かれた。吾人も亦言はんとす。我が憲政の前途は決して樂觀を許さないが、吾人は終局に於ては我が堅實なる國民性に信頼して憲政有終の美を濟し得ることを確信するものであると。

英國議會の別名は『歐羅巴中での一番愉快な倶樂部』である。されば英國國民中の人物人材は何れも何時かは議會の人とならんことを欲するのである。ボーナー・ロー氏や現首相のボールドウヰン氏は實業家として或る程度に功成り名遂げた人達である。そういふ人々が後れ馳せながら下院に入つて遂に首相の印綬を帶ぶるに至つたこと、特にボールドウヰン氏が古今獨歩、將に將たるの大器を發揮してゐる邊りは、此の間の消息を如實に物語るものである。英國の議會が人物人材の淵叢であることも、その原因は主として此の風潮傾向にある。英國は國民總動員的に人物人材を下院へ送つてゐる、そうして凡て何事も結局は人にあるのであるから、英國の議會政治が世界的羨望の的となり、代議政治が方々で疑懼されつつある間に伍して、泰然自若、陸離たる光彩を放つてゐるのも、結局り其の遠因は此の風潮傾向にある。我が國に於ても立憲政治の健全なる發達を希圖するには、どうしても人物人材を衆議院へ送らなくてはならない。偖て人物人材はどこにゐるか、社會の如何なる階級に居るか、それはわからない。故に國民總動員的に有りとあらゆる階級、方面から人物の出づるを促進しなくてはならない。そうしてそこに普通選擧の重大なる意義が伏在してゐる。華族の被選擧權に關する制限を撤廢すべしといふ論據もここにある。選擧區は他の實際的の事情が許す限りは成るべく大きいのがよりよいといふ理由も亦茲に存す。一小地域に於ける卿黨的情實因緣が左右し、卑劣なる狙ひ打ちを可能ならしめ、買收を容易ならしむる小選擧區制へ還元といふが如きは斷じて排斥しなくてはならない。英國に於けるが如く干涉買收が根絕し、國民の政治的良心が最大限度に發達したときには小選擧制も亦一顧の價値あるかも知れないが、そこに達するまでには前途尙ほ遼遠の憾ある我が國の現在に於て小選擧區還元といふが如き「ボス」式「ジェリマンダリング」式の考は大禁物であらねばならぬ。

衆議院の門戶解放

爰に門戶解放とあるは普通よりももつと廣い意味に用ゐるのである。即ち啻に解放するのみならず、世の人物人材が衆議院に出ることをできるだけ容易ならしむることをも含むものである。現在の如く選擧には莫大の費用を要し、又現行の選擧法には禁ぜられてゐるが、早くも復活の噂ある三拜九拜叩頭式の戶別訪問、そういふ弊害は勿論一朝一夕にはどうにもこうにもならないが、選擧法の仕組は成るべくそういふ弊害を少くするやうな傾向を包藏するものでなくてはならない。そういふ弊害を多々益〻增長せしむる小選擧區制の如きは極力之を排斥しなくてはならない。

今回の總選擧に於て非常に選擧費がかかつたことは、移り替はりの際とて小選擧區制時代と同じやうな心持ちを以て候補者の多數が選擧に臨んだが爲めである。選擧區が多きくなり、選擧人の數が非常に殖へた普選時代に買收といふが如きことは到底行はれないことが期待せられてゐたのであるが、事豫期に反し、折角選擧法中に選擧費用の制限まで規定した、その努力が水泡に歸したのである。それもこれも今回の總選擧に於ては、概觀して與黨野黨の別を問はず、所謂軍資金が豐富であつたからである。雙方から選擧費を貰つた候補者も可なりあつたといふことも半面には軍資金に比較的餘裕のあつたことを示すものである。無い袖は振ることはできない。從來の總選擧に於ては新陳代謝が行はれ、約三分の二が新顏なるに、今回は是れ又豫期に反して新顏の方が三分の一許りに過ぎないといふことも、見方によつては舊顏の方が此の豐富なる軍資金に縁近かく、新顏の方が概して縁遠かつたが爲めであると思はれる。

今回の總選擧の直前に新聞紙上の言論が極端に十把一括に中立候補者を排斥したるものは、全く一時的ではあるが、その當時二大政黨對立の觀を呈してゐたことを過重視し、既成政黨が完成固定し、或る程度の恒久性を有するものであるかのやうに意識せられたが爲めであることは前へに屢〻述べてある。今日の急務は有りとあらゆる方面から新人物新人材を衆議院へ送り、我が衆議院をして少くも東洋に於ける一番愉快な倶樂部とならしめ、或は既成政黨を改善するか、或は政黨界の分解作用を起し、新たなる離合集散によつて黨閥情實を稀薄にし、主義主張を忠實に實行する、比較的理想に近い政黨の興起を促進しなくてはならない。著者が大正十五年の末に書いた、『太陽』の大正十六年一月號に載つてゐる論文中には、最初の普選總選擧の當選者中無產派は精々五、六名多くも十人を超へざるべしと書いてある。その方の豫言は略ぼ當つてゐるが、普選の爲めに新たに加はつた方面からの當選者を定員の約一割に當る四、五十人と見積つた、その見積りは見事にはづれたのである。その當時著者の意中にあつたやうな人は僅かに六、七人しか當選せられなかつたのである。中ぶらは無論排斥すべきである、然し政界に志すも現在の既成政黨に慊らずして、既成政黨に對して中立の立場を取る、既成政黨以外の方面から出づる人々は多々益〻衆議院に歡迎すべきである。

山縣公には三黨鼎立の希望があつたとか。今回の總選擧の前後に於けるが如き二大政黨の對立が或る方面の希望に合致するとか、種々のことが言はれてゐるが、さういふことは何人かの希望とか策略とかいふことでできるものではない、政治社會、もつと廣く考へれば社會そのものの中に、いろいろの力が働いてゐる。その綜合的結果として、二大政黨なり、三黨鼎立なり、小黨分裂なりが自然にできるのであつて、此の間に人爲的作爲的の術を施すべき餘地はない。要するに成るべく多方面から成るべく多數の人物人材が衆議院へでるやうになることを努め、其の先きの黨派別關係の如きは自然の成行に任かせばよいのみならず、其の外には仕方がないのである。此の意味に於て今回の總選擧に於て中ぶらならざる中立の當選者が非常に少なかつたことを遺憾に思ふのである。

現在の衆議院にも新進の人物人材がゐないことは無いと思ふ、特に小選擧區となつたならば當選が困難になるやうな人々の中に無名の新人物がゐるのではないかと推測する。既に或る程度に名をなした人の中に疑獄事件を惹き起すやうな人のあることは甚だ悲しむべきことではあるが。これも浮世の現狀に於ては如何ともし難いことである。そういふ人達も敏腕家には相違ないのであるから、矢張り人材の一種である。仍つて略して疑獄人材と稱すれば、將來吾人が希望するが如く我が衆議院が人物人材の淵叢となつた場合にも、其の中に疑獄人材のゐることも免れ難いのが世の常である。然し多數の嚴正なる人物人材の間に伍してはそういふ人達の跳梁跋扈も自ら局限せらるる譯である。そうしてその程度に滿足することが、吾人の理想をして社會の實際と餘りに懸け離れしめざる所以なりと信ず。

無產黨の進出

試みに英國下院内に於ける勞働黨の發達を見るに、今から約三十年前に唯一人の社會主義者ケール・ハルヂーが下院に現はれた。此の人は無作法の人であつたが、眞摯篤實の人物であることは廣く認められてゐた。彼れは舊來の二大政黨から全く隔離するところに社會主義の未來が包藏されてゐることを看破した。彼れは事實的に獨立勞働黨の創立者である。次の千九百年の總選擧には彼れは十二人の同志議員を得た。それから以後の勞働黨の議員數は、千九百六年に五十二人、千九百十年の一月に四十人、同年の十二月に四十二人、歐洲大戰が始じまつた千九百十四年に三十九人、千九百十八年の所謂「カーキー」總選擧に六十二人、千九百二十二年には一躍百三十九人、千九百二十四年十月の解散の直前には百九十三人、同年同月の總選擧では百五十一人となり、大體かういふやうに勞働黨の議員數が次第に增して來たのである。此の間には歐洲大戰といふやうな大事件もあり、まだ首領ではなかつたが、兎に角に勞働黨中の大立物であつたマグドナルド氏が開戰の始めに、英國が參戰することに激烈に反對したといふやうなこと、それに此の間に於て選擧權が擴張せられたといふやうな種々の事情が伏在するのであるから、我が國に於て無產派の議員數がどういふ具合ひに增して行くであらうかといふことを豫想する上にはたいした參考にはならない。

ラムゼイ・マグドナルド氏を首相とせる英國最初の勞働黨內閣ができたのは千九百二十四年の一月である。それは千九百二十三年の末に行はれた總選擧の結果である。その總選擧に於ては保守黨二百五十八人、勞働黨百九十一人、自由黨百五十九人が當選した。斯くの如く保守黨は第一黨であるのみならず、其の比較多數は可なりきわだつてゐたにも拘はらず、ボールドウヰン氏は潔く辭職して政權を第二黨の勞働黨に讓つた。此の英斷は實に立派なものであつて、勞働黨は合法的手段に依て其の主義主張を貫徹し得ることを如實に示し、その爲めに活きた手本を見せしめたのである。斯くて極端なる議會非認論者を永久に屛息せしめたのである。ボールドウヰン氏の遠謀深慮になれる此の大經綸は健全なる影響を特り英國に限らず廣く世界に及ぼしたのである。

時どきは共產黨系の除名といふやうな事件もあつたが、兎に角に大體に於て英國の勞働黨が今日までは實質的に單一無產政黨として其の存在を續けてきたことは、確かに英國國民性の或る方面を示すものである。此の點に於ける我が國無產黨の將來や如何、それは豫想を許さない。

八幡市に於ける微粒選擧區の問題、それは選擧區制に一種の細工を施して無產派の合法的進出を阻止せんとするものである。果して然らば、それは甚だ不條理のことである。それと同樣に衆議院議員の場合に於ても、萬一小選擧區還元といふやうなことが理不盡に行はれたならば、無産派は全滅するであらうと言はれてゐる。若しさういふことになつて安全瓣的の作用が全然停止さるるが如きことあらんか、それは眞に憂慮すべき事態である。此の邊は實に國家永遠の大經綸に任ずる者の深く心すべきところである。

大選擧區の頃合ひ

人物選出の上から言へば選擧區は成るべく大きいのがよい。單記委讓式の考案者ヘーアの如きは全國一選擧區を理想としてゐた。千九百二十二年十一月と千九百二十三年十二月の總選擧に倫動大學選擧區に於て二度まで落選した思想家ジー・エッチ・ウェルス氏は其の直後に於て全國一選擧區制を主張したことがある。それはウェルス氏の如き無頓着なる思想家も亦或る程度まではその人の境遇によつて支配さるる一例である。其の外にも學者、理想家などの中には全國一選擧區制を主張してゐる人もあるが、單純の理想としても著者は全國一選擧區は理想でないと思ふ。ここにも矢張り水清ければ魚棲まずといふに似たやうな一種の氣合ひを考慮しなくてはならない。選擧の事務上の難易は暫く措き、選擧民に彼れ等は彼れ等の代表者を議會へ送つてゐるといふ氣分を持たしめなくてはならない。小選擧區では選擧人と議員との關係が餘り密接に過ぎて、そこに幾多の弊害が起る危險がある。しかのみならず一小地域に於ける情實緣故に超越した人物人材を衆議院へ送らなくてはならないといふ根本趣旨に背く恐れがある。さればとて全國一選擧區では代表關係が餘りに空漠となる。そこで選擧區を大きくするならば、どのくらゐに大きくするが適當であるかといふ程度問題が現はれてくる。

千九百十年の英國下院に於ける選擧法調査委員會の報告には、選擧事務上の始末をも考慮して一區定員十五人を限度とすといふ結論に達してゐる。又我が國に於て實際行はれたことのある一番大きな選擧區は大選擧區時代の新潟縣郡部の定員十二人、それに次いでは東京市、兵庫縣郡部、愛知縣郡部の十一人である。先づそんなことからして考へ出したのが第五節の終りに掲げた大選擧制である。それは大體一府縣を一區とし唯北海道、東京府、愛知縣、大阪府、兵庫縣、福岡縣を各々甲乙の二區としたものである。さうすると既に現行法に於て全縣一區となつてゐる鳥取縣の定員四人、福井縣、山梨縣、滋賀縣、奈良縣、沖繩縣の各々定員五人が少な過ぎるやうな氣がするが、行政區劃も或る程度までは尊重しなくてはならないが故に、それ等の諸縣は例外と看做し、大體此の邊の大選擧區制が適當であると考へた。

要するに一方の極端は漠然として雲を摑むやうな全國一選擧區である。反對の極端は利己的情實因緣の巢窟である微粒選擧區である。理想の大きさの選擧區は此の兩極端の中間の何處にかある、捕へんとして捉ふる能はず、追ふことはできるが追ひつくことはできないのが理想であるならば、理想に近いものが此の兩極端の中間のどつかにある。さうしてそれは固定不變のものではない、國民の政治思想政治的良心の向上、時勢の推移、交通機關の發達に伴ひ、時代時代によつて變はるものである。我が國の現在に於ては前へに述べた假想大選擧區か、さなくば、それよりも心もち小さい、最大限を定員十二人とし、大府縣に限つて三區又は二區に分つた、大體府縣別の選擧區制あたりが最も理想に接近した頃合ひであると判斷した。

括結の辭

ワールター・ベージホットの『英國憲法』は幾度び讀んでも面白みが減らない眞に不朽の名著である。本年出版せられた其の新版の序文をバルフォア卿が書いてゐられる。序文といつてもそれは普通ありきたりの序文ではない、ベージホットが筆を擱いたときから今日に至るまでの英國の政治史である。僅かに二十六頁の序文の中に、あれだけ實のある、あれだけ要領を得た事を書かれた卿の見識筆力に對していつもながら敬服する。此の序文の第二十二頁にこういふことが書いてある。

『中古式の君主政體を徐々に近代式の「デモクラシイ」に進化せしめた、長らくかかつた經過、あれほど多く變化はしたがあれほど少く破壞された經過、その眞の根柢を探らんと欲せば、須らく理知とか理論とかよりも、氣質と性格とを攷究しなくてはならない。此の點は英國の政治組織を鵜飮み式に遠き異國に移植せんとする者の大いに玩味しなくてはならないことである。そういふ試みには危險が伴ひ易い。憲法は容易に模倣することができる、氣質は然らず、借用憲法と土着の氣質とが相ひ適應せざれば、此の不調和は重大なる結果を生ずる危險を孕む。此の點から考へて一番肝要なるは英國風の氣質と性格とである。その民族が他に如何に良き天賦天禀を持つてゐることとは殆んど沒交涉である。例へば若し彼れ等が至誠に順應すると同時に至誠によつて動かさるる受容力を持つてゐないならば、若し嗜好的に自由を愛する氣風と天性的に法律を尊敬する氣質を持たぬならば、若し彼れ等が如何に協調し何時妥協すべきかを知らぬならば、若し彼れ等が情的頓智を缺き又は裏切り暗打ちを寛容するならば、若し彼れ等が往々誤つて論理の闕如と許せらるる極端なる斷案に對する不信を固守することができないならば、若し不正賄賂が彼れ等を戰慄せしめないならば、若し彼れ等の仲間割れ派別かれが或は餘りに多く或は餘りに深刻となる傾向があらば、英國式政治組織が首尾よく行はるることは困難である、否、不可能である。議會辯論の技巧と黨派的制御の巧智がその極致を發揮しても、英國式組織は行はれ惡いのである。』

『設し何人かが前言を以て誇張に過ぐるとなさば、彼れをして深く最後に述べた英國式政治組織の必需條件を玩味せしめよ、若し下院が二つ或は三つの重なる黨派によつて構成せられずして、略ぼ同勢力の(例へば)半打の黨派によつて紊亂されたとしたならば、此の組織の搖籃地であり郷土である英國に於てもその實行が如何に困難であらうかといふことを想像せしめよ。此の混雜と陰謀の影像がまだ彼れの考を動かすことができないならば、彼れをして今一つの假設を省察せしめよ。それは黨派の數を二つ（疑もなく最も勝手のよい數）に歸着せしめ得たといふ假設である。設へ二つになつても其の二黨派の間の懸隔罅隙が深刻であつて、内閣の交迭が立憲的粉飾の下に行はるる實質的の革命である場合を想像せしめよ。こういふやうな解喩は、政治的機械、その圓滑なる運轉を日常噴飯事のやうに意識してゐる機械の働きが如何に微妙のものであるかを示さざる乎。』

なまじい注釋的の飜譯をするときは原文の折角の妙味を傷つけるの恐れがあつたから、いつそ直譯的の飜譯を試みたのである。その爲めに意味の明かでないところのあるのは免れない。望むらくは原文に就て言々肺腑を衝くが如き妙趣を味はれんことを。本年三月以降殆んど日夜寢食を忘れて從事してゐた此の研究に暫しの別れを告ぐるに際して、バールフォア卿の所言を借りて括結の辭となすの適當なるを痛切に感じたのである。英國は英國、我が國は我が國、我が憲政の將來が我が同胞の創意獨創により我が國民性に適應する、我が國獨特の發達をなさんことを偏に祈るのである。

國民の間には幾多の政治思潮が起伏してゐる。一國の政治界は恰も地上に山河のあるが如くにそれぞれの時代に於てきまつてゐる。選擧法立案の精神眞諦は此の政治界を忠實に擢出するを目的としなくてはならない。然るに何事ぞ、普選から制限選擧へ逆戻りするやうな考の下に、小選擧區制還元といふが如き選擧法上のからくり小刀細工によつて作爲的の贋造政治界を出現せしめんとするが如き、そういふ考が既に非なり。吾人はそういふ邪念そのものを極力排斥しなくてはならない。又議會作用の一面には安全瓣といふこともある、小選擧區還元によつて一時的に無產黨の進出を阻止せんとするが如きは、偶〻多年一日議會非認論を誘起するが如き危險を孕む。國家永遠の生命からみれば銘々の利害といふが如きは菜の花に戯る蝶の如きものである。邦家永遠の利害休戚に心を潛むる政治家は深く此の邊に省慮するところなくてはならない。

千九百二十四年十月の英國總選擧がすんでから幾程もない、千九百二十五年がまだうら若いころであつたと記憶する。雜誌『十九世紀及び其の後』に英國保守黨中相當の名聲ある人の署名した論文がでてゐた。其の中にこういふことが書いてあつた。それは『自由黨は先般の總選擧に於て何んといふ馬鹿氣たことをして慘敗したのである。勞働黨こそ保守黨自由黨共同の目指す敵である、何故に自由黨は保守黨を助けて勞働黨を掃蕩撲滅することを努めなかつたか。そうさへすれば、あとは昔日の如く保守黨自由黨の政權盥廻はしができたものを』。實に驚き入つた説である。我が目が疑はれて讀み直ほしたやうな譯である。若しこんな僻論といふよりも寧ろ愚論が跋扈してゐたならば、英國の勞働黨が極左分子を排斥し、次第に穩健着實となり、右傾の世界的傾向に貢献するといふやうなことはできなかつたであらうと思はれる。そうしてこれは餘所事ではない、吾人は天の未だ雨ふらざるに牖戸を綢繆することを怠つてはならないのである。

追ひ書き

現行の普選法に於ては一選擧區に於て缺員が二人できるまでは補缺選擧を行はないことになつてゐる。然るに今日（昭和三年十月）までに死亡による缺員だけでも既に四人を數ぞへ、それだけ定員數の四百六拾六人が減じてゐる。されば前へにも述べたやうに、此の補缺選擧に關する規定が變はらない限りは四百六十六人といふものは定員總數といふよりも、その最大限を示したものであつて、實際はいつも大抵それより減つてゐるのである。なぜこんな規定が普選法中にはいつたかといへば、政黨の幹部は從來頻繁に起つた補缺選擧の爲めに隨分惱まされ、普選法の立案に際して、今回は選擧區も大きくなつたからとて、益〻怖氣づき、深くも考へずにこんなことにしたのである。皮肉なことには貴族院に於ける修正だけが此の點にふれてゐる、それは一人でも缺員ができたらば、直ぐに補缺選擧を行ふことになつてゐたのであるが、たいした議論もみずに此の修正は消滅した。

舊選擧法に於ては一人でも缺員があればすぐに補缺選擧を行ふことになつてゐた。大正十三年五月に總選擧が行はれてから昭和二年末までに五十六回補缺選擧があつた。其の內舊議員の死亡の爲めに缺員を生じた場合が過半數の三十二であつた。今回は一體に年齡が增してゐるから四年間にはもつと增すかも知れない、尤も年齡別調と本邦の國民死亡生殘表とにより其の概數を何時かは推算してみたいと思つてゐる。偖て普選法の選擧區制に引直して、同一選擧區内に二人の缺員を生じた場合があるかといふことを調べてみたのであるが、さういふ場合が六つあることを發見した。さういふやうなことを書いた**補缺選擧**に關する部分は略ぼ脱稿してゐるのであるが、急ぐ際とて今回は省略することとした。

選擧費用及び買收の問題に就ては、今回は前へに述べたやうに軍資金が與黨野黨雙方ともに如何にも豐富であつで、買收が大袈裟に行はれ、其の調査は到底微力に及ばないと觀念したが故に、全然斷念したのであつで、以前の總選擧に於ては地方の警察部で各候補者の選擧費用調をして、調べといつてもそれは大見當の見積である。それを内務省へ報告し、内務省では秘密書類として全國候補者の選擧費用調といふものが作られたのである。大正十三年の總選擧の折りには此の内務省の調を根據として擧選費用の調査をも試みたのである。其のときの最高は茨木縣下に於ける四十萬圓、それから年月がたつてから、或る宴席で其の人と隣席した好機會に此の話をしたのであるが、その人は笑つてはゐられたが否定はせられなかつた。それに次いでは大阪市に於ける約十萬圓、又落選者の中で最高が五、六萬圓、警察側の見積りが概して二、三割方低いといふやうなことを發見したのである。勿論餘り當てにはならないのではあるが、その當時可なり骨折つて折角調べてみたのであるから、その調査の結果の梗概を記さうと思つてゐたのであるがこれも略することとした。

英國に於ても昔は買收がなかなか盛んに行はれたのであるが、それが近來は全く無くなつた。その事に就ても少し調べてみたのである。又英國には『賄賂及び秘密口錢防止聯盟』といふものがある。動物虐待防止會くらゐの規模のものではあるが、兎に角にそういふ奉仕的の機關がある。本部は倫動バッキングハム・ゲートゥ町二十二番地にある、本年六月その聯盟の書記長レヲナルド氏と書面の往復の結果として入手した同聯盟の出版物の中には大いに參考となる材料もある。又此の聯盟に似たやうなものが獨逸、瑞典等にもある。又一向に振はないが米國にも商業道徳評議會といふものがあると聞いてゐる。南愛蘭自由國に於ける選擧の不正に對する規定は最も進歩した最新の立法である。そういふやうなことを書いた一節を設ける積りで參考材料は手元に集つてゐるが、これも時日の餘裕がないが爲めに省略した。

其の他**女子の參政權**に關する調査及びそれに對する私見、**諸外國に於ける二大政黨伯仲の例、丁抹國選擧法の特異色、白耳義國選擧法改正上の困難、獨逸に於ける選擧法改正の氣運、普選法中の幾多の缺陷、年齢低下に對する私見**といふやうに數ぞふれば殆んどはてしなき事柄に就ても述べてみたいと、最初は思つてゐたのである。選擧法改正の議がある折り柄、成るべく速かに本書をして江湖に見へしめんが爲めに、その凡てを割愛した。他日本書の續編を稿するやうな機會があつたならば、其の中に採錄したいと思つてゐる。

（昭和三年十月二十一日鎌倉長谷の立退き先きにて記す）

………………………………

本書の印刷將さに終らんとするに際して偶〻大隈信常侯政界乘出しの噂が新聞紙上を賑はした。それにつけても華族の戸主の被選擧權に對する制限が一日も速かに撤廢せられ、嘗て御曹子時代に激烈なる競爭の優勝者として、前橋市から衆議院に打つて出でられた實歴を有せらるゝ侯が再び衆議院議員となつて、一面には今日の政治界に於てその缺乏が痛切に感ぜらるゝ眞劍味を發揮し、他の一面には議員の品位の向上素質の改善に貢献せられんことを希望する。普選法の審議中兩院協議會に於て貴族院側が第七條第一項の存置を頑強に主張した、そこには華族中の熱心なる貴革論者中川良長男のやうな人が衆議院へ出られては困るといふやうな潜伏的意識があつたといふことが世に傳つてゐるが、これは餘りに穿ち過ぎた想像であるかのやうに思はれたが故に、第二節に於てはそのことに言及しなかつたのである。大正十三年の總選擧の折りに福岡縣舊第十三區から當選せられた有馬頼寧氏が其の後伯爵家の戶主となられたが爲めに衆議院議員を辭さなくてはならないことになつたのは惜みても尙ほ餘りあることである。さういふやうな事例に照らすも華族の戶主に對する衆議院の門戶開放が一日も早く實現せらるゝことが望ましいのである。(昭和三年十月三十日追記)

總選擧讀本 終り

―普選總選擧の第一回―

附録

大正十四年五月五日公布法律第四十七號

最初の普選法

（郡役所の廢止に伴ふ大正十五年法律第八十二號の改正を含まず）

衆議院議員選擧法

第一章　選擧に關する區域

第一條　衆議院議員は各選擧區に於て之を選擧す

選擧區及各選擧區に於て選擧すべき議員の數は別表を以て之を定む

第二條　投票區は市町村の區域に依る

地方長官特別の事情ありと認むるときは市町村の區域を分ちて數投票區を設け又は數町村の區域を合せて一投票區を設くることを得

前項の規定に依り投票區を設けたるときは地方長官は直に之を告示すべし

第二項の規定に依り設くる投票區の投票に關し本法の規定を適用し難き事項に付ては勅令を以て特別の規定を設くることを得

第三條　開票區は郡市の區域に依る

地方長官特別の事情ありと認むるときは郡市の區域を分ちて數開票區を設くることを得

前項の規定に依り開票區を設けたるときは地方長官は直に之を告示すべし

第二項の規定に依り設くる開票區の開票に關し本法の規定を適用し難き事項に付ては勅令を以て特別の規定を設くることを得

第四條　行政區畫の變更に因り選擧區に異動を生ずるも現任議員は其の職を失ふことなし

第二章　選擧權及被選擧權

第五條　帝國臣民たる男子にして年齡二十五年以上の者は選擧權を有す

帝國臣民たる男子にして年齡三十年以上の者は被選擧權を有す

第六條　左に掲ぐる者は選擧權及被選擧權を有せず

一、禁治產者及準禁治產者

二、破產者にして復權を得ざる者

三、貧困に因り生活の爲公私の救助を受け又は扶助を受

くる者

四、一定の住居を有せざる者

五、六年の懲役又は禁錮以上の刑に處せられたる者

六、刑法第二編第一章、第三章、第九章、第十六章乃至第二十一章、第二十五章又は第三十六章乃至第三十九章に掲ぐる罪を犯し六年未滿の懲役の刑に處せられ其の執行を終り又は執行を受くることなきに至りたる後其の刑期の二倍に相當する期間を經過するに至る迄の者但し其の期間五年より短きときは五年とす

七、六年未滿の禁錮の刑に處せられ又は前號に掲ぐる罪以外の罪を犯し六年未滿の懲役の刑に處せられ其の執行を終り又は執行を受くることなきに至る迄の者

第七條　華族の戸主は選擧權及被選擧權を有せず

陸海軍軍人にして現役中の者（未だ入營せざる者及歸休下士官兵を除く）及戰時若は事變に際し召集中の者は選擧權及被選擧權を有せず兵籍に編入せられたる學生生徒（勅令を以て定むる者を除く）及志願に依り國民軍に編入せられたる者亦同じ

第八條　選擧事務に關係ある官吏及吏員は其の關係區域內に於て被選擧權を有せず

第九條　在職の宮內官、判事、朝鮮總督府判事、臺灣總督府法院判官、關東廳法院判官、南洋廳判事、檢事、朝鮮總督府檢事、臺灣總督府法院檢察官、關東廳法院檢察官、南洋廳檢事、陸軍法務官、海軍法務官、行政裁判所長官、行政裁判所評定官、會計檢査官、收稅官吏及警察官吏は被選擧權を有せず

第十條　官吏及待遇官吏は左に掲ぐる者を除くの外在職中議員と相兼ぬることを得ず

一、國務大臣

二、內閣書記官長

三、法制局長官

四、各省政務次官

五、各省參與官

六、內閣總理大臣祕書官

七、各省祕書官

第十一條　北海道會議員及府縣會議員は衆議院議員と相兼ぬることを得ず

第三章　選擧人名簿

第十二條　町村長は毎年九月十五日の現在に依り其の日迄引續き一年以上其の町村内に住居を有する者の選擧資格を調査し選擧人名簿二本を調製し十月十五日迄に之を郡長に送付すべし

郡長は町村長より送付したる名簿を調査し其の修正すべきものは修正を加へ一本は十月三十一日迄に之を町村長に返付すべし

市長は毎年九月十五日の現在に依り其の日迄引續き一年以上其の市内に住居を有する者の選擧資格を調査し十月三十一日迄に選擧人名簿を調製すべし

第一項又は前項の住居に關する要件を具備せざる選擧人は選擧人名簿に登錄せらるることを得ず

選擧人名簿には選擧人の氏名、住居及生年月日等を記載すべし

第一項又は第三項の住居に關する期間は行政區畫變更の爲中斷せらるることなし

第十三條　郡長及市町村長は十一月五日より十五日間郡市役所、町村役場又は其の指定したる場所に於て選擧人名簿を縱覽に供すべし

郡長及市町村長は縱覽開始の日より少くとも三日前に縱覽の場所を告示すべし

第十四條　選擧人名簿に脫漏又は誤載ありと認むるときは選擧人は理由書及證憑を具へ其の修正を郡市長に申立つることを得

縱覽期限を經過したるときは前項の申立を爲すことを得ず

第十五條　郡市長に於て前條の申立を受けたるときは其の理由及證憑を審査し申立を受けたる日より二十日以內に之を決定すべし其の申立を正當なりと決定したるときは直に選擧人名簿を修正し其の旨を申立人及關係人に通知し併せて之を告示すべし其の申立を正當ならずと決定したるときは其の旨を申立人に通知すべし

前項の規定に依り名簿を修正したるときは郡長は直に其の旨を關係町村長に通知すべし
前項の通知を受けたるときは町村長は直に名簿を修正し其の旨を告示すべし
第十六條　前條郡市長の決定に不服ある申立人又は關係人は郡市長を被告とし決定の通知を受けたる日より七日以內に地方裁判所に出訴することを得
前項裁判所の判決に對しては控訴することを得ず但し大審院に上告することを得
第十七條　選擧人名簿は十二月二十日を以て確定す
選擧人名簿は次年の十二月十九日迄之を据置くべし但し確定判決に依り修正すべきものは郡市長に於て直に之を修正し其の旨を告示すべし
前項の規定に依り名簿を修正したるときは郡長は直に其の旨を關係町村長に通知すべし
前項の通知を受けたるときは町村長は直に名簿を修正し其の旨を告示すべし
天災事變其の他の事故に因り必要あるときは更に選擧人名簿を調製すべし
前項選擧人名簿の調製及其の期日、縱覽確定に關する期日、期間等は命令の定むる所に依る

第四章　選擧、投票及投票所

第十八條　總選擧は議員の任期終りたる日の翌日之を行ふを例とす但し特別の事情ある場合に於ては議員の任期終りたる日より五日以內に之を行ふことを妨げず
議會開會中又は議會閉會の日より二十五日以內に議員の任期終る場合に於ては總選擧は議會閉會の日より二十六日以後三十日以內に之を行ふ
衆議院解散を命ぜられたる場合に於ては總選擧は解散の日より三十日以內に之を行ふ
總選擧の期日は勅令を以て之を定め少くとも二十五日前に之を公布す
第十九條　選擧は投票に依り之を行ふ
投票は一人一票に限る
第二十條　市町村長は投票管理者と爲り投票に關する事務

を擔任す

第二十一條　投票所は市役所、町村役場又は投票管理者の指定したる場所に之を設く

第二十二條　投票管理者は選擧の期日より少くとも五日前に投票所を告示すべし

第二十三條　投票所は午前七時に開き午後六時に閉づ

第二十四條　議員候補者は各投票區に於ける選擧人名簿に記載せられたる者の中より本人の承諾を得て投票立會人一人を定め選擧の期日の前日迄に投票管理者に屆出づることを得但し議員候補者死亡し又は議員候補者たることを辭したるときは其の屆出でたる投票立會人は其の職を失ふ

前項の規定に依る投票立會人三人に達せざるとき若は三人に達せざるに至りたるとき又は投票立會人にして參會する者投票所を開くべき時刻に至り三人に達せざるとき若は其の後三人に達せざるに至りたるときは投票管理者は其の投票區に於ける選擧人名簿に記載せられたる者の中より三人に達する迄の投票立會人を選任し直に之を本人に通知し投票に立會はしむべし

投票立會人は正當の事故なくして其の職を辭することを得ず

第二十五條　選擧人は選擧の當日自ら投票所に到り選擧人名簿の對照を經て投票を爲すべし

投票管理者は投票を爲さむとする選擧人の本人なりや否やを確認すること能はざるときは其の本人なる旨を宣言せしむべし其の宣言を爲さざる者は投票を爲すことを得ず

第二十六條　投票用紙は選擧の當日投票所に於て之を選擧人に交付すべし

第二十七條　選擧人は投票所に於て投票用紙に自ら議員候補者一人の氏名を記載して投函すべし

投票用紙には選擧人の氏名を記載することを得ず

第二十八條　投票に關する記載に付ては勅令を以て定むる點字は之を文字と看做す

第二十九條　選擧人名簿に登錄せられざる者は投票を爲すことを得ず但し選擧人名簿に登錄せらるべき確定判決書

を所持し選擧の當日投票所に到る者あるときは投票管理者は之をして投票を爲さしむべし

第三十條　選擧人名簿に登錄せられたる者選擧人名簿に登錄せらるることを得ざる者なるときは投票を爲すことを得ず選擧の當日選擧權を有せざる者なるとき亦同じ

自ら議員候補者の氏名を書すること能はざる者は投票を爲すことを得ず

第三十一條　投票の拒否は投票立會人の意見を聽き投票管理者之を決定すべし

前項の決定を受けたる選擧人不服あるときは投票管理者は假に投票を爲さしむべし

前項の投票は選擧人をして之を封筒に入れ封緘し表面に自ら其の氏名を記載し投函せしむべし

投票立會人に於て異議ある選擧人に對しても亦前二項に同じ

第三十二條　投票所を閉づべき時刻に至りたるときは投票管理者は其の旨を告げて投票所の入口を鎖し投票所に在る選擧人の投票結了するを待ちて投票函を閉鎖すべし

投票函閉鎖後は投票を爲すことを得ず

第三十三條　選擧人にして勅令の定むる事由に因り選擧の當日自ら投票所に到り投票を爲し能はざるべきことを證する者の投票に關しては第二十五條、第二十六條、第二十七條第一項、第二十九條但書及第三十一條の規定に拘らず勅令を以て特別の規定を設くることを得

第三十四條　投票管理者は投票錄を作り投票に關する顚末を記載し投票立會人と共に之に署名すべし

第三十五條　投票管理者は一人又は數人の投票立會人と共に町村の投票區に於ては投票の翌日迄に、市の投票區に於ては投票の當日投票函、投票錄及選擧人名簿を開票管理者に送致すべし

第三十六條　島嶼其の他交通不便の地にして前條の期日に投票函を送致すること能はざる情況ありと認むるときは地方長官は適宜に其の投票の期日を定め開票の期日迄に其の投票函、投票錄及選擧人名簿を送致せしむることを得

第三十七條　天災其の他避くべからざる事故に因り投票を

行ふことを得ざるとき又は更に投票を行ふの必要あるときは投票管理者は選擧長を經て地方長官に其の旨を屆出づべし此の場合に於ては地方長官は更に期日を定め投票を行はしむべし但し其の期日は少くとも五日前に之を告示せしむべし

第三十八條　第七十五條又は第七十九條の選擧を同時に行ふ場合に於ては一の選擧を以て合併して之を行ふ

第三十九條　何人と雖選擧人の投票したる被選擧人の氏名を陳述するの義務なし

第四十條　投票管理者は投票所の秩序を保持し必要なる場合に於ては警察官吏の處分を請求することを得

第四十一條　選擧人、投票所の事務に從事する者、投票所を監視する職權を有する者及警察官吏に非ざれば投票所に入ることを得ず

第四十二條　投票所に於て演說討論を爲し若は喧騷に涉り又は投票に關し協議若は勸誘を爲し其の他投票所の秩序を紊る者あるときは投票管理者は之を制止し命に從はざるときは投票所外に退出せしむべし

第四十三條　前條の規定に依り投票所外に退出せしめられたる者は最後に至り投票を爲すことを得但し投票管理者は投票所の秩序を紊るの虞なしと認むる場合に於て投票を爲さしむることを妨げず

第五章　開票及開票所

第四十四條　郡市長は開票管理者と爲り開票に關する事務を擔任す

第四十五條　開票所は郡市役所又は開票管理者の指定したる場所に之を設く

第四十六條　開票管理者は豫め開票の場所及日時を告示すべし

第四十七條　第二十四條の規定は開票立會人に之を準用す

第四十八條　開票管理者は總ての投票函の送致を受けたる日の翌日開票所に於て開票立會人立會の上投票函を開き投票の總數と投票人の總數とを計算すべし

第四十九條　前條の計算終りたるときは開票管理者は先づ第三十一條第二項及第四項の投票を調査し開票立會人の

意見を聴き其の受理如何を決定すべし
開票管理者は開票立會人と共に投票區毎に投票を點檢すべし
投票の點檢終りたるときは開票管理者は直に其の結果を選擧長に報告すべし
第五十條　選擧人は其の開票所に就き開票の參觀を求むることを得
第五十一條　投票の效力は開票立會人の意見を聽き開票管理者之を決定すべし
第五十二條　左の投票は之を無効とす
一、成規の用紙を用ひざるもの
二、議員候補者に非ざる者の氏名を記載したるもの
三、一投票中二人以上の議員候補者の氏名を記載したるもの
四、被選擧權なき議員候補者の氏名を記載したるもの
五、議員候補者の氏名の外他事を記載したるもの但し官位、職業、身分、住居又は敬稱の類を記入したるものは此の限に在らず
六、議員候補者の氏名を自書せざるもの
七、議員候補者の何人を記載したるかを確認し難きもの
八、衆議院議員の職に在る者の氏名を記載したるもの
前項第八號の規定は第七十五條又は第七十九條の規定に依る選擧の場合に限り之を適用す
第五十三條　投票は有効無効を區別し議員の任期間開票管理者に於て之を保存すべし
第五十四條　開票管理者は開票錄を作り開票に關する顚末を記載し開票立會人と共に署名し投票錄と併せて議員の任期間之を保存すべし
第五十五條　選擧の一部無効と爲り更に選擧を行ひたる場合の開票に於ては其の投票の效力を決定すべし
第五十六條　第三十七條の規定は但書を除き開票に之を準用す
第五十七條　開票所の取締に付ては第四十條乃至第四十二條の規定を準用す

第六章　選擧會

第五十八條　地方長官は各選擧區內に於ける郡市長の中に就き選擧長を定むべし但し一縣一選擧區たる場合に於ては其の地方長官を、一市一選擧區たる場合に於ては其の市長を選擧長とす

第五十九條　選擧長は選擧會に關する事務を擔任す

選擧會は選擧長の屬する縣廳若は郡市役所又は選擧長の指定したる場所に之を開く

第六十條　選擧長は豫め選擧會の場所及日時を告示すべし

第六十一條　第二十四條の規定は選擧立會人に之を準用す

第六十二條　選擧長は總ての開票管理者より第四十九條第三項の報告を受けたる日又は其の翌日選擧會を開き選擧立會人立會の上其の報告を調査すべし

選擧の一部無効となり更に選擧を行ひたる場合に於て第四十九條第三項の報告を受けたるときは選擧長は前項の例に依り選擧會を開き他の部分の報告と共に更に之を調査すべし

第六十三條　選擧人は其の選擧會の參觀を求むることを得

第六十四條　選擧長は選擧錄を作り選擧會に關する顚末を記載し選擧立會人と共に署名し第四十九條第三項の報告に關する書類と併せて議員の任期間之を保存すべし

第六十五條　第三十七條の規定は但書を除き選擧會に之を準用す

第六十六條　選擧會場の取締に付ては第四十條乃至第四十二條の規定を準用す

第七章　議員候補者及當選人

第六十七條　議員候補者たらむとする者は選擧の期日の公布又は告示ありたる日より選擧の期日前七日迄に其の旨を選擧長に屆出づべし

選擧人名簿に記載せられたる者他人を議員候補者と爲さむとするときは前項の期間內に其の推薦の屆出を爲すことを得

前二項の期間內に屆出ありたる議員候補者其の選擧に於ける議員の定數を超ゆる場合に於て其の期間を經過したる後議員候補者死亡し又は議員候補者たることを辭したるときは前二項の例に依り選擧の期日の前日迄議員候補

者の屆出又は推薦屆出を爲すことを得

議員候補者は選擧長に屆出を爲すに非ざれば議員候補者たることを辭することを得ず

前四項の屆出ありたるとき又は議員候補者の死亡したることを知りたるときは選擧長は直に其の旨を告示すべし

第六十八條　議員候補者の屆出又は推薦屆出を爲さむとする者は議員候補者一人に付二千圓又は之に相當する額面の國債證書を供託することを要す

議員候補者の得票數其の選擧區内の議員の定數を以て有効投票の總數を除して得たる數の十分の一に達せざるときは前項の供託物は政府に歸屬す

議員候補者選擧の期日前十日以内に議員候補者たることを辭したるときは前項の規定を準用す但し被選擧權を有せざるに至りたる爲議員候補者たることを辭したるときは此の限に在らず

第六十九條　有効投票の最多數を得たる者を以て當選人とす但し其の選擧區内の議員の定數を以て有効投票の總數を除して得たる數の四分の一以上の得票あることを要す

當選人を定むるに當り得票數同じきときは年齢多き者を取り年齢も亦同じきときは選擧會に於て選擧長抽籤して之を定む

第八十一條又は第八十三條の規定に依る訴訟の結果更に選擧を行ふことなくして當選人を定め得る場合に於ては選擧會を開き之を定むべし

當選人當選を辭したるとき、死亡者なるとき又は第七十條の規定に依り當選を失ひたるときは直に選擧會を開き第一項但書の得票者にして當選人と爲らざりし者の中に就き當選人を定むべし

當選人第八十四條の規定に依る訴訟の結果又は第百三十六條の規定に依り當選無効と爲りたるときは選擧會を開き其の第七十四條の規定に依る當選承諾屆出期限前なる場合に於ては前項の例に依り其の屆出期限經過後なる場合に於ては第二項の規定の適用を受けたる得票者にして當選人と爲らざりし者の中に就き當選人を定むべし

前三項の場合に於て第一項但書の得票者にして當選人と

爲らざりし者選擧の期日後に於て被選擧權を有せざるに至りたるときは之を當選人と定むることを得ず

第七十條　當選人選擧の期日後に於て被選擧權を有せざるに至りたるときは當選を失ふ

第七十一條　第六十七條第一項乃至第三項の規定に依る屆出ありたる議員候補者其の選擧に於ける議員の定數を超えざるときは其の選擧區に於ては投票を行はず

前項の規定に依り投票を行ふことを要せざるときは選擧長は直に其の旨を投票管理者に通知し併せて之を告示し且地方長官に報告すべし

投票管理者前項の通知を受けたるときは直に其の旨を告示すべし

第一項の場合に於ては選擧長は選擧の期日より五日以內に選擧會を開き議員候補者を以て當選人と定むべし

前項の場合に於て議員候補者の被選擧權の有無は選擧立會人の意見を聽き選擧長之を決定すべし

第七十二條　當選人定りたるときは選擧長は直に當選人に當選の旨を告知し同時に當選人の氏名を告示し且當選人の氏名、得票數及其の選擧に於ける有效投票の總數其の他選擧の顚末を地方長官に報告すべし

當選人なきとき又は當選人其の選擧に於ける議員の定數に達せざるときは選擧長は直に其の旨を告示し且之を地方長官に報告すべし

第七十三條　當選人當選の告知を受けたるときは其の當選を承諾するや否やを選擧長に屆出づべし

一人にして數選擧區の當選を承諾することを得ず

選擧長第一項の規定に依る屆出を受けたるときは直に其の旨を地方長官に報告すべし

第七十四條　當選人當選の告知を受けたる日より二十日以內に當選承諾の屆出を爲さざるときは其の當選を辭したるものと看做す

第七十五條　左に揭ぐる事由の一に該當する場合に於ては更に選擧を行ふことなくして當選人を定め得るときを除くの外地方長官は選擧の期日を定め少くとも十四日前に之を告示し更に選擧を行はしむべし但し同一人に關し左に揭ぐる其の他の事由に依り又は第七十九條第六項の規

定に依り選擧の期日を告示したるときは此の限に在らず
一、當選人なきとき又は當選人其の選擧に於ける議員の定數に達せざるとき
二、當選人當選を辭したるとき又は死亡者なるとき
三、當選人第七十條の規定に依り當選を失ひたるとき
四、第八十一條又は第八十三條の規定に依る訴訟の結果當選人なきに至り又は當選人其の選擧に於ける議員の定數に達せざるに至りたるとき
五、當選人第八十四條の規定に依る訴訟の結果當選無効と爲りたるとき
六、當選人第百三十六條の規定に依り當選無効と爲りたるとき
第九章の規定に依る訴訟の出訴期間は前項の規定に依る選擧を行ふことを得ず其の出訴ありたる場合に於て訴訟繫屬中亦同じ
第一項の選擧の期日は第九章の規定に依る訴訟の出訴期間滿了の日、其の出訴ありたる場合に於ては地方長官第八十六條第一項の規定に依り訴訟繫屬せざるに至りたる旨の大審院長の通知を受けたる日又は第百四十三條の規定に依る通知を受けたる日より二十日を超ゆることを得ず
第一項各號の一に該當する事由議員の任期の終る前六月以内に生じたるときは第一項の選擧は之を行はず
第七十六條　當選人當選を承諾したるときは地方長官は直に當選證書を付與し其の氏名を告示し且之を內務大臣に報告すべし
第七十七條　第九章の規定に依る訴訟の結果選擧若は當選無効と爲りたるとき又は當選人第百三十六條の規定に依り當選無効と爲りたるときは地方長官は直に其の旨を告示すべし

第八章　議員の任期及補闕

第七十八條　議員の任期は四年とし總選擧の期日より之を起算す但し議會開會中に任期終るも閉會に至る迄在任す
第七十九條　議員に闕員を生ずるも其の闕員の數同一選擧區に於て二人に達する迄は補闕選擧は之を行はず
議員に闕員を生じたるときは內務大臣は議院法第八十四

條の規定に依る衆議院議長の通牒を受けたる日より五日以内に地方長官に對し其の旨を通知すべし

地方長官は前項の規定に依る通知を受けたるときは其の闕員と爲りたる議員が第七十四條の規定に依る當選承諾屆出の期限前に於て闕員と爲りたる者なる場合に於て第六十九條第一項但書の得票者にして當選人と爲らざりし者あるとき又は其の期限經過後に於て闕員と爲りたる者なる場合に於て第六十九條第二項の規定の適用を受けたる得票者にして當選人と爲らざりし者あるときは直に議員闕員と爲りたる旨を選擧長に通知すべし

選擧長は前項の規定に依る通知を受けたる日より二十日以內に第六十九條第四項乃至第六項の規定を準用し當選人を定むべし

地方長官は第二項の規定に依る通知を受けたる場合に於て第三項の規定の適用あるとき及同一人に關し第七十五條の規定に依り選擧の期日を告示したるときを除くの外其の闕員の數同一選擧區に於て二人に達するを待ち最後に第二項の規定に依る通知を受けたる日より二十日以內に補闕選擧を行はしむべし

補闕選擧の期日は地方長官少くとも十四日前に之を告示すべし

第七十五條第二項乃至第四項の規定は補闕選擧に之を準用す

第八十條　補闕議員は其の前任者の殘任期間在任す

第九章　訴　訟

第八十一條　選擧の効力に關し異議ある選擧人又は議員候補者は選擧長を被告とし選擧の日より三十日以內に大審院に出訴することを得

第八十二條　選擧の規定に違反することあるときは選擧の結果に異動を及ぼすの虞ある場合に限り裁判所は其の選擧の全部又は一部の無効を判決すべし

第八十三條の規定に依る訴訟に於ても其の選擧前項の場合に該當するときは裁判所は其の全部又は一部の無効を判決すべし

第八十三條　當選を失ひたる者當選の効力に關し異議ある

ときは當選人を被告とし第七十二條第一項及第二項の告示の日より三十日以内に大審院に出訴することを得但し第六十九條第一項但書に定めたる得票に達したりとの理由、第六十九條第六項若は第七十條の規定に該當せずとの理由又は第七十一條第五項の決定違法なりとの理由に因り出訴する場合に於ては選擧長を被告とすべし

前項の規定に依る訴訟の裁判確定前當選人死亡したるときは檢事を被告とす

第八十四條　第百十條の規定に依り當選を無効なりと認むる選擧人又は議員候補者は當選人を被告とし第七十二條第一項の告示の日より三十日以内に大審院に出訴することを得

第百三十六條の規定に依り選擧事務長が第百十二條又は第百十三條の罪を犯し刑に處せられたるに因り當選を無効なりと認むる選擧人又は議員候補者は當選人を被告とし其の裁判確定の日より三十日以内に大審院に出訴することを得

第八十五條　裁判所は本章の規定に依る訴訟を裁判するに當り檢事をして口頭辯論に立會はしむべし

第八十六條　本章の規定に依る訴訟の提起ありたるときは大審院長は其の旨を內務大臣及關係地方長官に通知すべし訴訟の繫屬せざるに至りたるとき亦同じ

本章の規定に依る訴訟に付判決ありたるときは大審院長は其の判決書の謄本を內務大臣に送付すべし帝國議會開會中なるときは併せて之を衆議院議長に送付すべし

第八十七條　本章の規定に依る訴訟を提起せむとする者は保證金として三百圓又は之に相當する額面の國債證書を供託することを要す

原告敗訴の場合に於て裁判確定の日より七日以内に裁判費用を完納せざるときは保證金を以て之に充當し仍足らざるときは之を追徵す

第十章　選擧運動

第八十八條　議員候補者は選擧事務長一人を選任すべし但し議員候補者自ら選擧事務長と爲り又は推薦屆出者（推薦屆出者數人あるときは其の代表者）議員候補者の承諾

を得て選擧事務長を選任し若は自ら選擧事務長と爲ることを妨げず

議員候補者の承諾を得ずして其の推薦の屆出を爲したる者は前項但書の承諾を得ることを要せず

議員候補者は文書を以て通知することに依り選擧事務長を解任することを得選擧事務長を選任したる推薦屆出者に於て議員候補者の承諾を得たるとき亦同じ

選擧事務長は文書を以て議員候補者及選任者に通知することに依り辭任することを得

選擧事務長の選任者（自ら選擧事務長と爲りたる者を含む以下之に同じ）は直に其の旨を選擧區內警察官署の一に屆出づべし

選擧事務長に異動ありたるときは前項の規定に依り屆出を爲したる者直に其の屆出を爲したる警察官署に其の旨を屆出づべし

第九十五條の規定に依り選擧事務長に代りて其の職務を行ふ者は前項の例に依り屆出づべし其の之を罷めたるとき亦同じ

第八十九條　選擧事務長に非ざれば選擧事務所を設置し又は選擧委員若は選擧事務員を選任することを得ず

選擧事務長は文書を以て通知することに依り選擧委員又は選擧事務員を解任することを得

選擧委員又は選擧事務員は文書を以て選擧事務長に通知することに依り辭任することを得

選擧事務長選擧事務所を設置し又は選擧委員若は選擧事務員を選任したるときは直に其の旨を前條第五項の屆出ありたる警察官署に屆出づべし選擧事務所又は選擧委員若は選擧事務員に異動ありたるとき亦同じ

第九十條　選擧事務所は議員候補者一人に付七箇所を超ゆることを得ず

選擧の一部無効と爲り更に選擧を行ふ場合又は第三十七條の規定に依り投票を行ふ場合に於ては選擧事務所は前項に掲ぐる數を超えざる範圍內に於て地方長官（東京府に在りては警視總監）の定めたる數を超ゆることを得ず

地方長官（東京府に在りては警視總監）前項の規定に依り

選擧事務所の數を定めたる場合に於ては選擧の期日の告示ありたる後直に之を告示すべし

第九十一條　選擧事務所は選擧の當日に限り投票所を設けたる場所の入口より三町以內の區域に之を置くことを得ず

第九十二條　休憩所其の他之に類似する設備は選擧運動の爲之を設くることを得ず

第九十三條　選擧委員及選擧事務員は議員候補者一人に付通じて五十人を超ゆることを得ず

第九十條第二項及第三項の規定は選擧委員及選擧事務員に關し之を準用す

第九十四條　選擧事務長選擧權を有せざる者なるとき又は第九十九條第二項の規定に依り選擧運動を爲すことを得ざる者なるときは地方長官(東京府に在りては警視總監)は直に其の解任又は退任を命ずべし

第八十九條第一項の規定に違反して選擧事務所の設置ありと認むるときは地方長官(東京府に在りては警視總監)は直に其の選擧事務所の閉鎖を命ずべし第九十條第一項又は第二項の規定に依る定數を超えて選擧事務所の設置ありと認むるときは其の超過したる數の選擧事務所に付亦同じ

前條の規定に依る定數を超えて選擧委員又は選擧事務員の選任ありと認むるときは地方長官（東京府に在りては警視總監）は直に其の超過したる數の選擧委員又は選擧事務員の解任を命ずべし選擧委員又は選擧事務員選擧權を有せざる者なるとき又は第九十九條第二項の規定に依り選擧運動を爲すことを得ざる者なるとき其の選擧委員又は選擧事務員に付亦同じ

第九十五條　選擧事務長故障あるときは選任者代りて其の職務を行ふ

推薦屆出者たる選任者も亦故障あるときは議員候補者の承諾を得ずして其の推薦の屆出を爲したる場合を除くの外議員候補者代りて其の職務を行ふ

第九十六條　議員候補者、選擧事務長、選擧委員又は選擧事務員に非ざれば選擧運動を爲すことを得ず但し演說又は推薦狀に依る選擧運動は此の限に在らず

第九十七條　選擧事務長、選擧委員又は選擧事務員は選擧運動の爲に要する飲食物、船車馬等の供給又は旅費、休泊料其の他の實費の辨償を受くることを得演說又は推薦狀に依り選擧運動を爲す者其の運動を爲すに付亦同じ

選擧事務員は選擧運動を爲すに付報酬を受くることを得

第九十八條　何人と雖投票を得若は得しめ又は得しめざるの目的を以て戸別訪問を爲すことを得ず

何人と雖前項の目的を以て連續して個個の選擧人に對し面接し又は電話に依り選擧運動を爲すことを得ず

第九十九條　選擧權を有せざる者は選擧事務長、選擧委員又は選擧事務員と爲ることを得ず

選擧事務に關係ある官吏及吏員は其の關係區域內に於ける選擧運動を爲すことを得ず

第百條　內務大臣は選擧運動の爲頒布し又は掲示する文書圖畫に關し命令を以て制限を設くることを得

第十一章　選擧運動の費用

第百一條　立候補準備の爲に要する費用を除くの外選擧運動の費用は選擧事務長に非ざれば之を支出することを得ず但し議員候補者、選擧委員又は選擧事務員は選擧事務長の文書に依る承諾を得て之を支出することを妨げず

議員候補者、選擧事務長、選擧委員又は選擧事務員に非ざる者は選擧運動の費用を支出することを得ず但し演說又は推薦狀に依る選擧運動の費用は此の限に在らず

第百二條　選擧運動の費用は議員候補者一人に付左の各號の額を超ゆることを得ず

一、選擧區內の議員の定數を以て選擧人名簿確定の日に於て之に記載せられたる者の總數を除して得たる數を四十錢に乘じて得たる額

二、選擧の一部無効と爲り更に選擧を行ふ場合に於ては選擧區內の議員の定數を以て選擧人名簿確定の日に於て關係區域の選擧人名簿に記載せられたる者の總數を除して得たる數を四十錢に乘じて得たる額

三、第三十七條の規定に依り投票を行ふ場合に於ては前號の規定に準じて算出したる額但し地方長官（東京府に在りては警視總監）必要ありと認むるときは之を減

額することを得

地方長官(東京府に在りては警視總監)は選擧の期日の公布又は告示ありたる後直に前項の規定に依る額を告示すべし

第百三條　選擧運動の爲財産上の義務を負擔し又は建物、船車馬、印刷物、飲食物其の他の金錢以外の財産上の利益を使用し若は費消したる場合に於ては其の義務又は利益を時價に見積りたる金額を以て選擧運動の費用と看做す

第百四條　左の各號に掲ぐる費用は之を選擧運動の費用に非ざるものと看做す

一、議員候補者が乘用する船車馬等の爲に要したる費用

二、選擧の期日後に於て選擧運動の殘務整理の爲に要したる費用

三、選擧委員又は選擧事務員の支出したる費用にして議員候補者又は選擧事務長と意思を通じて支出したる費用以外のもの但し第百一條第一項の規定の適用に付ては此の限に在らず

四、第六十七條第一項乃至第三項の屆出ありたる後議員候補者、選擧事務長、選擧委員又は選擧事務員に非ざる者の支出したる費用にして議員候補者又は選擧事務長と意思を通じて支出したる費用以外のもの但し第百一條第二項の規定の適用に付ては此の限に在らず

五、立候補準備の爲に要したる費用にして議員候補者若は選擧事務長と爲りたる者の支出したる費用又は其の者と意思を通じて支出したる費用以外のもの

第百五條　選擧事務長は勅令の定むる所に依り帳簿を備へ之に選擧運動の費用を記載すべし

第百六條　選擧事務長は勅令の定むる所に依り選擧運動の費用を精算し選擧の期日より十四日以内に第八十八條第五項の屆出ありたる警察官署を經て之を地方長官（東京府に在りては警視總監)に屆出づべし

地方長官(東京府に在りては警視總監)は前項の規定に依り屆出ありたる選擧運動の費用を告示すべし

第百七條　選擧事務長は前條第一項の屆出を爲したる日より一年間選擧運動の費用に關する帳簿及書類を保存すべ

し

前項の帳簿及書類の種類は勅令を以て之を定む

第百八條　警察官吏は選擧の期日後何時にても選擧事務長に對し選擧運動の費用に關する帳簿又は書類の提出を命じ、之を檢査し又は之に關する說明を求むることを得

第百九條　選擧事務長辭任し又は解任せられたる場合に於ては遲滯なく選擧運動の費用の計算を爲し新に選擧事務長と爲りたる者に對し、新に選擧事務長と爲りたる者なきときは第九十五條の規定に依り選擧事務長の職務を行ふ者に對し選擧事務所、選擧委員、選擧事務員其の他に關する事務と共に其の引繼を爲すべし第九十五條の規定に依り選擧事務長の職務を行ふ者事務の引繼を受けたる後新に選擧事務長定りたるとき亦同じ

第百十條　議員候補者の爲支出せられたる選擧運動の費用が第百二條第二項の規定に依り告示せられたる額を超えたるときは其の議員候補者の當選を無効とす但し議員候補者及推薦屆出者が選擧事務長又は之に代りて其の職務を行ふ者の選任及監督に付相當の注意を爲し且選擧事務長又は之に代りて其の職務を行ふ者に於て選擧運動の費用の支出に付過失なかりしときは此の限に在らず

第十二章　罰　則

第百十一條　詐僞の方法を以て選擧人名簿に登錄せられたる者又は第二十五條第二項の場合に於て虛僞の宣言を爲したる者は百圓以下の罰金に處す

第百十二條　左の各號に掲ぐる行爲を爲したる者は二年以下の懲役若は禁錮又は千圓以下の罰金に處す

一、當選を得若は得しめ又は得しめざる目的を以て選擧人又は選擧運動者に對し金錢、物品其の他の財產上の利益若は公私の職務の供與、其の供與の申込若は約束を爲し又は饗應接待、其の申込若は約束を爲したるとき

二、當選を得若は得しめ又は得しめざる目的を以て選擧人又は選擧運動者に對し其の者又は其の者の關係ある社寺、學校、會社、組合、市町村等に對する用水、小作、債權、寄附其の他特殊の直接利害關係を利用して

誘導を爲したるとき

三、投票を爲し若は爲さざること、選擧運動を爲し若は止めたること又は其の周旋勸誘を爲したることの報酬と爲す目的を以て選擧人又は選擧運動者に對し第一號に掲ぐる行爲を爲したるとき

四、第一號若は前號の供與、饗應接待を受け若は要求し、第一號若は前號の申込を承諾し又は第二號の誘導に應じ若は之を促したるとき

五、前各號に掲ぐる行爲に關し周旋又は勸誘を爲したるとき

第百十三條　左の各號に掲ぐる行爲を爲したる者は三年以下の懲役若は禁錮又は二千圓以下の罰金に處す

一、議員候補者たること若は議員候補者たらむとすることを止めしむる目的を以て議員候補者若は議員候補者たらむとする者に對し又は當選を辭せしむる目的を以て當選人に對し前條第一號又は第二號に掲ぐる行爲を爲したるとき

二、議員候補者たること若は議員候補者たらむとすることを止めたること、當選を辭したること又は其の周旋勸誘を爲したることの報酬と爲す目的を以て議員候補者たりし者、議員候補者たらむとしたる者又は當選人たりし者に對し前條第一號に掲ぐる行爲を爲したるとき

三、前二號の供與、饗應接待を受け若は要求し、前二號の申込を承諾し又は第一號の誘導に應じ若は之を促したるとき

四、前各號に掲ぐる行爲に關し周旋又は勸誘を爲したるとき

第百十四條　前二條の場合に於て收受したる利益は之を沒收す其の全部又は一部を沒收すること能はざるときは其の價額を追徵す

第百十五條　選擧に關し左の各號に掲ぐる行爲を爲したる者は三年以下の懲役若は禁錮又は二千圓以下の罰金に處す

一、選擧人、議員候補者、議員候補者たらむとする者、選擧運動者又は當選人に對し暴行若は威力を加へ又は

之を拐引したるとき

二、交通若は集會の便を妨げ又は演說を妨害し其の他僞計詐術等不正の方法を以て選擧の自由を妨害したるとき

三、選擧人、議員候補者、議員候補者たらむとする者、選擧運動者若は當選人又は其の關係ある社寺、學校、會社、組合、市町村等に對する用水、小作、債權、寄附其の他特殊の利害關係を利用して選擧人、議員候補者、議員候補者たらむとする者、選擧運動者又は當選人を威逼したるとき

第百十六條　選擧に關し官吏又は吏員故意に其の職務の執行を怠り又は職權を濫用して選擧の自由を妨害したるときは三年以下の禁錮に處す

官吏又は吏員選擧人に對し其の投票せむとし又は投票したる被選擧人の氏名の表示を求めたるときは三月以下の禁錮又は百圓以下の罰金に處す

第百十七條　選擧事務に關係ある官吏、吏員、立會人又は監視者選擧人の投票したる被選擧人の氏名を表示したるときは二年以下の禁錮又は千圓以下の罰金に處す其の表示したる事實虛僞なるとき亦同じ

第百十八條　投票所又は開票所に於て正當の事由なくして選擧人の投票に關渉し又は被選擧人の氏名を認知するの方法を行ひたる者は一年以下の禁錮又は五百圓以下の罰金に處す

法令の規定に依らずして投票函を開き又は投票函中の投票を取出したる者は三年以下の懲役若は禁錮又は二千圓以下の罰金に處す

第百十九條　投票管理者、開票管理者、選擧長、立會人若は選擧監視者に暴行若は脅迫を加へ、選擧會場、開票所若は投票所を騷擾し又は投票、投票函其の他關係書類を抑留、毀壞若は奪取したる者は四年以下の懲役又は禁錮に處す

第百二十條　多衆聚合して第百十五條第一號又は前條の罪を犯したる者は左の區別に從て處斷す

一、首魁は一年以上七年以下の懲役又は禁錮に處す

二、他人を指揮し又は他人に率先して勢を助けたる者は

六月以上五年以下の懲役又は禁錮に處す

三、附和隨行したる者は百圓以下の罰金又は科料に處す

第百十五條第一號又は前條の罪を犯す爲多衆聚合し當該公務員より解散の命を受くること三回以上に及ぶも仍解散せざるときは首魁は二年以下の禁錮に處し其の他の者は百圓以下の罰金又は科料に處す

第百二十一條　選擧に關し銃砲、刀劍、棍棒其の他人を殺傷するに足るべき物件を携帶したる者は二年以下の禁錮又は千圓以下の罰金に處す

警察官吏又は憲兵は必要と認むる場合に於て前項の物件を領置することを得

第百二十二條　前條の物件を携帶して選擧會場、開票所又は投票所に入りたる者は三年以下の禁錮又は二千圓以下の罰金に處す

第百二十三條　前二條の罪を犯したる場合に於ては其の携帶したる物件を沒收す

第百二十四條　選擧に關し多衆集合し若は隊伍を組みて往來し又は煙火、松明の類を用ひ若は鐘鼓、喇叭の類を鳴らし旗幟其の他の標章を用ふる等氣勢を張るの行爲を爲し警察官吏の制止を受くるも仍其の命に從はざる者は六月以下の禁錮又は三百圓以下の罰金に處す

第百二十五條　演說又は新聞紙、雜誌、引札、張札其の他何等の方法を以てするに拘らず第百十二條、第百十三條、第百十五條、第百十八條乃至第百二十二條及前條の罪を犯さしむる目的を以て人を煽動したる者は一年以下の禁錮又は五百圓以下の罰金に處す但し新聞紙及雜誌に在りては仍其の編輯人及實際編輯を擔當したる者を罰す

第百二十六條　演說又は新聞紙、雜誌、引札、張札其の他何等の方法を以てするに拘らず左の各號に揭ぐる行爲を爲したる者は二年以下の禁錮又は千圓以下の罰金に處す新聞紙及雜誌に在りては前條但書の例に依る

一、當選を得又は得しむる目的を以て議員候補者の身分、職業又は經歷に關し虛僞の事項を公にしたるとき

二、當選を得しめざる目的を以て議員候補者に關し虛僞の事項を公にしたるとき

第百二十七條　選擧人に非ざる者投票を爲したるときは一

年以下の禁錮又は五百圓以下の罰金に處す

氏名を詐稱し其の他詐僞の方法を以て投票を爲したる者は二年以下の禁錮又は千圓以下の罰金に處す

投票を僞造し又は其の數を增減したる者は三年以下の懲役若は禁錮又は二千圓以下の罰金に處す

選擧事務に關係ある官吏、吏員、立會人又は監視者前項の罪を犯したるときは五年以下の懲役若は禁錮又は二千圓以下の罰金に處す

第百二十八條　立會人正當の事故なくして本法に定めたる義務を缺くときは百圓以下の罰金に處す

第百二十九條　第九十六條若は第九十八條の規定に違反したる者又は第九十四條の規定に依る命令に從はざる者は一年以下の禁錮又は五百圓以下の罰金に處す

第百三十條　第九十條第一項第二項の規定に依る定數を超え若は第九十一條の規定に違反して選擧事務所を設置したる者又は第九十二條の規定に違反して休憩所其の他之に類似する設備を設けたる者は三百圓以下の罰金に處す

第九十三條の規定に依る定數を超えて選擧委員又は選擧事務員の選任を爲したる者亦前項に同じ

第百三十一條　第八十九條第一項、第九十九條又は第百九條の規定に違反したる者は六月以下の禁錮又は三百圓以下の罰金に處す

第百三十二條　第八十八條第五項乃至第七項又は第八十九條第四項の屆出を怠りたる者は百圓以下の罰金に處す

第百條の規定に依る命令に違反したる者亦前項に同じ

第百三十三條　選擧事務長又は選擧事務長に代り其の職務を行ふ者第百二條第二項の規定に依り告示せられたる額を超え選擧運動の費用を支出し又は第百一條第一項但書の規定に依る承諾を與へて支出せしめたるときは一年以下の禁錮又は五百圓以下の罰金に處す

第百三十四條　第百一條の規定に違反して選擧運動の費用を支出したる者は一年以下の禁錮に處す

第百三十五條　左の各號に掲ぐる行爲を爲したる者は六月以下の禁錮又は三百圓以下の罰金に處す

一、第百五條の規定に違反して帳簿を備へず又は帳簿に

記載を爲さず若は之に虛僞の記入を爲したるとき

二、第百六條第一項の屆出を怠り又は虛僞の屆出を爲したるとき

三、第百七條第一項の規定に違反して帳簿又は書類を保存せざるとき

四、第百七條第一項の規定に依り保存すべき帳簿又は書類に虛僞の記入を爲したるとき

五、第百八條の規定に依る帳簿若は書類の提出若は檢査を拒み若は之を妨げ又は說明の求に應ぜざるとき

第百三十六條　當選人其の選擧に關し本章に掲ぐる罪を犯し刑に處せられたるときは其の當選を無効とす選擧事務長第百十二條又は第百十三條の罪を犯し刑に處せられたるとき亦同じ但し選擧事務長の選任及監督に付相當の注意を爲したるときは此の限に在らず

第百三十七條　本章に掲ぐる罪を犯したる者にして罰金の刑に處せられたる者に在りては其の裁判確定の後五年間、禁錮以上の刑に處せられたる者に在りては其の裁判確定の後刑の執行を終る迄又は刑の時効に因る場合を除くの外刑の執行の免除を受くる迄の間及其の後五年間衆議院議員及選擧に付本章の規定を準用する議會の議員の選擧權及被選擧權を有せず禁錮以上の刑に處せられたる者に付其の裁判確定の後刑の執行を受くることなきに至る迄の間亦同じ

前項に規定する者と雖情狀に因り裁判所は刑の言渡と同時に前項の規定を適用せず又は其の期間を短縮する旨の宣告を爲すことを得

前二項の規定は第六條第五號の規定に該當する者には之を適用せず

第百三十八條　第百二十七條第三項及第四項の罪の時効は一年を經過するに因りて完成す

前項に掲ぐる罪以外の本章の罪の時効は六月を經過するに因りて完成す但し犯人逃亡したるときは其の期間は一年とす

第十三章　補　則

第百三十九條　選擧に關する費用に付ては勅令を以て之を

定む

第百四十條　議員候補者又は推薦屆出者は勅令の定むる所に依り其の選擧區内に在る選擧人に對し選擧運動の爲にする通常郵便物を選擧人一人に付一通を限り無料を以て差出すことを得

公立學校其の他勅令を以て定むる營造物の設備は勅令の定むる所に依り演說に依る選擧運動の爲其の使用を許可すべし

第百四十一條　選擧に關する訴訟に付ては本法に規定したるものを除くの外民事訴訟の例に依る選擧に關する訴訟に付ては裁判所は他の訴訟の順序に拘らず速に其の裁判を爲すべし

第百四十二條　第十二章に揭ぐる罪に關する刑事訴訟に付ては上告裁判所は刑事訴訟法第四百二十二條第一項の期間に依らざることを得

第百四十三條　當選人其の選擧に關し第十二章に揭ぐる罪を犯し刑に處せられたるとき又は選擧事務長第百十二條若は第百十三條の罪を犯し刑に處せられたるときは裁判所の長は其の旨を內務大臣及關係地方長官に通知すべし

第百四十四條　町村組合にして町村の事務の全部又は役場事務を共同處理するものは本法の適用に付ては之を一町村、其の組合管理者は之を町村長、其の組合役場は之を町村役場と看做す

第百四十五條　郡長を置かざる地に於ては本法中郡に關する規定は島司又は北海道廳支廳長の管轄區域に、郡長に關する規定は島司又は北海道廳支廳長に、郡役所に關する規定は島廳又は北海道廳支廳に之を適用す

市制第六條の市に於ては本法中市に關する規定は區に、市長に關する規定は區長に、市役所に關する規定は區役所に之を適用す

町村制を施行せざる地に於ては本法中町村に關する規定は町村に準ずべきものに、町村長に關する規定は町村長に準ずべき者に、町村役場に關する規定は町村役場に準ずべきものに之を適用す

第百四十六條　交通至難の島嶼其の他の地に於て本法の規定を適用し難き事項に付ては勅令を以て特別の規定を設

くることを得

第百四十七條　第三十三條の規定に依る投票に付ては其の投票を管理すべき者は之を投票管理者、其の投票を記載すべき場所は之を投票所、其の投票に立會ふべき者は之を投票立會人と看做し第十二章の規定を適用す

第百四十八條　本法の適用に付ては明治十三年第三十六號布告刑法の重罪の刑に處せられたる者は之を六年の懲役又は禁錮以上の刑に處せられたる者、同法の禁錮の刑に處せられたる者は之を六年未滿の懲役又は禁錮の刑に處せられたる者と看做す

第百四十九條　明治十三年第三十六號布告刑法第二編第四章第九節の規定は衆議院議員の選擧に關しては之を適用せず

第百五十條　本法は東京府小笠原島竝北海道廳根室支廳管內占守郡、新知郡、得撫郡及色丹郡には當分の內之を施行せず

附　則

本法は次の總選擧より之を施行す

本法に依り初て議員を選擧する場合に於て第十八條の規定に依り難きときは勅令を以て別に總選擧の期日を定むることを得

前項の規定に依る總選擧に必要なる選擧人名簿に關し第十二條、第十三條、第十五條又は第十七條に規定する期日又は期間に依り難きときは勅令を以て別に其の期日又は期間を定む但し其の選擧人名簿は次の選擧人名簿確定迄其の効力を有す

別　表（第三節の基本資料中にあり）

本表は十年間は之を更正せず

■岩波オンデマンドブックス■

總選擧讀本──普選總選擧の第一回

1928年11月25日　第1刷発行
2001年6月20日　第2刷発行
2024年9月10日　オンデマンド版発行

著　者　藤澤利喜太郎（ふじさわりきたろう）

発行者　坂本政謙

発行所　株式会社 岩波書店
〒101-8002 東京都千代田区一ツ橋2-5-5
電話案内 03-5210-4000
https://www.iwanami.co.jp/

印刷／製本・法令印刷

ISBN 978-4-00-731478-0　Printed in Japan